Bettina Münch

Auszeit!

Bettina Münch

Auszeit!

Lifting für die Seele

Krüger Verlag
Frankfurt am Main

Originalausgabe

Satz: Pinkuin Satz und Datentechnik, Berlin
Druck und Einband: Clausen & Bosse, Leck
Printed in Germany 2003
ISBN 3-8105-1269-9

Inhalt

Danksagung

Zuerst und vor allen Dingen möchte ich jenen Frauen danken, die mir bereitwillig von ihren Auszeiten und den damit verbundenen Auswirkungen erzählten. Ohne sie hätte ich dieses Buch nicht schreiben können.
Bei meinem Kollegen Claus Varrelmann bedanke ich mich für die freundliche Einladung auf die Insel Föhr. Ein Teil dieses Buches ist dort entstanden.
Besonderen Dank schulde ich wiederum meiner Freundin und Mentorin Dr. Dorothea Geissler für ihre inspirierende wissenschaftliche Beratung, für die zahllosen Gespräche, die oftmals den »zündenden Gedanken« zu Tage förderten, und für die freundschaftliche Begleitung.
Und schließlich: Ein Dankeschön an meine Tochter Lea für ihre Geduld und ihr Verständnis angesichts der ausgefallenen Schwimmbadbesuche in der Endphase der Arbeit; an meine Familie und ganz besonders an meinen Mann Wolfgang für das Bemühen, mir – wo immer möglich – den Rücken freizuhalten.

Zu diesem Buch

»Es *gibt* kein Ende. Darum sollte es Unterbrechungen geben – im Interesse aller. Es wäre geradezu selbstlos, wenn wir wegführen und eine Zeitlang glücklich wären, weil wir dann um so freundlicher zurückkämen. Verstehen Sie, nach einem Weilchen braucht jeder Urlaub.« (aus: *»Verzauberter April« von Elizabeth von Arnim, 1922)*[1]

Kennen Sie das Gefühl?
Eigentlich läuft alles wie immer. Im Büro ist gerade die Hölle los; Ihre Kinder haben mehr Termine als Sie selbst (aber leider keinen Führerschein); Ihr Partner muss in der nächsten Woche für drei Tage geschäftlich verreisen und ausgerechnet dann hat sich der Handwerker wegen der Heizungsreparatur angesagt. Ihre beste Freundin hat Geburtstag und Sie keinen Babysitter …
Oder wie wäre es mit folgender Situation? Ihr Jüngster steckt mitten in der Trotzphase und die Älteste in der Pubertät. Ihr Mann bringt morgens seinen Teller in die Küche und die beiden Kleinen zum Kindergarten; was an Haushalt und Kinderbetreuung sonst noch anfällt, ist Ihre Domäne. Außerdem geht es Ihren Schwiegereltern nicht gut und sie sind dankbar, dass Sie jeden zweiten Tag vorbeischauen …

Oder mit dieser? Sie und Ihr Mann sind beruflich stark eingespannt und finden auch ohne Kinder kaum Zeit für sich selbst. Er macht in letzter Zeit häufig Überstunden und Ihnen wächst der Garten langsam über den Kopf. Außerdem haben Sie das Gefühl, alle Welt komme zu Ihnen gerannt, sobald irgendwo Probleme auftauchen. KollegInnen, FreundInnen, Mann, Eltern und Geschwister, alle bauen auf Sie, wenn irgendwo der Schuh drückt ...

Im Grunde leben Sie genau das Leben, das Sie sich gewünscht haben. Aber manchmal wird Ihnen alles zu viel. Sie wünschen sich nichts sehnlicher, als für einige Zeit nichts sehen, nichts hören, nichts entscheiden und nichts organisieren zu müssen oder aber, sich endlich einmal ganz auf *eine* Sache konzentrieren zu können.

Wenn Ihnen die oben beschriebenen Situationen bekannt vorkommen oder Sie aus anderen Gründen das Gefühl haben, mit Ihren persönlichen Wünschen und Bedürfnissen zu kurz zu kommen, dann sind vielleicht auch Sie **reif für eine Auszeit**.

Vielleicht wäre es gut, für eine gewisse Zeit von zu Hause fortzugehen – ohne Mann und Kind(er) –, um etwas nur für sich zu tun? Genau das ist es, was ich unter einer Auszeit verstehe. Sich für eine begrenzte Zeit räumlich und geistig aus dem Alltag herauszulösen, um Abstand zu gewinnen, zu regenerieren oder um ein bestimmtes persönliches Vorhaben in die Tat umzusetzen. Um herauszufinden, was es mit Auszeiten *wirklich* auf sich hat, habe ich Frauen interviewt, die beruflich für einige Zeit in einer anderen Stadt tätig sind oder regelmäßig nicht am Wohnort arbeiten; Frauen, die sich in ihrer Auszeit beruflich weiterbilden oder sich künstlerisch fortentwickeln wollen, die einer sportlichen Leidenschaft nachgehen oder einfach Urlaub machen, sich pflegen und relaxen wollen.

Solche und andere Arten von Auszeiten empfehlen sich für *alle* Frauen, die in festen Beziehungen leben und berufliche, familiäre und partnerschaftliche Anforderungen zu bewältigen haben. Weder Kinder noch eine rechtlich besiegelte Lebensform sind dafür Voraussetzung. Dass ich mich in diesem Buch häufiger auf die Ehe und auf Ehefrauen beziehe, hat den einfachen Grund, dass die Mehrzahl aller erwachsenen Frauen in dieser Beziehungsform lebt und dass das Gros aller Kinder bei verheirateten Elternpaaren aufwächst. Außerdem taucht der Konflikt zwischen dem Wunsch nach einer Auszeit und dem Gefühl, sich diese nicht erlauben zu dürfen, am häufigsten bei verheirateten Frauen auf. Leider ist nicht zu übersehen, dass selbst Frauen, die vor der Familiengründung gut auf sich aufzupassen wussten, dazu neigen, die eigenen Bedürfnisse hintanzustellen, sobald das erste Kind da ist. Die Betreuung minderjähriger Kinder stellt in der Regel die größte Hürde dar, die Frauen auf dem Weg in eine Auszeit zu nehmen haben. Aber alle Frauen brauchen Ermutigung, hin und wieder nur an sich zu denken.

Mit den spezifischen Bedingungen von Auszeiten von Frauen hat sich bisher kaum jemand beschäftigt. Das mag zum einen daran liegen, dass es Frauen bis vor kurzer Zeit nur vereinzelt wagten, sich für einige Zeit aus ihrem Familienleben auszuklinken, um ihren persönlichen Interessen nachzugehen. Zum anderen war (und ist für manche bis heute) ein solches Verhalten schlichtweg ungehörig, schließlich gehört eine »gute Frau und Mutter« zu ihrer Familie und hat außer dieser keine anderen Interessen zu haben. Kein Wunder, dass Frauen, die sich Auszeiten nehmen, häufig immer noch das Gefühl haben, sich

unerlaubt von der Truppe zu entfernen. Aus diesem Grund war es mir wichtig, das Problem des schlechten Gewissens gründlich unter die Lupe zu nehmen und Strategien zusammenzutragen, mit denen andere Frauen erfolgreich gegen ihre Gewissensbisse angehen. Die amerikanische Autorin Cheryl Jarvis baut in ihrem Buch »Urlaub von der Ehe. Wie man glücklich verheiratet bleibt und trotzdem eigene Träume wahr macht«[2] einen Gegensatz auf, der in Wirklichkeit nicht existiert. Die Verfolgung eigener Wünsche ist für eine Beziehung nicht belastend, sondern förderlich. Den Partner und die eigenen Kinder zu lieben, steht nicht im Widerspruch zu dem Wunsch, sich hin und wieder auf sich selbst zu besinnen, weil die Liebe zu ihnen gerade in Zeiten der Besinnung vertieft wird und wächst. Zudem profitieren von Auszeiten nicht nur die Frauen, die sie nehmen, sondern auch ihre Familien. Lediglich während der Überlegungen und Vorbereitungen für eine Auszeit wird von den Frauen ein Gegensatz zwischen einer glücklichen Beziehung und der Erfüllung eigener Träume empfunden und mitunter als unüberwindbar erlebt. Wie mit diesem scheinbaren Gegensatz umgegangen und eine Auszeit für alle Familienangehörigen zur Bereicherung werden kann, erfahren Sie in diesem Buch.
Ich werde auf Lesungen immer wieder gefragt, ob das, was ich über Frauen schreibe, nicht auch für Männer gelte? Männer seien im täglichen Leben doch ebenfalls stark eingespannt und könnten Auszeiten genauso gut brauchen wie Frauen. Dort, wo Männer den gleichen Anforderungen gerecht werden müssen wie Frauen, ist das natürlich der Fall. Allerdings sind Frauen in der Regel deutlich größeren Belastungen *und* einem Rollenbild ausgesetzt, dessen Pendant an Männer nicht annähernd so strenge Maßstäbe anlegt. Das

hat zum Beispiel zur Folge, dass Schwiegereltern, die eigentlich zugesagt hatten, sich um die Enkel zu kümmern, einen Rückzieher machen, wenn sie erfahren, dass nicht ihr Sohn eine Auszeit nehmen will, sondern die Schwiegertochter. Sie können natürlich verstehen, dass ein Mann, der den ganzen Tag im Büro arbeitet, hin und wieder ausspannen muss. Aber für eine Ehefrau und Mutter von drei Kindern gehört es sich in ihren Augen einfach nicht, auszuscheren und ihrem Mann (oder anderen) Kinder und Haushalt »aufzubrummen«. Bis heute werden Frauen und Männer in unserer Gesellschaft mit zweierlei Maß gemessen. Deshalb ist die Situation der Frauen eine besondere und verdient besondere Aufmerksamkeit.

Mit Ausnahme der bekannten Funk- und Fernsehmoderatorin Susanne Fröhlich und der Konzert- und Opernsängerin Mechthild Georg wurden zum Schutz der Privatsphäre die Namen der übrigen Frauen im Buch anonymisiert. Die von ihnen erprobten und hier vorgestellten Auszeiten erheben keinen Anspruch auf Vollständigkeit, bieten aber ein breites Spektrum an Beispielen und decken viele Bereiche und Formen ab. Sie finden in diesem Buch jede Menge Anregungen für eigene Vorhaben und es wird Sie darin bestärken, sich immer wieder Auszeiten zu nehmen oder sie erstmals anzugehen.

1. Auszeiten und warum sie so wichtig sind!

Life is what happens to you
while you're busy making other plans.
John Lennon

1972 notierte die amerikanische Soziologin Jessie Bernard in ihrem bahnbrechenden Werk »The Future of Marriage« den Satz: »Die Ehe kann die weibliche Gesundheit gefährden!«[3] Seitdem fordern viele Frauen, diese Warnung ganz oben auf alle Heiratsurkunden zu setzen – und zwar vor der Unterzeichnung! Auch wenn Bernard in ihrem denkwürdigen Satz das Wörtchen »kann« verwendete und nicht »wird«, so wurde ihre Behauptung immer wieder durch zahlreiche Studien belegt. Darin berichten verheiratete Frauen »um 20 % häufiger von Depressionen als alleinstehende Frauen und dreimal so häufig von schweren Neurosen«[4]. Auch unter Nervenzusammenbrüchen, Nervosität, Herzklopfen und Antriebslosigkeit, Schlaflosigkeit, Händezittern, Schwindelanfällen, Albträumen, Hypochondrie, Passivität, Agoraphobie und anderen Phobien, Unzufriedenheit mit ihrem Aussehen sowie überwältigenden Schuld- und Schamgefühlen leiden verheiratete Frauen deutlich häufiger als unverheiratete.[5]

Für Männer gilt genau das Gegenteil. Auch wenn sie gern damit kokettieren, zur Ehe gezwungen worden zu sein, geht es verheirateten Männern im Vergleich zu ledigen wesentlich besser. Sie sind gesünder, ernähren sich besser (oder *werden* besser ernährt), sind zufriedener mit sich und ihrem Leben und sie leben länger als ihre unverheirateten Geschlechtsgenossen.

Sosehr verheirateten Männern ein Leben in Gesundheit und Zufriedenheit zu gönnen ist, wäre es doch wünschenswert, dass es ihren Frauen ebenso erginge. Doch das ist keine Selbstverständlichkeit. Viele Frauen neigen dazu, sich zu sehr um ihren Mann (und ihre Kinder) zu kümmern und zu wenig um sich selbst. In meinem ersten Buch habe ich mich ausgiebig mit diesem Thema beschäftigt und bin dabei zu der aberwitzigen Feststellung gekommen, dass diese Aufopferung Frauen nicht nur geistig und körperlich schadet, sondern dass sie sich auch nicht lohnt! Niemand bedankt sich bei einer Frau, die auf ihre Wünsche und Träume verzichtet und über ihre eigenen Bedürfnisse hinweggeht, um sich ganz ihrem Mann und ihren Kindern zu widmen. Sie wird für ihre Aufopferung nicht mehr, sondern weniger geschätzt. Ein derart gehätschelter Ehemann wird durch die »Pflege« seiner Frau kein besserer Ehemann (höchstens ein noch anspruchsvollerer und fordernderer), noch werden aus verwöhnten Kindern im positiven Sinne herausragende Menschen. Im Gegenteil! Eine meiner Gesprächspartnerinnen fasste diese Erfahrung in den Worten zusammen: »Wer sich zur Putze seiner Familie macht, wird auch so behandelt!«

Aber auch Frauen, die sich für Mann und Kind nicht in der Luft zerreißen, kennen das Gefühl, mit ihren eigenen Wünschen und Bedürfnissen zu kurz zu kommen. Unbemerkt gehen, vor allem dort, wo Kinder vorhanden sind, eigene Freiräume verloren, werden eigene Interessen aus Zeitmangel,

Pflicht- und / oder Schuldgefühlen hintangestellt. Wie kommt es dazu?

Die Erziehungsfalle

Frauen werden von klein auf darin bestärkt, in Beziehungen aufzugehen und alles für deren Erhalt und Pflege zu tun, dafür eigene Interessen zurückzustellen und sich den Wünschen anderer anzupassen. Während in der Erziehung von Jungen Auseinandersetzungen und Trennungen unter Spielgefährten als dazugehörend toleriert werden, hält man Mädchen viel stärker dazu an, Konflikte zu vermeiden und darauf zu achten, mit ihren FreundInnen einig zu bleiben. Als Mutter einer Tochter erlebe ich diese Denk- und Handlungsweisen jeden Tag. So wird in Familien mit Söhnen auf aggressives oder ausgrenzendes Verhalten meist viel gelassener reagiert als in Familien mit Töchtern. »Jungs sind eben Jungs«, wird häufig lächelnd erklärt, während das gleiche Verhalten von Mädchen auf Unverständnis und Irritation stößt. Viel seltener als im umgekehrten Fall werden Jungen dazu angehalten, sich um einen Gast zu kümmern oder gar zu seinen Gunsten auf eigene Spielvorlieben zu verzichten.
Wenn ich mit meiner Tochter eine Familie mit Jungen besuche und es stellt sich heraus, dass die Chemie zwischen den Kindern an diesem Tag nicht stimmt, kann es vorkommen, dass meine Tochter die ganze Zeit bei den Erwachsenen sitzt oder für sich spielt, weil die Jungen »keinen Bock« auf sie haben. Niemand käme auf die Idee, von einem autobesessenen Jungen zu verlangen, sich dem Puppenspiel eines Mädchens

zu widmen. Umgekehrt jedoch werden Mädchen ständig dazu angehalten, sich auf die Spielvorstellungen von Jungen einzulassen. Und allen guten Vorsätzen zum Trotz erreicht die Botschaft schneller ihr Ziel, als Eltern dagegenhalten können. Meine Tochter packte mit fünf Jahren freiwillig ihre Dinosaurier ein, als sie einen Spielgefährten besuchen ging, obwohl sie sonst kaum ohne Puppe vor die Haustür geht. Auf den Besucherjungen, der mit einer Puppe im Gepäck bei uns auftaucht, wartet sie heute noch vergeblich.

Nach wie vor lernen Mädchen, dass es *ihre* Aufgabe ist, Beziehungen zu pflegen und dafür persönliche Interessen zurückzustellen. Dass es ebenso wichtig ist, eigene Bedürfnisse, Grenzen und Freiräume zu respektieren, gehört leider nicht zum üblichen Erziehungskanon.

Die geschlechtsspezifischen Erwartungshaltungen setzen sich im Erwachsenenleben fort. Im Gegensatz zu Frauen würde niemand von Männern erwarten, »mit der Heirat ihre Bedürfnisse und sexuellen Wünsche aufzugeben (obwohl sie es könnten), um gute Ehemänner zu sein; man geht davon aus, dass ein Mann um das eigene Wohl besorgt sein und Vergnügen und Erfüllung außerhalb seiner Familie finden darf, ohne dem Wohlergehen seiner Familie zu schaden oder Zweifel an seiner Rolle als guter Ehemann oder Vater zu wecken … niemand wird ihn für ›egoistisch‹ oder für einen schlechten Ehemann halten, nur weil er seine persönlichen Ziele verfolgt, während er sich dessen ungeachtet auch seiner Familie widmet«, schreibt Dalma Heyn in ihrem Buch »Die Heiratsfalle«.[6]

Es ist Zeit für Frauen, den Irrglauben abzulegen, nur sie allein trügen die Verantwortung für Wohl und Wehe ihrer Beziehung(en). Eine Beziehung ist erst dann gut, wenn beide

Partner zu ihrem Erhalt beitragen, wenn die Wünsche und Bedürfnisse des einen ebenso geachtet werden wie die des anderen und die Freiheit des einen ebenso viel gilt wie die des anderen.

Getrennt sein heißt trotzdem zusammen

Viele Frauen sind überzeugt, die wahre Liebe sei daran zu erkennen, dass Mann und Frau in ihrer Beziehung zu einer symbiotischen Einheit verschmelzen, die alle von der Partnerschaft unabhängigen Bedürfnisse in Luft auflöst. Genau so wird es uns im Fernsehen und im Kino schließlich vorgemacht. Nur dass der Film immer dann endet, wenn es mit der Beziehung richtig losgeht. Und eigentlich wissen die meisten von uns schon aus dem eigenen Elternhaus, dass es mit der symbiotischen Einheit nicht allzu weit her sein kann. Aber wer schwört sich nicht spätestens als Teenager, einmal alles ganz anders machen zu wollen als die eigenen Eltern?

Der Glaube an die Liebe als Akt der Verschmelzung ist eine gefährliche romantische Falle, weil er das natürliche Bedürfnis nach Freiraum, nach Respekt vor den eigenen Grenzen verleugnet. Doch persönliche Freiräume sind nicht nur unverzichtbar, um mit sich selbst in Einklang zu bleiben und eigene Bedürfnisse erspüren und befriedigen zu können, genauso wichtig sind sie auch für den Erhalt der Partnerschaft, weil wir nur so die Möglichkeit bekommen, wieder Sehnsucht nacheinander zu verspüren. Diese Ansicht vertritt auch die bekannte Funk- und Fernsehmoderatorin Susanne Fröhlich, die selbst verheiratet und Mutter zweier Kinder ist:

> Wenn wir uns als Frauen, die berufstätig sind und Kinder haben oder in einer langen Partnerschaft leben oder was auch immer, ewig aufreiben, dann funktioniert das alles nicht. Ich glaube, es funktioniert nur, wenn man sich seine Freiräume nimmt. Und deswegen muss man sie auch nehmen, denn wer keinen Freiraum hat, kann auch keine wahnsinnig lange Partnerschaft haben. Ich glaube, das geht einfach nicht. Oder jedenfalls keine, die einen zufrieden stellt. Das kann nicht funktionieren.

Das Scheitern vieler Beziehungen sei nicht auf zu viel Distanz, sondern auf den Anspruch nach zu viel Nähe zurückzuführen, befindet der Psychotherapeut Hans Jellouschek. »Wenn Paare öfter bereit wären, sich innerhalb der Beziehung zu trennen, würden sie sich wieder treffen in einer neuen Phase der Vereinigung auf einer reiferen Stufe. Wenn sie es riskieren und aushalten würden, daß sie und ihr Partner zu gewissen Zeiten eigene Wege beschreiten müssen, wäre eine endgültige Trennung viel seltener nötig«, schreibt er.[7] Statt eine *endgültige* Trennung zu riskieren, sollten wir also hin und wieder eine *vorübergehende* Trennung von Mann und Kindern praktizieren – zu unserem eigenen und zum Nutzen der Partnerschaft. Wir sollten lernen zu erkennen, wann es Zeit ist, eine Auszeit zu nehmen.

Die »klassische« Auszeit

Während es in unserer Geschichte von Männern nur so wimmelt, die Frau und Kinder daheim lassen, um als Ritter, Soldaten oder Abenteurer auszuziehen und die Welt zu »retten« oder zu entdecken, gibt es für Frauen traditionell nur eine Möglichkeit, sich für eine Weile aus dem Ehe- und Familienleben zurückzuziehen – durch Krankheit. Cheryl Jarvis weist in ihrem Buch »Urlaub von der Ehe« darauf hin, dass die Ärzte im viktorianischen Zeitalter als Therapie gegen die Hysterie, einer unter anderem durch Angstzustände gekennzeichneten psychischen Störung, zum Beispiel Reisen oder andere Unternehmungen empfahlen, die das Nervensystem anregen. Auch bei Neurasthenie, einer Störung, die durch Erschöpfung und Reizbarkeit gekennzeichnet ist, wurde zur Trennung von Familie und gewohnter Umgebung geraten. Sanatorien und andere Kureinrichtungen hatten in dieser Zeit Hochkonjunktur. »Kein Wunder, dass diese Krankheiten als vornehmlich weibliche Gebrechen galten. Kein Wunder, dass sie viel zu häufig diagnostiziert wurden. Kein Wunder, dass man sie nur in den mittleren und höheren Schichten fand, die sich überhaupt einen Rückzug oder eine Schiffsreise leisten konnten. Kein Wunder, dass diese ›Behandlungen‹ gute Erfolge zeitigten. Krank zu werden war eine der wenigen akzeptablen Methoden, wie Frauen Zeit für sich selbst herausschinden konnten.«[8]

Daran hat sich bis heute nicht allzu viel geändert. Noch vor wenigen Jahren war die klassische Auszeit für eine Ehefrau und Mutter die so genannte Müttergenesungskur, die Frauen, je nach Bedürfnis, mit und ohne Kind(er) in Anspruch nehmen können. Eine Mütterkur ist fällig, wenn eine Frau körperlich und psychisch am Ende ist. Der Unterschied zur viktorianischen Zeit liegt darin, dass die Kuraufenthalte heute nicht mehr nur der zahlungskräftigen Oberschicht vorbehalten sind, sondern, von den Krankenkassen bezahlt, theoretisch von allen Müttern wahrgenommen werden können. Praktisch befinden wir uns allerdings bereits wieder auf dem Rückweg ins viktorianische Zeitalter. Da die Krankenkassen sich immer häufiger weigern, solche Kuren zu genehmigen und zu bezahlen (40–60 % der Erstanträge werden heute abgelehnt), droht Müttergenesungskuren vielleicht schon in wenigen Jahren das Aus. Dabei hat sich nach Einschätzung des Müttergenesungswerkes die Situation der Mütter in Deutschland dramatisch verschlechtert.

Jede fünfte Mutter geriete heute in den Teufelskreis von psycho-sozialer Risikolage und Krankheit, berichtet die Kuratoriumsvorsitzende des Müttergenesungswerkes, Adelheid Bonnemann-Böhner.[9] Und eine Beraterin für Müttergenesung bei der evangelischen Frauenhilfe schilderte mir am Telefon die konkrete Situation so:

> Die Lobby für Müttergenesung ist im Moment ganz, ganz schlecht. Schwierigkeiten kommen hauptsächlich von den Krankenkassen, die solche Kuren nicht mehr finanzieren wollen. Das ist ihnen zu teuer. Frauen haben bei den Krankenkassen ganz schlechte Karten. Da kommen haarsträubende Ablehnungen: ›Anderen Frauen geht es auch so. Das brauchen Sie nicht. Machen Sie erst mal ambulant etwas.‹ Aber ambulant gibt es kaum noch Angebote. Da ist also ganz viel Frust auf der Seite der Frauen.

Die Vermittlungsstellen für Müttergenesungskuren sind inzwischen überwiegend damit beschäftigt, Frauen bei der Durchfechtung ihres Kurantrages zu unterstützen. Doch mehr und mehr Vermittlungsbüros müssen die Arbeit einstellen, weil sie nicht mehr finanzierbar sind und ihre Arbeit immer seltener zum Erfolg führt. Ohne diese Unterstützung stehen die Antragstellerinnen völlig allein da und werden irgendwann entmutigt aufgeben. Das Dramatische an dieser Situation ist, dass gerade jene Frauen, die einen Kurantrag stellen, ohnehin bereits sehr krank und belastet sind. Zurückweisungen durch Ärzte und Krankenkassen à la »Das brauchen Sie nicht. Anderen Frauen geht es auch so« sind da besonders zynisch.

Die Kurhäuser und -einrichtungen setzen inzwischen mehr und mehr auf die Privatinitiative der Frauen. So bieten Mütterkurhäuser beispielsweise auch über das Internet Kuren, Wellness-Wochenenden oder -aufenthalte an.

Frauen sind also mehr denn je gefordert, ihre Bedürfnisse ernst zu nehmen, auf sich zu achten und es möglichst gar nicht erst so weit kommen zu lassen, dass ein Kurantrag nötig wird. Es ist sicher nicht immer leicht, sich für eine Weile aus dem Berufs-, Ehe- und Familienleben herauszulösen, um etwas nur für sich zu tun. Aber Sie werden im Laufe dieses Buches feststellen, dass sich Auszeiten nicht nur auf jene positiv auswirken, die sie nehmen, sondern darüber hinaus auch auf den Partner, die Beziehung und den Nachwuchs.

Heutige Auszeiten

Was unter einer Auszeit zu verstehen ist, definiert jede Frau ein wenig anders, je nachdem, wie ihre persönlichen Bedürfnisse, Wünsche und Neigungen aussehen. Gemeinsam ist allen Arten von Auszeiten jedoch, dass eine Frau dafür – ohne Mann und Kind(er) – für eine bestimmte Zeit von zu Hause fortgeht, um etwas nur für sich zu tun. Dabei lassen sich drei wesentliche Bedürfnisse unterscheiden, die die Motive einer Frau, sich eine Auszeit zu nehmen, in unterschiedlicher Ausprägung beeinflussen:

- einen eigenen Bereich pflegen,
- eine begrenzte Zeit für sich sein und sich neu spüren,
- etwas positiv verändern.

Dabei sagt das, was eine Frau in ihrer Auszeit *tut*, noch nichts darüber aus, was es für sie *bedeutet*. Zwei Frauen können gemeinsam die Wüste Gobi durchqueren und dennoch ein gänzlich unterschiedliches Verständnis von dem haben, was sie dort tun. Die eine geht damit vielleicht ganz selbstverständlich ihrem Hobby nach, für die andere ist es eine, wenn auch extreme Möglichkeit, für einige Zeit die Familie hinter sich zu lassen und nur sie selbst zu sein. Der Psychoanalytiker Micha Hilgers, Dozent am Alfred-Adler-Institut Aachen-Köln, weist darauf hin, dass ein Mangel an eigenen Freiräumen nicht nur den Verlust von persönlichen Grenzen und eigener Identität nach sich ziehen kann, sondern damit unmittelbar verbunden auch der sexuellen Anziehung in der Beziehung. »Der Zauber des anderen bleibt dauerhaft nur gewahrt, wenn es dem Paar gelingt, Bereiche zu schaffen, in denen jeder weiterhin ein eigenes Leben führt. Das muss keineswegs Berufstätigkeit sein; wesentlich für die Sehnsucht nacheinander ist die ausgewogene Balance zwischen gemeinsamen Aktivitäten und getrennten Bereichen.«[10]

Definitiv keine Auszeiten sind Urlaube mit Mann oder Familie, Geschäftsreisen zu Konferenzen oder Besuche bei Freundin oder Schwester, weil diese krank im Bett liegt und drei Kinder versorgt werden müssen. Auszeiten sind Zeiten, die *Ihnen* gehören und nach *Ihren* Bedürfnissen gestaltet werden.

Einen eigenen Bereich pflegen

Den meisten Formen von Auszeiten liegt dieses Bedürfnis zugrunde. Viele Frauen betrachten es für sich (und für ihre Beziehung) als unerlässlich, neben Partnerschaft und Familie einen eigenen Freiraum zu pflegen, in dem sie ihren jeweiligen Hobbys oder Interessen nachgehen können. Sie gewinnen aus diesem Freiraum ein hohes Maß an Zufriedenheit und Selbstachtung und sind überzeugt, dass eigene Bereiche wesentlich dazu beitragen, die gegenseitige Achtung in der Beziehung zu erhalten. So berichtet die dreiundfünfzigjährige Carola, Mutter von zwei Kindern und eine begeisterte Hobby-Alpinistin, die in zweiter Ehe verheiratet ist:

> Meinem ersten Mann gegenüber war ich sehr anpassungsfreudig, wie man halt ist, wenn man jung ist und frisch verliebt und meint, jetzt kommt das große Leben auf einen zu. Dann passt man sich in vielen Dingen an. Und ich glaube, mein erster Mann hat sich deswegen ganz fürchterlich in mir getäuscht … In meiner zweiten Ehe habe ich das anders angepackt, da habe ich von Hause aus *meinen* Bereich gehabt und habe den einfach auch gelebt und mein zweiter Mann hat *seinen* Bereich behalten.

Damit hat Carola in ihrer zweiten Ehe den Grundstein dafür gelegt, dass ihre Beziehung nun schon zwanzig Jahre besteht. Manche Frauen neigen dazu, die Bedeutung eines eigenen Bereiches zu unterschätzen. »Wo soll ich denn dafür auch noch Zeit hernehmen?«, lautet ein oft geäußerter Einwand.

Zu Recht, denn Zeit ist knapp, gerade für Menschen mit Beruf, Partnerschaft und Familie. Doch es geht zunächst gar nicht darum, *wie viel* Zeit Sie für einen eigenen Bereich aufwenden oder mit wie viel Aufwand Sie etwas betreiben. Die Bedeutung eines eigenen Freiraums ist viel grundsätzlicher. Sie bringen damit zum Ausdruck, dass Sie neben Ihrer Rolle als Ehefrau und Mutter noch eine weitere Facette haben: Ihr eigenes Ich. Ein eigener Bereich ist der Freiraum, in dem Sie dieses Ich, ungebremst von den Bedürfnissen und Anforderungen anderer, pflegen und entfalten können. Ihrer Familie zeigen Sie damit, dass Sie sich und ihre Bedürfnisse ernst nehmen und auch von anderen ernst genommen werden wollen. Wie Sie das tun, ist erst der nächste Schritt.

Es gibt viele verschiedene Möglichkeiten, einen eigenen Bereich zu gestalten. Manche Frauen nutzen eine Auszeit, um sich künstlerisch-kreativ zu betätigen und nehmen an einem Malkurs teil oder bewerben sich, wie die neununddreißigjährige Bildhauerin Anne, um ein Stipendium für einen Aufenthalt auf einem Künstlergut. Anne hatte damals ein kleines Kind und war mit dem zweiten schwanger, als sie die Möglichkeit erhielt, auf einem Künstlergut in Sachsen vier Wochen lang an einem eigenen Projekt zu arbeiten.

Andere Frauen betätigen sich sportlich, sie klettern auf Berge, unternehmen ambitionierte Trekking- oder Mountainbike-Touren oder radeln mit Freundinnen gemütlich durch die Lande. Wieder andere gehen auf Reisen und erkunden fremde Städte und Länder.

Manche Frauen nutzen ihre Auszeiten, um sich persönlich weiterzuentwickeln, etwa um eine wissenschaftliche Arbeit zu beenden, oder um sich, ganz generell, von neuen Eindrücken beflügeln zu lassen, wie es die neunundvierzigjährige Mechthild Georg tut, die als Konzert- und Opernsängerin Karriere gemacht und mit ihrem Mann zwei Töchter großgezogen hat:

> Mein Bedürfnis war immer – als Kind schon –, diese pure Häuslichkeit und auch Bürgerlichkeit hinter mir zu lassen und weiter vorzudringen, die Welt zu sehen und mit Menschen mit Horizont Kontakt zu haben und mich inspirieren zu lassen von Frauen und Männern.

Die Bedürfnisse müssen aber weder auf hohe Berge noch auf kreativ-geistige Horizonterweiterung ausgerichtet sein, auch die Anhängerinnen ganz bodenständiger Beschäftigungen und Interessen wie Singen im Chor, Radfahren oder Handwerken sind in dieser Kategorie anzutreffen.

Eine begrenzte Zeit für sich sein und sich neu spüren

Vor allem Frauen, die durch Beruf, Haushalt und Kindererziehung stark belastet sind, neigen dazu, ihre Auszeiten als Zeiten der Ruhe und der Selbstbesinnung zu nutzen. Sie wollen – innerhalb eines klar begrenzten Zeitraums – das Gefühl genießen, völlig selbstbestimmt zu leben, tun und lassen zu können, was sie wollen. Sie brauchen hin und wieder »Zeit zum Nachdenken, Licht und Luft«, wie es eine Frau so treffend formulierte, um Abstand zu gewinnen vom Rummel zu Hause und in der Arbeit, um abzuschalten, gut erholt und mit frischen Kräften wieder in den Alltag zurückzukehren.
Die dreiundfünfzigjährige Lehrerin Margret ist Mutter zweier Teenager. Sie ist seit einundzwanzig Jahren verheiratet, berufstätig und trägt die Hauptverantwortung für den Haushalt und

die Kinder. Schon seit vielen Jahren fliegt sie ein- bis zweimal im Jahr mit einer Freundin in den Süden, um sich dort zu entspannen.

> Für Hobbys in dem Sinne habe ich keine Zeit, deshalb ist es auch ein Hobby, wenn ich woanders hin will, was anderes sehen will. Ich lese unheimlich gern, aber ich habe im laufenden Jahr keine Zeit. Ich habe im letzten Urlaub in einer Woche fünf Bücher gelesen. Wenn ich das zu Hause machen würde, hätte ich ein schlechtes Gewissen ...
> Dieses Alles-aus-dem-Kopf-Haben, sich nicht ständig kümmern, kümmern, kümmern müssen, egal, ob das direkt in der Familie oder der Verwandtschaft ist. Ich bin dann wirklich nur mal ich. Und bei Gesprächen bin ich genauso frei. Irgendwo gibt es ja doch ein bisschen Einschränkung, finde ich, wenn der Mann da ist. Also bei mir ist das so. Ich kann freier sprechen. Ich habe mir ja schon viel geschaffen, aber manche Dinge sehe ich [ohne ihn] lockerer, bin auch mal flapsiger im Ton.

Die Möglichkeit, einmal ganz ohne Familie zu sein und als Einzelperson aufzutreten, ist vielen Frauen in dieser Kategorie sehr wichtig. Sie begeben sich bewusst in Gegenden, in denen sie nicht bekannt sind, um dort neue Leute kennen zu lernen und etwas ganz Eigenes zu tun, was mit ihrem sonstigen Leben nichts zu tun hat.

> Für mich ist dieses Reisen auch eine Möglichkeit, mich von meiner Familie zu distanzieren ... da bin ich nur ich. Niemand kennt meine Familie, niemand kennt meine Vergangenheit, da trete ich auf und werde angenommen und

> lerne unheimlich viele nette und interessante Leute kennen.
> *Beate, 41, Hausfrau, 3 Ki.*

Der Effekt solcher Auszeiten ist wie eine frische Dusche für das eigene Ich, allerdings mit relativ wenig Auswirkungen auf das Leben zu Hause. Normalerweise setzen die Frauen nach der Rückkehr ihr altes Leben unverändert fort. Ein Grund mehr, sich solche Auszeiten immer wieder zu gönnen.

Etwas positiv verändern

In dieser Kategorie finden sich die seltensten und zugleich folgenreichsten Formen von Auszeiten. Sie werden genommen, weil eine Frau den dringenden Wunsch nach Veränderung hat und bereit ist, ihr Leben gegebenenfalls auch dauerhaft umzukrempeln. Isabelle war zweiundfünfzig und hatte einen fast dreißigjährigen Sohn, als sie beschloss, dass sich in ihrer Ehe etwas ändern müsse. Sie war unzufrieden mit ihrer Beziehung und dem Zusammenleben mit ihrem Mann, sie wünschte sich mehr Unabhängigkeit, ohne ihn deshalb verlassen zu wollen. Heute lebt das Paar seit zehn Jahren in getrennten Wohnungen und versteht sich besser denn je. Die gewonnene Eigenständigkeit hat ihr selbst und ihrer Beziehung gut getan, sagt sie.

> Ich habe viel mehr Antrieb, etwas außer Haus zu machen. Gestern war ich zum Beispiel in einem Museum für Moderne Kunst. Das konnte ich früher auch machen, aber es ist etwas anderes, ob du es absprechen musst und sagen musst, ich mache das jetzt, oder ob du es einfach machen kannst. Das ist ein Riesenunterschied. Das ging früher zwar

auch alles, aber es war nicht in dem Sinn selbstbestimmt, weil eben alles in der Beziehung abgesprochen werden musste. Das ist jetzt einfach anders.

Dass Isabelle mit ihrem Entschluss wartete, bis ihr Sohn längst erwachsen war, ist kein Zufall. Dauerhafte Auszeiten haben auch für das Leben der Familie weit reichende Konsequenzen. Deshalb warten Frauen in der Regel, bis ihre Kinder alt genug sind, um auf eigenen Füßen zu stehen, und sie sich um deren Versorgung keine Gedanken mehr machen müssen, ehe sie damit beginnen, eine dauerhafte Auszeit in die Tat umzusetzen.

»Auszeiten machen nur die anderen«

Sie mögen einwenden, Auszeiten seien sicher nur etwas für Frauen mit erstens: wahnsinnig viel Selbstbewusstsein (wer hat das schon?), zweitens: oberhilfsbereiten Ehemännern (wo gibt's die schon?), drittens: erwachsenen Kindern (ab wann sind sie es?) und viertens: schrecklich viel Geld (zurück zu erstens). Ja, Sie haben Recht, nichts davon kann schaden … und nein, nichts davon ist zwingend erforderlich.
Bevor sie heiraten und Kinder bekommen, ist es für viele Frauen heutzutage kein Problem, nicht nur auf die Bedürfnisse anderer, sondern auch auf ihre eigenen zu achten, sich zu pflegen und sich hin und wieder eine Auszeit zu gönnen, um die Batterien wieder aufzuladen und / oder diversen Hobbys nachzugehen. Sie sind jung, unabhängig und fühlen sich meist niemandem – außer ihrem Chef – sonderlich verpflichtet.

Anders wird es, sobald eine Frau heiratet oder eine dauerhafte Beziehung eingeht und Kinder bekommt. Die Zeit für eigene Wünsche und Bedürfnisse wird nicht nur tatsächlich knapper, darüber hinaus stellt sich bei vielen Frauen das Gefühl ein, es stehe ihnen nun nicht mehr zu, an sich zu denken und etwas »nur« für sich zu tun. Sich selbst zu pflegen und hin und wieder nur an sich zu denken, passt nicht in das immer noch weit verbreitete Idealbild einer aufopferungsbereiten Ehefrau und Mutter. Daher verzichten viele Frauen auf ihre früher so selbstverständlichen Freiräume und verlernen Schritt für Schritt, auf die eigenen Bedürfnisse zu achten und auf sich aufzupassen.

Genau aus diesem Grund empfehlen sich Auszeiten für *alle* Frauen, die in eine Partnerschaft und / oder Familie eingebunden sind, aus der sie nicht jederzeit und ohne weitere Vorbereitungen ausscheren können. Sie brauchen dafür kein übermäßig ausgeprägtes Selbstbewusstsein, sondern nur die Überzeugung, sich eine Auszeit verdient zu haben und damit niemandem zu schaden. Unter meinen Gesprächspartnerinnen befanden sich Frauen, die die traditionelle Aufgabenteilung in Partnerschaft und Familie leben, ebenso wie Frauen, die ein eher partnerschaftlich orientiertes Beziehungs- und Familienleben führen; Frauen, deren Männer zu Hause wenig bis gar nicht mitarbeiten, ebenso wie solche, die sich Arbeit und Kinderbetreuung mit ihrem Mann teilen oder durch externe Hilfe und Kinderbetreuung entlastet werden. Nur bei wenigen Frauen waren die Kinder bereits erwachsen, als sie ihre Auszeit angingen, weitaus die meisten hatten Kinder im Alter zwischen fünf Monaten und fünfzehn Jahren. Die jüngste Frau war zum Zeitpunkt des Interviews zweiunddreißig, die älteste zweiundsechzig Jahre alt. Der Altersschwerpunkt lag zwischen fünfunddreißig und fünfundvierzig Jahren. Die Berufe der Frauen umfassen ein breites Spektrum: Lehrerin, Journalistin, Bildhauerin, Krankenschwester, Theologin, Hochschullehrerin, Lyrikerin, Erzieherin, Konzert- und Opernsängerin, Therapeutin und Übersetzerin. Die meisten von ihnen sind berufstätig, einige als Hausfrauen oder im Ruhestand. »Schrecklich viel Geld« würden sich bestimmt alle wünschen, vorhanden war es bei keiner. Alle Frauen, mit denen ich sprach, gehören zur Mittelschicht.

Resümee

So seltsam es für manche auch klingen mag: Beziehungen, insbesondere Ehen, wirken sich auf Frauen und Männer ganz verschieden aus. Vielen Ehefrauen geht es körperlich und seelisch schlechter als ledigen Frauen, bei Männern dagegen ist es genau umgekehrt. Es sind vor allem klischierte Rollenvorstellungen, die verhindern, dass Frauen sich nicht nur für den Erhalt von Partnerschaft und Familie einsetzen, sondern ebenso die eigenen Grenzen und Freiräume respektieren. Auch darin unterscheidet sich die Situation von Männern deutlich. Hinzu kommt, dass es für Frauen kaum gesellschaftlich akzeptierte Möglichkeiten gibt, sich für eine Weile aus Partnerschaft und Familie zurückzuziehen, um sich zu regenerieren und auf die eigenen Wünsche und Bedürfnisse zu besinnen.

Wenn Sie also das Gefühl haben, mit Ihrem Leben einerseits zufrieden zu sein, im Alltag aber manchmal kaum noch zum

Luftholen zu kommen, oder wenn Sie ein persönliches Ziel verfolgen möchten oder sich dringend eine Veränderung wünschen, dann sollten Sie sich eines unbedingt vor Augen halten: Zeitlich begrenzte Alleingänge sind nicht nur »okay«, sie sind sogar sinnvoll und für den Erhalt einer Partnerschaft notwendig, denn sie tragen dazu bei, in der Beziehung ein gesundes Gleichgewicht aus Nähe und Distanz herzustellen. Eine der besten Möglichkeiten für Frauen, sich innerhalb von Ehe und Familie eigene Freiräume zu bewahren, besteht darin, sich »Auszeiten« zu nehmen und für eine bestimmte Zeit ohne Mann und Kind(er) von zu Hause fortzugehen, um sich einem eigenen Bereich zu widmen, eine Weile für sich zu sein und sich neu zu spüren, oder um eine positive Veränderung einzuleiten. Alle Frauen, die in festen Beziehungen leben, können von solchen Auszeiten profitieren.

2. Die Ehe – Ladenhüter oder immer noch en vogue?

Das Herz hat seine Gründe,
die die Vernunft nicht kennt.
Blaise Pascal (1623–1662)

Noch vor hundert Jahren wurden die Menschen selten mehr als fünfzig Jahre alt. Kaum ein Ehepaar erlebte mit, wie das jüngste seiner Kinder das Haus verließ, silberne Hochzeiten waren rare Ereignisse. Eine Familie war damals die Versorgungsstätte mehrerer Generationen, denn die Menschen waren bei Krankheit und im Alter auf die Versorgung durch ihre Angehörigen angewiesen. Die gesellschaftlichen Normen waren strikt; wer an Familiengründung dachte, den führten die ersten Schritte quasi automatisch zum Traualtar. Vorausgesetzt, man konnte sich einen eigenen Hausstand überhaupt leisten. Auch die Aufgaben innerhalb einer Mittelschichtsehe waren klar verteilt und, zumindest in Bezug auf die Rolle der Frau, gesetzlich festgelegt: Der Mann hatte die Funktion des Familienoberhauptes und Ernährers, während der Frau »die Leitung des Hauswesens« und die Erziehung der Kinder oblag. Im Bürgerlichen Gesetzbuch von 1900 wurde die Vormundschaft des Mannes über die Ehefrau festgeschrieben, er hatte das »Bestimmungsrecht« über alle ihre Anliegen und Verfügungsgewalt über ihr gesamtes Vermögen.[11]

Heute werden die Menschen im Schnitt fast dreißig Jahre älter als noch vor hundert Jahren, sie bleiben länger gesund, bekommen weniger Kinder und verbringen dementsprechend weniger Lebenszeit damit, diese großzuziehen. Die Versorgung der älteren Generation und die Erziehung der Kinder sind heute nicht mehr die alleinige Aufgabe der Familie und damit der Frauen, sondern werden – zumindest teilweise – von der Gesellschaft mitgetragen. Die Gleichberechtigung von Frauen und Männern ist in der Bundesrepublik seit 1949 im Grundgesetz verankert. Allerdings bedurfte es weiterer fast *dreißig* Jahre, ehe man sich – mit etwas Nachhilfe durch das Bundesverfassungsgericht – 1977 endgültig vom Leitbild der »Hausfrauenehe« verabschiedete und auch den Ehefrauen das volle Selbstbestimmungsrecht einräumte. Damit durften Ehefrauen beispielsweise erstmals ohne die Erlaubnis ihres Mannes berufstätig sein und er konnte ihren Arbeitsvertrag nicht mehr kündigen.

Auch in der DDR war die Gleichberechtigung von Frauen und Männern gesetzlich festgeschrieben. Dort war man in den fünfziger und sechziger Jahren bemüht, möglichst viele Frauen in die Arbeitswelt einzugliedern. Im Familiengesetzbuch der DDR von 1966 wurden die Ehegatten aufgefordert, ihre Beziehung so zu gestalten, »daß die Frau ihre berufliche und gesellschaftliche Tätigkeit mit der Mutterschaft vereinbaren kann«[12]. Da die Erwerbstätigkeit von Frauen dort eine wirtschaftliche Notwendigkeit war, wurde in den siebziger und achtziger Jahren eine systematische Frauen- und Familienförderung betrieben, die – im Vergleich zum Westen – ein beachtliches Niveau erreichte. Allerdings blieb es hüben wie drüben in der alleinigen Verantwortung der Frauen, dafür zu sorgen, dass die Familie neben dem Beruf reibungslos »funktionierte«. Nach der Wiedervereinigung wurde das Gleichberechtigungsgebot im Grundgesetz mit dem Wortlaut festgeschrieben: »Männer und Frauen sind gleichberechtigt. Der Staat fördert die tatsächliche Durchsetzung der Gleichberechtigung von Frauen und Männern und wirkt auf die Beseitigung bestehender Nachteile hin.« Einer dieser bestehenden Nachteile – für Ehefrauen – wurde erst 1994 beseitigt. Die übliche Verfahrensweise bei der Eheschließung, nämlich den Namen des Mannes zum Familiennamen zu erklären, wenn sich das Brautpaar nicht einigen konnte, war bereits 1991 vom Bundesverfassungsgericht für verfassungswidrig erklärt worden. Mit dem neuen Familiennamensrechtsgesetz von 1994 bekamen Eheleute und damit mehrheitlich die Frauen erstmals die Möglichkeit, ihren Geburtsnamen in der Ehe beizubehalten.

Heiraten oder nicht heiraten?

Es hat sich also vieles verändert – vor allem für Frauen. Mit unterschiedlichsten Lebensentwürfen stehen sie heute mehrheitlich im Berufsleben; die Ehe und das Kinderkriegen sind für sie keine Selbstverständlichkeit und auch keine ökonomische Notwendigkeit mehr, sondern unterliegen ihrer persönlichen Entscheidung. Das eine ist auch ohne das andere möglich oder beides wird abgelehnt. In unserer Gesellschaft findet sich inzwischen eine Vielzahl von Lebensweisen: Wir leben als Single, als hetero- oder homosexuelles Paar mit und ohne Trauschein, als klassischer Familienhaushalt mit zwei oder mehreren Generationen oder als so genannte Einelternfamilie. Ist die Ehe im 21. Jahrhundert also ein Auslaufmodell?

Es sieht nicht danach aus. Trotz aller Veränderungen und der Vielfalt der Lebensweisen erweist sich die Ehe auch weiterhin als Dauerbrenner, sie ist nach wie vor die bei uns häufigste Form des Zusammenlebens. Zwar geht die Heiratsneigung seit Jahren zurück, doch der Zenit der »Eheverweigerung« scheint überschritten. Der stärkste Rückgang fällt in die Zeit zwischen 1950 und 1970, während der in Westdeutschland auf 1000 EinwohnerInnen ein Rückgang von 10,7 auf 7,3 und in der DDR von 11,7 auf 7,7 Eheschließungen zu verzeichnen war.[13] Seitdem hat sich der Trend verlangsamt. Schätzungen aus dem Jahre 1998 zufolge werden die 1960 geborenen westdeutschen Frauen zu 80,6 %, die ostdeutschen zu 90,5 % heiraten.[14]

Als sich in den frühen siebziger Jahren mehr und mehr junge Paare über gesellschaftliche Tabus hinwegzusetzen begannen und sich in so genannten »wilden Ehen« zusammentaten, prophezeiten manche schon den Untergang der Institution Ehe. Doch heraus kam etwas ganz anderes. Das Zusammenleben ohne Trauschein wurde möglich und verlor das gesellschaftliche Stigma des Anrüchigen, sodass sich heute viele junge Menschen entscheiden, das Zusammenleben mit einem Partner oder einer Partnerin erst einmal auszuprobieren, bevor sie den Schritt in die Ehe wagen. Der Anstieg des Heiratsalters, das bei Frauen derzeit bei 28,3 und bei Männern bei 31 Jahren liegt, geht teilweise auf diese Tatsache zurück. Lediglich 5,5 % aller Frauen leben dauerhaft in nichtehelichen Beziehungen, noch einmal so viele leben als Alleinerziehende. Abgesehen von allein lebenden Frauen ist die dominierende Lebensform erwachsener Frauen also nach wie vor die Ehe.

»Ehen ohne Trauschein« als Alternativmodell?

In konservativen Kreisen wird gern die Auffassung vertreten, das Aufkommen der nichtehelichen Lebensgemeinschaften sei nur eine weitere Ausdrucksform unserer »Ex-und-Hopp-Gesellschaft«, diese Art von Beziehungen spiegelten lediglich die Angst junger Menschen vor einer dauerhaften Bindung und Verpflichtung wider. Doch das stimmt nicht. Die meisten nichtehelichen Beziehungen werden als eine Art Vorbereitungszeit auf die Ehe gelebt, als eine enge Form der Wohngemeinschaft. Sie sind damit eine Zwischenstufe zwischen dem Leben im Elternhaus und der eigenen Familiengründung. Dies zeigt sich beispielsweise darin, dass es in nichtehelichen Beziehungen nur relativ selten Kinder gibt. 1996 lebten in Deutschland etwa 9 500 000 Familien mit Kindern unter 18 Jahren. Nichteheliche Lebensgemeinschaften machten davon lediglich 4,7 % aus (Alleinerziehende 14,1 %), während der überwiegende Teil der Familien mit minderjährigen Kindern Ehepaarfamilien waren.[15] Mit zunehmendem Alter leben immer weniger Frauen und Männer in nichtehelichen Beziehungen, während die Zahlen der Verheirateten kontinuierlich steigen. Auch dies ist ein deutlicher Hinweis darauf, dass Ehen ohne Trauschein für die meisten eine Beziehungsphase vor der Ehe darstellen.

Im Wandel der Zeit

Wenn so viele junge Menschen heutzutage mit soliden Vorerfahrungen in die Ehe gehen, stellt sich natürlich die Frage, warum trotz der Vorkenntnisse mehr und mehr Ehen scheitern. Die Gründe dafür sind vielfältig. Eine Ehe wird heute aus anderen Gründen eingegangen als früher, sie muss andere Erwartungen erfüllen und anderen Anforderungen gerecht werden als noch vor hundert Jahren.

Motive

Während die Ehe früher die einzige gesellschaftlich akzeptierte Form war, in der Frau und Mann zusammenleben durften, ist es heute kein Problem mehr, auch ohne Trauschein als Paar zu leben. Unverheiratete Paare haben zwar nicht den gleichen rechtlichen Status wie Ehepaare, dennoch werden feste Beziehungen inzwischen auf vielen gesellschaftlichen Ebenen als Paargemeinschaften akzeptiert, ob beim Abschluss von Versicherungen, dem Kauf von Bahncards oder der Möglichkeit des gemeinsamen Sorgerechts für die aus der Beziehung hervorgegangenen Kinder.

Auch als Versorgungsgemeinschaft hat die Ehe weitgehend ausgedient, da die meisten Frauen als Berufstätige selbst in der Lage sind, für sich zu sorgen. Zudem haben die lange Schul- und Ausbildungsphase und der Wunsch vieler junger Frauen nach einem unabhängigen und selbstbestimmten Leben das durchschnittliche Heiratsalter in den letzten Jahrzehnten deutlich ansteigen lassen, sodass letztlich nur noch ein augenfälliger Grund übrig bleibt, der die Mehrzahl aller Paare doch noch zum Standesamt treibt.

Wenn Paare heute heiraten, dann meistens deshalb, weil sie sich bald Kinder wünschen, weil die Frau bereits schwanger ist oder Kinder schon vorhanden sind. Während nichteheliche Beziehungen aus dem Gefühl gegenseitiger Liebe oder Verliebtheit eingegangen werden, steht bei den meisten Eheschließungen heute der Kinderwunsch im Vordergrund. Ehe und Familie werden in Deutschland mehr und mehr zu einer bewussten und erklärten Sozialisationsinstanz für Kinder, stellt Rosemarie Nave-Herz in ihrem Buch »Familie heute«[16] fest. Kein Wunder, dass viele Paare schon bald nach der Heirat die Geburt des ersten Kindes feiern können oder die Hochzeit gar mit dem eigenen Nachwuchs zusammen begangen wird. Die neununddreißigjährige Britt erläutert ihre Motivation zu heiraten folgendermaßen:

> Mit dem Mann habe ich den ernsthaften Wunsch, alt zu werden, und mit ihm könnte es wirklich gut gehen, wenn wir etwas dafür tun. Diese Ruhe oder diese Gewissheit, die habe ich erst in der Beziehung mit meinem jetzigen Mann empfunden, auch ohne Heirat. Warum ich ihn aber geheiratet habe, ist die Tatsache, dass ich bereit war, mit diesem Mann ein Kind zu kriegen. Das war in meiner vorigen Beziehung nicht so. Im Gegenteil. Der aufkommende Kinderwunsch hat, glaube ich, mit dazu geführt, mir einzugestehen, dass er wohl doch noch nicht der Richtige ist. Bei meinem jetzigen Mann war ein viel größeres Gefühl des Vertrauens und der Sicherheit da als vorher.
> *Britt, 39, Journalistin, 1 Ki.*

Wie Britt ist vielen Frauen bei ihrer Entscheidung für ein Kind wichtig, in der Beziehung Verbundenheit und Verlässlichkeit zu finden. Sind diese Voraussetzungen erfüllt, wagen sie den Schritt zum Kind und in die Ehe.

Erwartungen

Die Ansprüche, die wir heute an eine Ehe stellen, sind alles andere als bescheiden. »Mehr denn je brauchen wir in unserer schnellebigen Welt einen dauerhaften Lebenspartner. Wir wünschen uns erotische, einfühlsame, leidenschaftliche, zärtliche, fürsorgliche Liebe. Wir sehnen uns nach Freundschaft, Einfühlungsvermögen, Ermutigung, Verständnis und Bewunderung nicht nur für das, was wir erreichen, sondern auch für das, was wir versuchen und nicht schaffen. Wir wünschen uns eine Beziehung, in der wir unsere unausgegorenen Ideen und tiefsten Ängste ohne Scham aussprechen können. Wir wünschen uns einen Partner, für den wir einzigartig und unersetzlich sind.«[17] Eine Menge Verantwortung für eine so kleine Gemeinschaft! Dabei ist die Liste keineswegs vollständig. Ausgewogenheit innerhalb der Partnerschaft, Eigenständigkeit sowie finanzielle und emotionale Sicherheit nennen die von mir befragten Frauen als weitere Faktoren, auf die sie in ihrer Partnerschaft besonderen Wert legen und die ihre Ehe positiv von früheren Beziehungen unterscheiden.

Die Erwartungen an den Partner werden von den grundlegenden Vorstellungen von der Gestaltung der Ehe geprägt, ob es eher eine Beziehung mit traditioneller Rollenverteilung sein soll oder eine, in der die Verantwortung für Beruf und Familie partnerschaftlich geteilt wird. Komplikationen ergeben sich durch den Umstand, dass längst nicht alle Paare mit den gleichen Erwartungen in die Ehe gehen. Mitunter liegen sie weit auseinander und der Mann erwartet vielleicht unausgesprochen, dass die Frau zu Hause bleibt, wenn die Kinder da sind, während sie davon ausgeht, auch nach der Geburt der Kinder weiterhin berufstätig zu sein. Und selbst wenn Paare sicher sind, die gleichen Vorstellungen von der Gestaltung ihrer Beziehung zu haben, ist längst nicht immer eine tatsächliche Übereinstimmung vorhanden. So kann es durchaus vorkommen, dass Paare, bei denen beide Partner partnerschaftliche Vorstellungen von einer Beziehung hegen, sich dennoch in der konkreten Ausgestaltung ihrer Wünsche unterscheiden. Sucht die Frau in der Ehe die Verwirklichung ihres Traums von einem Leben mit Kindern und einem erfüllenden Beruf, wünscht er sich vielleicht den intellektuellen Austausch mit seiner beruflich engagierten Frau, ohne dabei Kinder einzubeziehen. Etwa die Hälfte der von mir befragten Paare hatte solche oder andere abweichenden Vorstellungen, die in der Ehe aufeinander trafen. Damit ist keineswegs gesagt, dass es in diesen Beziehungen mehr Konflikte geben muss als in anderen. Glückliche Beziehungen sind in jedem Fall möglich. Aber wir müssen uns darüber im Klaren sein, dass wir heute mit einem großen und komplexen Bündel an Erwartungen in die Ehe gehen, die wir dort auch erfüllt sehen wollen. Während früher vielen Frauen die Möglichkeit verschlossen war, eine unbefriedigende Beziehung zu verlassen, ist dies heute ohne weiteres möglich. Denn zum Glück muss niemand mehr in einer glücklosen Partnerschaft ausharren bis ans Ende aller Tage.

Anforderungen

Bekanntlich bringt die Geburt von Kindern neben jeder Menge Glücksgefühle auch eine Reihe neuer Belastungen mit sich, die das Paar in Zukunft bewältigen muss. »In modernen Ehen, in denen die Menschen mehr Überstunden machen, oft verreisen müssen und Beruf und Familie unter einen Hut zu bringen versuchen, wirken mehr Kräfte auf die Beziehung ein als je zuvor: die Anforderungen, die die Arbeitsplätze beider Partner erheben; die sich wandelnden Werte des gesellschaftlichen Umfelds; die Sorge, finanziell über die Runden zu kommen; geographische Veränderungen, Arbeitslosigkeit und Rezession; Kindererziehung und viele andere Fragen«, fassen die Beziehungsforscherinnen Judith Wallerstein und Sandra Blakeslee diese Anforderungen in ihrem Buch »Gute Ehen« zusammen.[18]

In vielen Familien werden nach der Geburt von Kindern die finanziellen Mittel erheblich knapper, die Aufgaben im Haushalt und bei der Kinderbetreuung nehmen dafür überproportional zu. Zeit wird in allen Lebensbereichen zur Mangelware. Und erfahrungsgemäß machen Paare bei der Pflege ihrer Beziehung die größten Abstriche, wenn es darum geht, irgendwo Zeit einzusparen oder der eigenen Erschöpfung Tribut zu zollen.

Dass Frauen von diesen Belastungen in besonderem Maße betroffen sind, ist kein Geheimnis. Da sie bei der Vereinbarung von Beruf, Familie und Partnerschaft nach wie vor die Hauptlast schultern, wirken sich die gestiegenen Anforderungen auf sie deutlich stärker aus als auf Männer.

So belasten zusätzlich zu den erheblich gestiegenen Erwartungen an die Partnerschaft erschwerende Bedingungen von außen die Ehe, die zudem überwiegend zu einem Zeitpunkt geschlossen wird, von dem an die Beziehung vor allem durch die Geburt von Kindern einer dauerhaft höheren Belastung ausgesetzt ist. Ein solches Unterfangen erfolgreich zu gestalten ist eine große und schwierige Aufgabe. Die hohe Zahl von Trennungen erweist sich angesichts dieser Herausforderungen weniger als Kapitulationserklärung einer vermeintlichen Ex-und-Hopp-Generation, sondern vielmehr als das Resultat einer mit Erwartungen und Anforderungen überfrachteten Lebensform, die mit den gesellschaftlichen Veränderungen der letzten hundert Jahre nicht Schritt gehalten hat.

Was bringt die Ehe?

Wenn wir uns fragen, inwiefern die Institution Ehe all diesen Veränderungen Rechnung getragen hat, kommen wir schnell zu der Einsicht: so gut wie gar nicht. Und genau das macht einen wesentlichen Teil des Problems aus. Drastisch verändert haben sich in den letzten hundert Jahren die gesellschaftlichen Verhältnisse, die auf die Ehe einwirken, und die Erwartungen, die wir in die Ehe setzen, nicht aber die Rollenstrukturen innerhalb der Ehe. In ihrem Buch »Warum Frauen gerne heiraten und sich noch lieber scheiden lassen« beschäftigt sich die Amerikanerin Susan Maushart mit diesem Dilemma. Für sie ist die Ehe in ihrer jetzigen Form vielfach immer noch eine Institution zur Erfüllung männlicher Wünsche und Bedürfnisse, die eine fortgesetzte, wenn auch häufig unbewusste Dienstleistung von Frauen erfordert.[19] Dies ist eine radikale und, wie ich finde, überaus unangenehme Vorstellung, die aber nicht ganz von der Hand zu weisen ist. Viele selbstbewusste, emanzipierte junge Frauen gehen heute mit der Vorstellung von einer gleichberechtigten Partnerschaft in die Ehe, um nach einiger Zeit – häufig nachdem ihr erstes Kind zur Welt gekommen ist – festzustellen, dass sie mit einem Mal doch den gleichen Zwängen unterliegen und die gleichen Pflichten übernommen haben wie ihre Mütter. Nur wie ist es entgegen ihren anderen Absichten dazu gekommen?

Bei der Frage, in welchen Bereichen Frauen und Männer besonders von der Ehe profitieren, lassen sich über weite Strecken große Übereinstimmungen feststellen. So berichten die von mir befragten Frauen, sie und ihr Mann profitierten vom gegenseitigen intellektuellen Austausch, von dem Gefühl emotionaler oder finanzieller Sicherheit oder von den Fähigkeiten des / der anderen, die man selbst nicht oder weniger ausgeprägt besitzt (so zum Beispiel innere Ausgeglichenheit, Organisationstalent, Gelassenheit, Kontaktfreudigkeit). Bei der Frage nach der Einschätzung, wer aus der Ehe generell mehr Gewinn zieht, scheiden sich dann die Geister. Frauen verneinen generell, dass sie selbst den vergleichsweise größeren Nutzen aus ihrer Beziehung ziehen. Die meisten glauben, sie und ihr Mann profitierten gleichermaßen, wenn auch in verschiedenen Bereichen. Diese Einstellung vertritt auch die neununddreißigjährige Lehrerin Sylvia, Mutter von drei Kindern, deren Gehalt das Haupteinkommen der Familie darstellt und die, wie viele Frauen, den Großteil der Kindererziehung und der Hausarbeiten übernimmt:

> Es gibt Unterschiede, sie beziehen sich aber auf verschiedene Bereiche und nicht darauf, dass einer mehr oder weniger von der Beziehung profitiert.

Obwohl fast alle Frauen, mit denen ich sprach, nicht nur ihrem Beruf nachgehen, sondern darüber hinaus auch die Haupt-, wenn nicht gar die alleinige Verantwortung für Kinder und Haushalt tragen, waren die meisten von ihnen überzeugt davon, genauso viel von der Ehe zu profitieren wie ihr Mann. Doch stellen wir einmal gegenüber: Wenn eine Frau in allen Bereichen ebenso profitiert wie der Mann, diesen aber bei der Kinderbetreuung und im Haushalt entlastet, in welchem Bereich wird sie dann von ihrem Mann entlastet, damit die Gleichung aufgeht? Irgendetwas stimmt hier nicht! Susan Maushart spricht in diesem Zusammenhang von einer »Pseudogleichheit«, mit der Frauen die Kluft zwischen der theoretischen Gleichheit in ihrer Beziehung und dem tatsächlichen Ungleichgewicht bei der Verteilung der Verantwortung für Beruf, Haushalt und Kinderbetreuung zu überbrücken versuchen. Realistischer erscheint da die Einschätzung der Frauen, die meinen, sie profitierten insgesamt weniger von der Ehe, weil sie durch Kinderbetreuung und Haushalt stärker belastet werden.

> Ich sehe da Unterschiede. Wobei ich sagen muss, die Ehe allein ist es nicht, wenn das Kind nicht wäre, dann wäre es anders. Aber mit Ehe und Kind, denke ich, habe ich mehr Pflichten am Bein als er. Gerade im Bezug auf Haushalt und Kinderbetreuung. Das hängt damit zusammen, dass er deutlich mehr Geld verdient als ich, leider Gottes, und ich von daher eben mehr an Kinderbetreuung und Haushaltsaufgaben übernehme, weil er mehr Zeit in seinen Beruf stecken *muss*. Ja, ich denke, dass ich ein Stück weit weniger profitiere als er.
> *Britt, 39, Journalistin, 1 Ki.*

Das Gefühl, mehr in Ehe und Familie investieren zu müssen als der Partner, haben nicht nur partnerschaftlich orientierte Frauen. Auch Frauen mit eher traditionellen Vorstellungen von der Ausgeglichenheit von Ernährer- und Hausfrauenpflichten kommen zu dem Schluss, dass sie in ihrer Ehe den Kürzeren ziehen:

> Ich denke, er hat mehr profitiert davon, im Versorgtwerden, dem ganz normalen alltäglichen Versorgtwerden, denn ich habe das wirklich möglichst gut und ordentlich gemacht, wie sich das gehört für eine gute Hausfrau. Ich habe nach 4 Jahren wieder gearbeitet, bin dann wieder in den Beruf gegangen, habe am Anfang, als unser Kind in den Kindergarten kam, keine volle Stelle gehabt als Lehrerin und habe dann alles nebenbei gemacht. Wenn ich nicht gut drauf war, habe ich gesagt: »Ich glaube, ich gehe mal in den Verein für allein erziehende Mütter«, weil ich mir so vorkam.
> *Amelie, 57, Lehrerin, 1 Ki.*

Alte Rollenbilder abzulehnen ist leichter als neue zu entwickeln und umzusetzen. Es fehlt jungen Frauen nach wie vor an Vorbildern und der Kampf gegen klischierte Erwartungen und gesellschaftlich festgeschriebene Verhaltensmuster muss an vielen Fronten geführt werden. Es ist deshalb nur zu verständlich, dass es viele Frauen vorziehen, sich bestehende Ungleichheiten in ihrer Beziehung lieber nicht einzugestehen, sondern erreichte Fortschritte zu betonen. Denn es ist eine Tatsache, dass sich in vielen Beziehungen das partnerschaftliche Gleichgewicht nach der Eheschließung, spätestens aber nach der Geburt von Kindern, zu Ungunsten der Frau verschiebt, weil sie – neben ihrem Beruf – die Hauptverantwortung für Haushalt und Kinderbetreuung übernimmt. Wie auch immer man dieses Phänomen erklären mag – sei es, dass Frauen unbewusst eine vordefinierte Rolle übernehmen, die ein Verhalten vorschreibt, das sie weder verstehen noch gutheißen, wie Susan Maushart feststellt, sei es ein Frauen anerzogenes Aufopferungsverhalten, das spätestens mit der Geburt des ersten Kindes in Aktion tritt, oder beides zusammen –,

Fakt ist, dass viele Frauen in der Ehe andere Erfahrungen machen als Männer und damit auch andere Auswirkungen verspüren.

Nebenwirkungen inbegriffen

Die Anzeige der »Glücksthermometer« der Frauen, die ich für dieses Buch interviewte, bewegt sich zwischen zufrieden und sehr glücklich. Als ich sie bat, mir die Auswirkungen zu schildern, die die Ehe auf ihr Leben und das ihres Mannes gehabt hat, ließen sich zwei Gruppen unterscheiden: Paare, die Veränderungen in ihrem Leben vor allem mit ihrer Ehe verknüpfen, und Paare, die Veränderungen mehrheitlich auf die Geburt ihrer Kinder zurückführen.

Veränderungen durch die Ehe

Der Zuwachs von **emotionaler Sicherheit** ist die am häufigsten genannte positive Auswirkung der Ehe auf Frauen. Und diese Einschätzung wird, im Gegensatz zu allen anderen Auswirkungen, so gut wie immer vom Partner geteilt. In Beziehungen, in denen die Frau das Gefühl hat, die Ehe habe ihr ein größeres Zusammengehörigkeitsgefühl und mehr Vertrauen in den Bestand der Partnerschaft geschenkt, schreibt sie diese Einschätzung auch ihrem Partner zu. So beschreibt die Bildhauerin Anne, Mutter von zwei Kindern, die Bedeutung ihrer Ehe für sie mit folgenden Worten:

> Ich hatte in dem Sinne nie eine Familie. Als Scheidungskind war das immer ein völliges Chaos. Vorher war das alles

> so: Du kannst machen, was du willst, hinfahren, wohin du willst, dieses oder jenes oder nichts arbeiten. Und jetzt ist es so geerdet … Partnerschaft ist irgendwie dieses Gefühl von Geborgenheit.

Und für ihren Partner:

> Er hat einen Hafen. Er war ein ziemlicher, wie hat man früher gesagt, Hallodri. Ich glaube, er ist sehr glücklich, dass er etwas gefunden hat, wo er hingehört, wo er dazugehört, etwas Konstantes. Und eigentlich auch, dass er das Gefühl hat, jemand gefunden zu haben, mit dem er das machen kann, was er immer machen wollte, also nicht nur Familie, sondern auch beruflichen Austausch.

Das Gefühl, sich gegenseitig emotionalen Halt und Geborgenheit zu geben, ist die einzige Auswirkung der Ehe, die Männer und Frauen teilen. Bei allen anderen Veränderungen zeigen sich aus den bereits benannten Gründen deutliche geschlechtsspezifische Unterschiede. So berichten beispielsweise nur Frauen, dass sie an ihrer Ehe am meisten schätzen, an der Seite ihres Mannes als **gleichberechtigte Partnerin** leben zu können, mit genügend Freiräumen für eigene Bedürfnisse und Interessen. Männer formulieren diesen Wunsch nicht, weil es für sie eine *Selbstverständlichkeit* darstellt, die gleichen Rechte zu haben wie ihre Partnerin.
Andere Frauen sehen in der Ehe die **Erfüllung grundlegender Lebensvorstellungen**. Diese sind meistens eng verknüpft mit einem ausgeprägten Kinderwunsch und der Überzeugung, dass zur Kindererziehung auch ein Vater gehört.

> Ich glaube, es ist sehr viel leichter, Kinder zu erziehen mit allen männlichen und weiblichen Anteilen, Ansprüchen und Vorstellungen, wenn zumindest eine vaterähnliche Person da ist. Das muss gar nicht der richtige Vater sein, das kann auch ein Freund sein und das geht heute mit und ohne Ehe. Aber damals waren eben die Verhältnisse so, dass das normalerweise nur mit Ehe ging. Also Ehe hat für mich bedeutet, die Vorstellungen zu verwirklichen, die ich von meinem Leben hatte, nämlich erstens einen Partner zu haben, mit dem ich mich austauschen kann, und zweitens eine Familie zu gründen, die auch Kinder und ein festes Umfeld einbezieht, das zumindest eine gewisse Dauer verspricht, wenn auch nicht garantiert. Das war meine Vorstellung von Ehe und das hat diese Ehe auch gebracht.
> *Isolde, 60, Hochschullehrerin, 3 Ki.*

Als eine positive Auswirkung der Ehe auf ihren Mann beschreiben einige Frauen den Aspekt der **finanziellen Sicherheit**. Dies gilt keinesfalls nur für die Beziehungen, in denen die Frau den Hauptverdienst der Familie erwirtschaftet, sondern auch für Partnerschaften, in denen beide gleich viel beziehungsweise der Mann mehr verdient als die Frau. Immer mehr Männer genießen den Gedanken, für das Auskommen der Familie nicht mehr allein verantwortlich zu sein, sondern sich diese Aufgabe mit der Partnerin teilen zu können. In anderen Beziehungen mag der Verdienst der Frau zwar schmaler sein, ist aber mitunter die sicherere Bank. Etwa da, wo der Mann selbständig ist und mit schwankenden Einnahmen rechnen muss, während die Frau als Festangestellte oder als Beamtin einen sicheren Arbeitsplatz hat.
Last but not least wäre noch ein Klassiker zu erwähnen, der

fast ausnahmslos Ehemännern zugute kommt und mit der Redewendung »Hinter jedem erfolgreichen Mann steht eine starke Frau« treffend beschrieben ist. Damit ist die **aktive Unterstützung von der Ehefrau** gemeint, die es ihrem Mann ermöglicht, mit einer intakten Ehe und Familie im Hintergrund Karriere zu machen, obwohl er selbst niemals die Zeit hätte, beides aufzubauen und zu pflegen. Die achtunddreißigjährige Ute und ihr Mann praktizieren seit der Heirat diese klassische Form der Aufgabenteilung. Vor der Eheschließung waren beide berufstätig. Sie heirateten, als Ute schwanger wurde. Inzwischen hat das Paar drei Kinder, um die sich Ute kümmert, während ihr Mann seinen beruflichen Aufstieg vorantreibt.

> Es hat sich jetzt in diesen sieben Jahren Ehe verändert, dass mein Mann in der Firma in gewisser Form Karriere gemacht hat, er also jetzt leitender Angestellter ist und sich von daher auch seine Arbeitszeit bedeutend verändert hat. Er hatte schon immer mindestens eine Fünfzig-Stunden-Woche, das hat sich noch erhöht und er ist jetzt auch sehr oft beruflich im Ausland. Das war vorher nicht.

Beim Vergleich der positiven Veränderungen, die Frauen und Männer in der Ehe wahrnehmen, fällt ein Aspekt besonders ins Auge. Während die Veränderungen für Frauen (mehr emotionale Sicherheit, Erfüllung grundlegender Lebensvorstellungen und partnerschaftliche Gleichberechtigung) an Männer keine nennenswerten praktischen Anforderungen stellen, basiert die Erfüllung bestimmter Vorstellungen der Männer (vor allem die allgemeine Unterstützung) letztlich darauf, dass die Frau ihrem Mann konkret zuarbeitet beziehungsweise ihm bestimmte Aufgabengebiete vollkommen abnimmt.

Veränderungen durch die Geburt von Kindern

Bei Paaren, die Veränderungen in ihrem Leben vor allem auf die Geburt von Kindern zurückführen, lagen die Heirat und die Geburt des ersten Kindes zeitlich meist nahe beieinander; nicht selten war die Frau zum Zeitpunkt der Heirat bereits schwanger. Es ist daher gut nachvollziehbar, dass sich das erste Kind auf die Beziehung viel spürbarer auswirkt als die Eheschließung. Die Mehrzahl dieser Paare registriert vor allem **organisatorische Veränderungen**, die Notwendigkeit klarer Absprachen und einer verbesserten Haushaltsorganisation.

> Ein entscheidender Einschnitt war natürlich die Geburt unserer ersten Tochter. Die Notwendigkeit klarerer Absprachen wurde dadurch noch deutlicher, weil auch die Spielräume für die eigenen Freiheiten kleiner wurden.
> *Carla, 32, Theologin, 2 Ki.*

Dort, wo sich die Paare bei der Betreuung der Kinder abwechseln, stimmt meist auch ihre Einschätzung davon überein, was ihr Leben am stärksten beeinflusst hat. So teilen viele partnerschaftlich orientierte Paare die Ansicht, die Geburt des ersten Kindes habe die nachhaltigste Veränderung in ihrem Beziehungsleben bewirkt.
Andere Paare spüren vor allem die **größere Verantwortung**, die die Geburt ihrer Kinder mit sich brachte. Gerade bei noch relativ jungen Eltern kann die Geburt eines Kindes ein Anreiz sein, sich über die eigenen Ziele klar zu werden und zum Beispiel eine Ausbildung abzuschließen.

> Die Ehe hat bei mir nichts verändert, es waren die Kinder, durch die mir die Verantwortung oder die ganze Tragweite, jetzt Kinder zu haben, klar wurde und dass ich jetzt ein wenig mein Leben verändern muss. Ich habe viel Positives durch die Kinder gelernt. Ich war vorher eher ein naiver Typ und als Christopher kam, fing ich an nachzudenken, was will ich eigentlich. Das habe ich vorher nicht getan.
> *Beate, 41, Hausfrau, 3 Ki.*

Eine dritte, weit weniger angenehme Auswirkung der Geburt von Kindern ist die Gefahr, die **Paarbeziehung** aus den Augen zu verlieren. Immer wieder wiegen sich Paare in der trügerischen Sicherheit, ihre Beziehung könne es gut verkraften, durch die Kinder eine andere Prägung anzunehmen, bei der an die Stelle des Paares die Familie tritt.

> Die Kinder haben die Ehe verändert, ab der ersten Schwangerschaft, weil plötzlich etwas in eine ganz andere Richtung lief. Dann hieß es plötzlich Familie und nicht mehr Paar. Es waren einerseits gewisse Grenzen gesetzt, andererseits gab es plötzlich eine ganz andere, neue Richtung. Also das war gravierend, nicht andere Dinge vorher wie Studienabschluss, Heirat oder was auch immer.
> *Gisela, 39, Lyrikerin, 2 Ki.*

Unnötig zu sagen, dass es weder der Ehe noch dem Familienleben gut bekommt, wenn die Paarbeziehung zu weit aus dem Blickfeld gerät. Kinder fügen einer Beziehung eine weitere Dimension hinzu – die Familie –, die Partnerschaft können sie aber nicht ersetzen. Auch wenn es alles andere als leicht ist, der Paarbeziehung immer genügend Aufmerksamkeit zu schenken, ist das eine kein Ersatz für das andere. Schließlich ist die Beziehung der Eltern die Grundlage jedes Familienlebens und nicht umgekehrt.

Die Suche nach der Zauberformel

Unzählige Ratgeber gehen der Frage nach, was Ehen dauerhaft glücklich macht. Sie füllen die Regale der Buchhandlungen: Fundierte Standardwerke stehen neben profitorientierten Heilsversprechungen, irdische Analysen neben außerirdischen Ammenmärchen. In diesem Buch werden Sie vergeblich nach magischen Formeln für immer währendes Beziehungsglück suchen. Schließlich haben Paare heute die Möglichkeit, weit über eine silberne Hochzeit hinaus zusammenzubleiben, das sind dreißig, vierzig oder gar fünfzig gemeinsame Jahre – vorausgesetzt, das Unternehmen Partnerschaft gelingt.

Auch ich bin mit dieser Arbeit der Frage nachgegangen, wie es Frauen gelingen kann, eine dauerhafte, glückliche Beziehung zu führen *und* – auf diesen Aspekt habe ich den Schwerpunkt gelegt – sich dabei auch als Einzelperson weiterzuentwickeln und eigene Wege zu gehen. Unabdingbar für das Gelingen jeder Beziehung – ob mit Trauschein oder ohne – ist meines Erachtens ein ausgewogenes Gleichgewicht zwischen Gemeinsamkeit und Eigenständigkeit. Doch wie findet eine Frau die Balance zwischen Beziehung und Familie auf der einen Seite und dem Bedürfnis nach Freiraum und der Verfolgung eigener Interessen auf der anderen? Eine der besten und wirksamsten Methoden, das Beziehungs- und

Familienleben auszubalancieren ist, hin und wieder eine Auszeit zu nehmen, sich für eine gewisse Zeit von Mann und Kind(ern) zu trennen, um etwas nur für sich zu tun.

Resümee

In den letzten hundert Jahren haben sich große gesellschaftliche Veränderungen vollzogen, vor allem in Hinblick auf die Rolle der Frau. So ist die Verantwortung für Kindererziehung und Haushaltsführung verheirateten Frauen nicht mehr gesetzlich vorgeschrieben. Frauen gehen heute mehrheitlich einem Beruf nach, sie sind finanziell unabhängiger und haben die Wahl, sich für oder gegen Ehe und Familie zu entscheiden. Dennoch ist die Ehe in Deutschland nach wie vor die bevorzugte Lebensform, während nicht-eheliche Lebensgemeinschaften vor allem für Paare, die sich Kinder wünschen, meist eine Beziehungsphase vor der Ehe darstellen. Der Kinderwunsch ist heute das Hauptmotiv für die Eheschließung, die zunehmend zu einem Zeitpunkt vorgenommen wird, an dem die Frau schwanger ist oder bereits Kinder da sind. Trotz der veränderten gesellschaftlichen Verhältnisse und der mehrheitlich partnerschaftlich orientierten Erwartungen, mit denen wir in die Ehe gehen, hat sich an den Rollenstrukturen innerhalb der Ehe wenig geändert. Dies erklärt, warum Frauen in der Ehe nach wie vor einen Teil ihrer Selbständigkeit aufgeben und deutlich mehr Verantwortung und Pflichten in der Kinderbetreuung, der Beziehungspflege und im Haushalt übernehmen als ihr Partner. Frauen und Männer profitieren also in ganz unterschiedlichem Maße von der Ehe. Während sie für viele Frauen zusätzliche Belastungen bringt, geht es den meisten verheirateten Männern besser als vor der Heirat. Daher ist es notwendig, dass Frauen ihr Engagement für Beruf, Partnerschaft und Familie mit dem Bedürfnis nach persönlichem Freiraum und individueller Weiterentwicklung besser in Einklang bringen. Eine Möglichkeit, dies zu tun, besteht darin, hin und wieder eine Auszeit zu nehmen.

3. Motive für eine Auszeit

»Ich brauch' Tapetenwechsel«,
sprach die Birke und macht sich
in der Dämmerung auf den Weg …
Hildegard Knef

Die Anforderungen des täglichen Lebens – Beruf, Partner, Kinder, Eltern, Schwiegereltern, Hund, Katze, Garten, Haus … – verlangen unsere ganze Aufmerksamkeit, unseren Einsatz, unsere Liebe. Die meisten Frauen, ob berufstätig oder nicht, sind der organisatorische Mittelpunkt eines kleinen Universums. Wenn meine Mutter meiner Schwiegermutter etwas zum Geburtstag schenken will, wendet sie sich nicht Rat suchend an meinen Mann (der seine Mutter viel besser kennt als ich), sondern an mich. Und wenn meine Schwiegermutter meiner Mutter etwas schenken will, macht sie es genauso. Irgendwie laufen bei mir alle Fäden zusammen und auch wenn ich längst nicht für jeden Einzelnen zuständig bin, fühle ich mich zumindest dafür verantwortlich, dass sich die Fäden nicht heillos verheddern. Im Grunde bin ich glücklich mit dieser Rolle – aber manchmal wird mir auch alles zu viel. Manchmal habe ich einfach keine Lust mehr, an andere oder anderes zu denken, manchmal möchte ich einfach nur tun, was mir Spaß macht, und lassen, was mir nicht gefällt. Dennoch reicht dieses Gefühl nicht aus, um zu sagen: »Leute, mir reicht's. Ich lege mich jetzt für ein paar Tage in die Sonne und ruhe mich aus. In einer Woche sehen wir uns wieder.«

Ganz so einfach ist das nicht, schon gar nicht für Frauen, die Mann und Kind(er) und vermutlich auch noch einen Beruf haben, an denen ihr Herz hängt. Es muss schon ein besonderer Antrieb sein, etwas, was tief aus uns herauskommt und für das wir genug Leidenschaft empfinden, um sagen zu können: »Das muss jetzt sein!«

Ein solcher Antrieb sind die im ersten Kapitel genannten Bedürfnisse von Frauen: der Wunsch, einen eigenen Bereich zu pflegen; eine begrenzte Zeit für sich zu sein und sich neu zu spüren beziehungsweise etwas positiv zu verändern. Daher finden sich diese Bedürfnisse in unterschiedlicher Ausprägung in den Gründen von Frauen für eine Auszeit wieder.

Vielleicht können Sie nicht auf Anhieb sagen, welcher Impuls in Ihnen steckt, welcher Grund Ihnen den nötigen Schub geben könnte, um Ihre Auszeit anzugehen. Doch es lohnt sich, ihn zu ergründen. Er wird Ihnen bei der Durchsetzung Ihrer Auszeit ein guter Helfer sein und er wird Ihnen zeigen, welche Art von Auszeit für Sie die richtige ist.

Die am häufigsten genannten Gründe für eine Auszeit lassen sich vier Kategorien zuordnen:

- sich aus dem Alltag ausklinken,
- berufliche Ziele verfolgen,
- selbstverständliche Freiräume pflegen,
- sich persönlich / künstlerisch weiterentwickeln.

Sich aus dem Alltag ausklinken

Der Wunsch nach Abwechslung von dem, was ihren Alltag ausmacht, ist einer der beiden häufigsten Gründe, die Frauen veranlassen, sich eine Auszeit zu nehmen. Manche fühlen sich eingesperrt oder leiden unter dem täglichen Trott, andere sehnen sich nach Erholung oder wünschen sich einfach etwas Abstand von zu Hause. Meistens spiegelt sich der jeweilige »Notstand«, der die Auszeit veranlasst, auch in der Form der Auszeit wider. Eine Frau, die sich nach einem Gefühl von Freiheit sehnt, wird in einer Auszeit Wert darauf legen, tun und lassen zu können, was sie will, und sich wahrscheinlich keinem festen Reiseprogramm unterwerfen. Wer von der täglichen Arbeit erschöpft und ausgelaugt ist, legt sich vielleicht am liebsten in die Sonne, um sich durch einen Stapel Bücher zu »fressen«. Und wer den Wunsch nach neuen Gesichtern und Eindrücken verspürt, wird eher dazu neigen, sich mit einer Freundin oder Reisegruppe interessante Städte und Länder anzusehen.

Die einundvierzigjährige Beate ist Mutter von drei Kindern im Alter zwischen sechs und vierzehn Jahren. Obwohl sie mit ihrer Familie sehr glücklich ist, bedauert sie, beruflich nie das gefunden zu haben, was wirklich zu ihr passt. Irgendetwas in ihr lag brach und dieses Gefühl verstärkte sich nach der Geburt der Kinder. Doch statt unzufrieden zu Hause zu bleiben und sich und den anderen das Leben schwer zu machen, wagte Beate einen mutigen Schritt. Sie meldete sich zu einem Kletterkurs an und entdeckte, dass ihr diese Herausforderung unglaublichen Spaß macht. Sie entwickelte eine tiefe Leidenschaft für Outdoor-Sportarten wie Mountainbikefahren, Klettern und Trekking und betreibt sie inzwischen mit großem Ehrgeiz und Können. Ihre abenteuerlichen Unternehmungen bilden sozusagen das natürliche Gegengewicht zu ihrem Leben als Hausfrau und helfen ihr, sich im Gleichgewicht zu halten.

> Also einerseits war ganz klar, ich möchte Kinder, ich habe ja mittlerweile auch drei, das ist für mich schön und gut. Andererseits möchte ich aber noch ein anderes Leben … Ich hatte immer das Gefühl, wenn ich meinen Mann immer nur hofiere und auf Händen trage – ich mache die Kinder und er guckt nur nach seinem Weiterkommen –, dann gehe ich unter. Trotz unserer Absprache, dass er sein Ding macht und ich selber sehe, wenn ich arbeiten gehen möchte, wie ich es auf die Reihe kriege, habe ich, sobald er zu Hause war, ganz früh gesagt: »Jetzt gehe ich. Du bist jetzt da und ich brauche jetzt meins.« Früher bin ich entweder arbeiten gegangen oder ins Fitnessstudio. Jetzt gehe ich in die Berge oder zum Klettern. Auch am Wochenende. Das hat er akzeptiert, weil er gemerkt hat, dass ich es brauche. Das hat er nie infrage gestellt.

Von zu Hause fortzugehen, um abzuschalten, sich zu erholen, neue Länder und Gesichter zu sehen oder etwas Neues auszuprobieren, ist das, was ich **kleine Fluchten** nenne. Sie geben uns Gelegenheit, all das, was uns belastet, für eine bestimmte Zeit hinter uns zu lassen, um uns zu regenerieren und wieder auf uns selbst zu besinnen.
Die positive Folge davon ist, dass wir uns automatisch auch wieder auf die besinnen, die wir lieben, und darauf, *dass* wir sie lieben. Wer nie von zu Hause fortgeht, kann auch nie Sehnsucht verspüren nach denen, die zurückbleiben. Es ist, als

würden wir uns mit solchen Ausflügen in die Vogelperspektive begeben, aus der wir uns selbst und unser Leben von außen betrachten können, um dann frisch gestärkt wieder einzutauchen.
Als nachteilig kann sich erweisen, dass der Erholungseffekt solcher »kleinen Fluchten« durch die Strapazen des Alltags schnell wieder verpufft. Da die Dauer solcher Pausen selten ein bis zwei Wochen übersteigt, sollte der Abstand zwischen zwei Auszeiten nie zu groß werden. Viele Frauen in dieser Kategorie berichten von dem Gefühl, dringend einmal rauskommen zu müssen, mitunter sogar von Leidensdruck. Der relativ geringen »Haltbarkeit« des Erholungseffektes können Sie aber nur entgegenwirken, indem Sie sich Ihre Auszeiten möglichst regelmäßig gönnen. Dann kann das Bedürfnis nach Abstand und Rauskommen nicht so stark werden, dass die Erholung und die gewonnene Distanz am Ende nicht ausreichen. Und Sie können Ihre Auszeit in vollen Zügen genießen und ausreichend aufgetankt in Ihr Alltagsleben zurückkehren.

Nicht immer sind solche kleinen Fluchten wirklich ausreichend. Frauen, die das Gefühl haben, dass in ihrem Leben etwas grundsätzlich schief läuft, können mit einer zeitlich begrenzten Auszeit zwar Abstand und neue Kraft gewinnen, am eigentlichen Missstand ändert sich dadurch aber nichts. Damit sich etwas ändert, kann eine Auszeit bei ihnen keine Flucht, sondern sie muss der **Beginn einer dauerhaften Veränderung** sein.
Amelie ist siebenundfünfzig, Lehrerin und Mutter eines Sohnes. Sie ist seit fast fünfunddreißig Jahren verheiratet, von denen die letzten zehn zu den glücklichsten ihres Lebens zählen, und das kommt nicht von ungefähr. Wie »Lieschen Mül-

ler« habe sie sich früher ihr zukünftiges Familienleben vorgestellt, sagt sie. Der Mann geht arbeiten, sie bekommt einen Haufen Kinder und lebt als glückliche Hausfrau. Und so ähnlich kam es auch. Als ihr Sohn geboren wurde, gab sie ihre Arbeit als Lehrerin auf und kümmerte sich vier Jahre lang ausschließlich um das Kind, ehe sie auf Teilzeitbasis wieder in die Schule zurückkehrte. Doch das rechte Glück wollte sich nicht einstellen. Ihr Mann lebte fast ausschließlich für seine Arbeit und Amelie fühlte sich allein gelassen. So hatte sie sich das nicht vorgestellt.

> Nach außen haben wir die beste Ehe aller Zeiten geführt, wir haben uns nicht einmal gestritten. Er war lieb und ich war lieb, deshalb gab es keinen Grund, irgendwohin wegzulaufen oder die Ehe aufzugeben … Als unser Sohn Abitur gemacht hatte, begann er seinen Zivildienst. Ich fand das immer gut, dass er aus dem Hause geht. Kinder müssen sich von den Eltern lösen. Nur als er dann wirklich weg war, kam für mich der ganz große Zusammenbruch. Wie gesagt, vom Kopf her war das alles okay, aber ich konnte so nicht leben … Irgendwann habe ich eingesehen, dass es so nicht weitergeht. Ich denke, die ganzen Jahre vorher war das unterschwellig auch schon klar, dass meine Beziehung nie das gewesen ist, was ich mir erhofft hatte, was ich gebraucht hätte, aber da wurde es nochmal völlig deutlich … Ich habe mich gefragt, wie schaffe ich es, hier rauszukommen, ich habe mich wie in einem Gefängnis gefühlt.

Ich habe Amelie gefragt, warum sie damals den Bettel nicht einfach hingeschmissen und die Scheidung beantragt hat. Sie sagte dazu:

So eine Frage! Heute würde ich sagen, weil wir auf bestimmte Weise zusammengehören. Ich weiß nicht wie, aber dieses Gefühl hatte ich immer. Natürlich hätte man eigentlich sagen müssen: »Komm, ich mache meinen Kram alleine und du deinen.« Aber ich könnte mir mein Leben ohne ihn nicht vorstellen. Und ihm geht es genauso.

Stattdessen nahm Amelie eine Auszeit. Sie zog für ein Jahr in eine andere Stadt, nahm dort an einer Umschulungsmaßnahme teil und blühte auf. Ihre Beziehung verbesserte sich zusehends, auch wenn das Paar in diesem Jahr die vielleicht seltsamste aller Silberhochzeiten feierte. Amelie hatte gerade ihre Abschlussprüfung bestanden und wollte mit ihren neuen Freunden feiern. Deshalb fuhr sie für zwei Stunden nach Hause, überraschte ihren Mann mit einer Rose und ging mit ihm essen. Danach fuhr sie zurück, wo sie vor ihrer Wohnungstür einen Strauß mit fünfundzwanzig roten Rosen vorfand, den er geschickt hatte, während sie auf dem Weg zu ihm war.

Als Amelie nach einem Jahr zu ihrem Mann zurückkehrte, erlebten die beiden einen Rückschlag. Amelie stellte fest, dass sie in diesem Haus, an diesem Ort nicht mehr mit ihm leben konnte, weil all das, was sie schon früher gequält hatte, sich bald wieder einstellte. Deshalb machte sie kehrt, zog wieder zurück und blieb dort. Das Paar sieht sich nun jedes Wochenende, fährt gemeinsam in Urlaub und versteht sich so gut wie nie zuvor. Aber wochentags hat die Ehe Auszeit.

Eine zeitlich begrenzte Auszeit hätte Amelie wenig genutzt. Sie hätte vielleicht ein bisschen ausspannen und sich erholen können, aber an ihren grundlegenden Problemen hätte sich nichts verändert. Eine dauerhafte Auszeit war, aus ihrer Sicht, die einzige Möglichkeit, sich selbst besser zu spüren und ihre Beziehung in bessere Bahnen zu leiten. Mit Erfolg!

Berufliche Ziele verfolgen

Die Verfolgung beruflicher Interessen ist der zweite häufig genannte Grund für eine Auszeit. Dabei ist es unerheblich, wie stark eine Frau ansonsten beruflich engagiert ist. Entscheidend ist allein, dass der Impuls dafür aus ihr selbst kommt. Berufliche Auszeiten werden von Vollzeit berufstätigen Frauen ebenso genommen wie von Teilzeitkräften oder von Frauen während der Erziehungszeit. Für Letztere sind beruflich veranlasste Auszeiten eine gute Möglichkeit, um beispielsweise eine Arbeit fertigzustellen, der sie sich im Familienalltag nicht genügend widmen können. Sie brauchen die Gelegenheit, sich wieder in ihr Projekt vertiefen und für einige Zeit ungestört daran arbeiten zu können. Und dies erfordert in vielen Fällen eine vorübergehende Trennung von der Familie, weil zu Hause weder die Räumlichkeiten noch die Zeit und/oder eine Kinderbetreuung durch andere Personen vorhanden sind. Die Bildhauerin Anne, die einen kleinen Sohn zu versorgen hat und deshalb nicht berufstätig ist, nutzte eine Auszeit, um sich einem künstlerischen Projekt zu widmen, für das ihr zu Hause sowohl die Zeit als auch die technischen Mittel fehlten. Daher bewarb sie sich um ein Stipendium für Bildhauerinnen und verbrachte zwei Monate auf einem Künstlergut in Sachsen.

> Der Grund war einfach, wieder einmal zu arbeiten und unter Bedingungen, die sonst gar nicht gehen. Weil dort die Mög-

lichkeit bestand, etwas Großes machen zu können ... und sich dann auszutauschen mit anderen Frauen ... Vorher war ich nervös, weil ich dachte, wie wird das sein, wie kommst du da wieder rein. Ich hatte mir irgendetwas ausgedacht, mich vorbereitet, und dann was ganz anderes gemacht.
Anne, 39, Bildhauerin, 2 Ki.

Berufstätige Frauen nutzen Auszeiten, um beispielsweise an Qualifizierungsmaßnahmen teilzunehmen, die so umfangreich sind, dass sie nicht ins Alltagsleben integriert werden können. So nahm die neununddreißigjährige Lehrerin Sylvia ein so genanntes Sabbatjahr, in dem sie vom Unterricht befreit war, um in einem weiteren Lehrfach den Abschluss zu machen. Da Sylvia nicht nur Vollzeit arbeitet, sondern auch drei Kinder versorgt, wäre dafür in ihrem Alltagsleben keine Zeit mehr gewesen.
Andere Frauen nehmen eine beruflich veranlasste Auszeit, um sich für einige Zeit ganz auf ihre Tätigkeit zu konzentrieren. Der Hochschullehrerin Isolde zum Beispiel wurde in einer weit von ihrem Wohnort entfernten Stadt eine Gastprofessur angeboten. Da ihre Familie, ihr ebenfalls berufstätiger Mann und die drei schulpflichtigen Kinder, nicht ohne weiteres – zumal für eine begrenzte Zeit – hätte folgen können, legte sie eine Auszeit ein und zog für die Dauer eines Jahres ohne Familie in die andere Stadt, um die Gastprofessur anzutreten.
Das Schöne an beruflichen Auszeiten ist, dass sich oftmals das Angenehme mit dem Nützlichen auf wunderbare Weise verbinden lässt. So muss die zweiundvierzigjährige Außendienstmitarbeiterin Maria für ihre Arbeit regelmäßig über viele Bücher Bescheid wissen. Da sie zu Hause einen kleinen Sohn zu

versorgen hat und ihr Mann sie dabei kaum entlastet, fehlt ihr häufig die Zeit für eine intensive Vorbereitung. Deshalb zieht sich Maria zweimal im Jahr für eine Woche an einen Strand zurück, im Gepäck mehrere Kilogramm Bücher, arbeitet und genießt dabei Sonne, Sand und Meer.

> Wir müssen für die Arbeit sehr viel lesen und das schafft man im Alltagsleben einfach nicht. Ich nehme mir das alles mit und dann schaffe ich so 30 bis 40 Bücher in einer Woche. Ich habe mal einen Schnelllesekurs gemacht. Ich bin unglaublich erholt danach. Wenn ich lesen kann, bin ich erholt. Dann geht es mir gut.

Auch wenn berufliche Auszeiten mit mehr »Arbeit« verbunden sind als andere Formen von Auszeiten, ist der Genussfaktor deshalb nicht geringer. Wichtig ist, dass eine Frau den *Wunsch* hat, zu tun, was sie sich zu tun entschieden hat. Viele Frauen, die berufliche Auszeiten nehmen, geben an, sich keine bessere Form von Auszeit vorstellen zu können, weil die Verbindung von selbstbestimmtem Arbeiten und Leben genau das ist, was sie brauchen. Die Journalistin Britt fährt hin und wieder ins Ausland, um ihre Sprachkenntnisse und Kontakte aufzufrischen. Auch für sie bedeutet eine berufliche Auszeit mehr als nur zu arbeiten.

> Die Form meines Berufes ist auch verknüpft mit mir, mit den Sprachen, die ich spreche, den Leuten, die ich kenne, und den Mentalitäten, mit denen ich umgehe. Das ist bei mir nicht gut zu trennen … Natürlich arbeite ich, wenn ich unterwegs bin, aber es gibt mir auch unheimlich viel, weil ich mich in dem Land total wohl fühle, weil ich dort

gelebt habe und da ganz viel hochkommt. Das ist schon stark mit meinem Ich verbunden, was ich mir da hole.

Wenn die Verfolgung eines beruflichen Ziels Ihr fester Wunsch ist und Sie im Alltag nicht ausreichend Gelegenheit haben, sich diesem Wunsch zu widmen, dann ist eine berufliche Auszeit vielleicht genau das Richtige für Sie. Sie mag anstrengender sein als andere Formen von Auszeiten, doch solange Sie das tun, was Ihren Bedürfnissen entspricht, werden Sie enorm davon profitieren.

Selbstverständliche Freiräume pflegen

Für manche Frauen sind Auszeiten überhaupt nichts Besonderes, sondern ein selbstverständlicher Bestandteil ihres Lebens, auf den sie nie verzichten würden. Die Gründe dafür sind unterschiedlich. Die dreiundfünfzigjährige Carola beispielsweise wurde als Tochter eines passionierten Kletterers geboren und schon als Kind mit dem Bergsteigen vertraut gemacht. Die Berge gehören zu ihrem Leben einfach dazu. Zwar hat es immer wieder Zeiten gegeben, in denen sie ihr Hobby einschränken musste, doch aufgeben würde sie das Bergsteigen nie. Im Gegenteil! Vor einigen Jahren hat sie noch einmal richtig losgelegt.

Konkret angefangen mit den großen Touren habe ich 1993. Ich hatte in der Zeitung von einer sechsundfünfzigjährigen Frau gelesen, die in der Watzmann-Ostwand an Er-

schöpfung gestorben ist. Und diese Zeitungsnotiz hat in meinem Kopf so einen Hupfer verursacht, dass ich zu mir gesagt habe, wenn du die Watzmann-Ostwand machen willst, dann musst du hin, bevor du sechsundfünfzig bist. Ich kannte diese Frau nicht und es hat mir auch weiter nichts gesagt, aber diese Zeitungsnotiz war der Auslöser.
Ich habe dann mein alpines Gewissen erforscht und festgestellt, der Biancograd ist mir wichtiger als die Watzmann-Ostwand, und so wurde der Biancograd meine erste große Tour. Damals war ich fünfundvierzig und die Kinder sechs und sechzehn. Inzwischen habe ich mich weiter emanzipiert und mache mehrere solcher Touren im Jahr, weil ich natürlich gemerkt habe, wenn man erst eine gemacht hat, dann geht die nächste leichter und die übernächste geht noch leichter.

Nicht erwähnt hat Carola, dass ihr zweites Kind mit einer Behinderung zur Welt kam und jahrelang intensive Pflege und Aufmerksamkeit benötigte. Die Häufigkeit ihrer Touren war in dieser Zeit zwar eingeschränkt, ihr Hobby selbst stand jedoch niemals auf dem Spiel. Sie könnte auf das Bergsteigen gar nicht verzichten. »Wenn man in der Jugend so eine Grundlage mitkriegt, dann hört man nie mehr auf«, ist ihre einfache Erklärung.
Um ein selbstverständlicher Teil des Lebens zu werden, müssen Auszeiten jedoch nicht notwendigerweise schon in der Jugend angelegt worden sein. Bei anderen Frauen sind sie ein integrierter Bestandteil der Partnerschaft, die ohne solche getrennten Bereiche nicht funktionieren würde. So haben die achtunddreißigjährige Erzieherin Swenja und ihr Mann Carsten völlig verschiedene Urlaubs- und Freizeitinteressen.

Deshalb fährt Swenja lieber regelmäßig mit einer Freundin in den Urlaub, unternimmt Städtereisen und andere Wochenendfahrten, für die ihr Mann sich nicht begeistern kann. Der Beziehung tut das keinen Abbruch:

> Wir praktizieren das seit unserem Kennenlernen, da jeder von uns sehr selbständig ist und unsere Partnerschaft nur so funktionieren konnte. Wir sind keine Menschen, die alles miteinander teilen wollen. Das bemerkten wir ziemlich bald und setzten es um, auch mit Kind. Wir tun uns da zum Glück sehr leicht, weil auch mein Partner Verständnis dafür hat und für sich Auszeiten in Anspruch nimmt.

Es scheint, als habe dieses Paar genau den richtigen Grad an Nähe und Distanz gefunden, sodass das gesamte Familienleben von den Auszeiten der Eltern profitiert.

Wenn Sie eine solche lebenslange Leidenschaft in sich tragen oder Interessen hegen, die Ihr Partner nicht mit Ihnen teilt, dann sollten Sie bedenken, dass es für Ihre Beziehung keineswegs hilfreich ist, auf diese Interessen zu verzichten, nur damit Sie sich nicht von Ihrem Mann (und Ihren Kindern) trennen müssen. Der Psychotherapeut Hans Jellouschek verweist immer wieder auf die Bedeutung von »Distanzierungsphasen«, die auf Zeiten der Verschmelzung, der symbiotischen Paarbeziehung folgen *müssen*, um in der Beziehung einen gesunden Ausgleich herzustellen. Selbst wenn nur ein Partner eigene Initiativen und Aktivitäten zu entfalten beginnt, könne dies ein wichtiger Schritt sein, um in der Beziehung das richtige Maß an Nähe und Distanz zu finden, rät Jellouschek.[20] Pflegen Sie daher Ihre Interessen und behalten Sie sie als einen Teil Ihres Lebens bei, der dazu beiträgt, Sie (und letztendlich auch Ihren Partner) zufrieden und glücklich zu machen.

Sich persönlich / künstlerisch weiterentwickeln

Weitere Gründe für eine Auszeit lassen sich unter dem Begriff der »Selbstverwirklichung« einordnen, den ich hier im eigentlichen Wortsinn gebrauchen möchte: Die Entfaltung der eigenen Persönlichkeit durch das Realisieren von Möglichkeiten, die in jemandem angelegt sind.[21]
Es ist sicher kein Zufall, dass gerade künstlerisch begabte und interessierte Frauen in dieser Kategorie zu finden sind. Um in ihrer Kunst voranzukommen, brauchen sie hin und wieder die Distanz zum Alltag, weil der es ihnen häufig nicht gestattet, sich ausreichend auf ihr Tun zu konzentrieren. Angela ist dreiundvierzig und eine leidenschaftliche Hobbymalerin. Sie arbeitet als Lehrerin und hat vor einiger Zeit ein Sabbatjahr begonnen, um sich ganz dem Malen zu widmen.

> Mein Antrieb, das Sabbatjahr zu machen, liegt ursprünglich darin, dass ich mehr Zeit haben wollte, Kunst zu machen, zu malen. Ich habe schon vor Jahren Stunden reduziert, weil ich immer dachte, dann habe ich eine Korrektur weniger, damit ist ganz viel Zeit gewonnen und die möchte ich haben, um zu malen. Als ich dann vor ein paar Jahren hörte, es gibt die Möglichkeit, ein ganzes Jahr auszusteigen, war ich sofort Feuer und Flamme. Ich habe das mit meinem Mann besprochen und der sagte, das ist doch toll, dann mache das doch …
> Ursprünglich habe ich wahrscheinlich gedacht, ich wollte

> ganz viel produzieren. Und dann merkte ich irgendwie, ich drehe mich im Kreise in den letzten Jahren und möchte eigentlich mal etwas Neues ausprobieren. Im Alltag bleibt einfach zu wenig Energie, sich auf neue Sachen einzulassen. Dann war ziemlich schnell die Spinnerei da, etwas Bildhauerisches zu machen, sei es mit Holz oder etwas Plastischem zu arbeiten, und nicht nur zu malen.

So wie Angela merkte, dass das Sabbatjahr ihr nicht nur die Möglichkeit bietet, Altbewährtes zu intensivieren, sondern auch Neues auszuprobieren, nutzen andere Künstlerinnen ihre Auszeit, um Projekte zu verwirklichen, die sich zu Hause nicht bewerkstelligen lassen. Die Bildhauerin Anne, von der bereits die Rede war, schuf während ihres Aufenthaltes auf dem Künstlergut einen riesigen Thron, den sie zu Hause niemals hätte in Angriff nehmen können, weil er viel zu groß ist und ihr dort die technischen Mittel fehlen.
Andere Aktivitäten rühren aus dem Wunsch, die eigene Persönlichkeit zu entfalten oder weiterzuentwickeln: dazu gehören der Besuch von psychologischen Weiterbildungsmaßnahmen, Workshops oder Seminaren, die Frauen Gelegenheit geben, eigene Talente zu entdecken und / oder sich persönlich weiterzuentwickeln.
Allerdings muss sich der Wunsch nach persönlichen Entfaltungsmöglichkeiten nicht immer in einem konkreten Vorhaben äußern: »Diese pure Häuslichkeit und auch Bürgerlichkeit hinter mir zu lassen und weiter vorzudringen, die Welt zu sehen und mit Menschen mit Horizont Kontakt zu haben und mich inspirieren zu lassen von Frauen und Männern«, mit dieser Absicht habe ich die Konzert- und Opernsängerin Mechthild Georg schon einmal zitiert. Wie sie verspüren vie-

le Frauen den Wunsch, ihren Alltag abzuschütteln und sich von anderen Ländern und Menschen, Ansichten, Lebensweisen oder Weltanschauungen inspirieren zu lassen. Dieses Verlangen kann durch einen Aufenthalt in einem Ostseebad ebenso gestillt werden wie durch einen Trip nach Indien.

Was Auszeiten über eigene Lebensträume aussagen

Kehren wir noch einmal zurück zu der im ersten Kapitel gestellten Frage, unter welchen Voraussetzungen Frauen Auszeiten brauchen beziehungsweise sich Auszeiten nehmen. Die Antwort lautete, dass Auszeiten sich für *alle* Frauen empfehlen, die in eine Partnerschaft und / oder Familie eingebunden sind, aus der sie nicht jederzeit und ohne weitere Vorbereitungen ausscheren können. Und dass Auszeiten sowohl von Frauen genommen werden, die eher traditionelle Vorstellungen von der Rollenverteilung in Ehe und Familie vertreten, als auch von jenen, die die Vereinbarkeit von Beruf, Familie und Partnerschaft anstreben.

In diesem Zusammenhang habe ich zwei weitere Überlegungen angestellt: Haben Auszeiten für Frauen mit stark unterschiedlichen Lebensentwürfen ebenso unterschiedliche Bedeutung? Und spiegelt sich die Tatsache, ob eine Frau mit der Umsetzung ihrer Vorstellungen von Partnerschaft zufrieden oder unzufrieden ist, in ihrer Auszeit wider?

Tatsächlich lassen sich hier deutliche Unterschiede ausmachen, sowohl was die Art der gewählten Auszeiten angeht als auch in deren Bedeutung für die jeweiligen Frauen.

Partnerschaftlich orientierte Vorstellungen

Frauen, die ihre Vorstellungen von einer partnerschaftlichen Beziehung und der geteilten Verantwortung für Familie und Beruf zufrieden stellend umgesetzt haben (was bei meiner Untersuchung mehrheitlich der Fall war), nutzen Auszeiten vor allem dazu, **berufliche Ziele** zu verfolgen. Sie pflegen die berufliche Basis, wie die Bildhauerin Anne, die mit ihrem Kleinkind auf einem Künstlergut zwei Monate lang künstlerisch tätig war. Sie frischen ihre beruflichen Kenntnisse auf, wie die Journalistin Britt, die immer wieder für einige Wochen ins Ausland fährt, um ihre sprach- und landeskundlichen Kenntnisse aufzupolieren. Sie bringen begonnene Projekte zu Ende und ziehen sich dafür eine bestimmte Zeit zurück. Oder sie verfolgen berufliche Ambitionen, indem sie während eines Sabbatjahres eine Zusatzqualifikation erwerben oder des Berufes wegen für eine abgegrenzte Zeit den Wohnort wechseln. Außerdem besuchen sie zur Verfolgung ihrer beruflichen Ziele Kurse, Seminare, Workshops und ähnliche Angebote der beruflichen Weiterbildung.
Da keine Regel ohne Ausnahme ist, finden sich in dieser Kategorie natürlich auch beruflich ambitionierte Frauen, die in ihren Auszeiten rein private Interessen verfolgen, fremde Städte besuchen, Fahrradtouren oder Reisen unternehmen. Gemeinsam ist diesen Frauen die feste Überzeugung, dass ihre Auszeiten ein **selbstverständlicher und notwendiger Bestandteil ihrer Beziehung** sind, auf die weder sie noch ihr Partner verzichten können. Die persönliche Freiheit ist in ihren Beziehungen ebenso wichtig wie die Gemeinsamkeit.

Ich denke, dass ich meine ursprünglichen Vorstellungen gut umgesetzt habe. Ich fühle mich vollkommen frei, meinen

> Interessen und Bedürfnissen nachzugehen. Andererseits habe ich jemanden, den mein Tun interessiert und der mich durchaus auch kritisiert und der mich interessiert und dessen Meinung mir wichtig ist.
> *Karin, 44, MTA, 2 Ki.*

Auch wenn es vielen Frauen gut gelingt, ihre ursprünglichen Vorstellungen von Vereinbarkeit umzusetzen, sind ihren beruflichen Entfaltungsmöglichkeiten deutlich engere Grenzen gesteckt als Männern in der gleichen Situation. Während die Familie für Männer kein Karrierehindernis darstellt, sondern ihnen oft genug den Rücken freihält, ist es bei Frauen meist umgekehrt. Dieser Umstand erklärt, warum so viele Frauen mit Beruf, Familie und Partnerschaft Auszeiten nutzen, um sich in dieser begrenzten Zeit ganz ihren beruflichen Interessen zu widmen. Sie steigen damit sozusagen zeitweilig aus ihren Vereinbarkeitsbemühungen aus. Das Gleiche gilt für Frauen, die in ihrer Auszeit private Interessen verfolgen, weil auch diese im Alltag zu kurz kommen. Sie steigen zeitweilig aus der Partnerschaft aus, um zufrieden und aufgetankt in ihr von vielen Verantwortungen bestimmtes Leben zurückzukehren.
Ob Sie in Ihrer Auszeit berufliche Ziele verfolgen oder einen selbstverständlichen Teil ihres Lebens pflegen – jede dieser Varianten unterstützt Ihre Bemühungen, Familie, Job, Partnerschaft und Eigenleben gut miteinander zu kombinieren.

Traditionelle Vorstellungen von Partnerschaft und Familie

Auch mit traditionellen Rollenvorstellungen sind Auszeiten gut vereinbar, wenn Frauen mit der Umsetzung ihrer Vorstellungen zufrieden sind und ihre Solo-Aktivitäten als **selbst-**

verständlichen und wichtigen Bestandteil ihrer eigenen Person ansehen. Denken Sie nur an die Bergsteigerin Carola, die aufgrund ihres traditionellen Familienbildes Kindererziehung und Haushalt als ihre ureigene Domäne ansieht. Ebenso selbstverständlich wie die Wahrnehmung ihrer Rolle als Hausfrau und Mutter aber ist es für sie, in regelmäßigen Abständen in die Berge zu gehen. Da ihr das Bergsteigen sozusagen in die Wiege gelegt wurde, denkt sie nicht im Traum daran, dass sich ihr Dasein als Hausfrau und Bergsteigerin irgendwie widersprechen könnte. Deshalb ist die Bergsteigerei ein fester Bestandteil ihres Lebens, genauso wie das Skifahren und die Bergwacht im Leben ihres Mannes.

Anders verhält es sich bei Frauen, die mit der Umsetzung ihrer traditionellen Vorstellungen weniger bis gar nicht zufrieden sind. Bei ihnen gehören Auszeiten meist nicht selbstverständlich zu ihrem Leben dazu, sondern werden zum **Impuls für eine Veränderung**. Je nach Ausgangslage kann eine solche Veränderung mehr oder weniger drastisch ausfallen. Frauen, die sich beispielsweise mit der Verantwortung für die Familienarbeit allein gelassen fühlen, kann eine Auszeit zum Beispiel den Anstoß geben, eine positive Veränderung einzuleiten und ihr Leben besser auf die eigenen Bedürfnisse zuzuschneiden.

Wenn kleine Veränderungen die Missstände nicht beheben, können zeitlich begrenzte Auszeiten auch in dauerhafte umgewandelt und die Probleme auf diese Weise behoben werden, wie das Beispiel der Lehrerin Amelie gezeigt hat. Sie entschied sich nach einer Art Probezeit für eine dauerhafte räumliche Trennung von ihrem Ehemann und konnte durch diese Veränderung ihre Beziehung wieder auf die richtige Bahn bringen.

Andere Hausfrauen nutzen Auszeiten als Möglichkeit zu einer vorübergehenden **Flucht aus dem Alltag**. Sie gehen von zu Hause fort, um abzuschalten, um sich zu erholen, neue Menschen kennen zu lernen und etwas Neues auszuprobieren. Die Auszeit wird für sie zum Gegengewicht zu ihrem häuslichen Dasein als Hausfrau und hilft ihnen, ihr Leben besser ins Gleichgewicht zu bringen. Dies gilt beispielsweise für die Outdoor-Sportlerin Beate, die gern Hausfrau ist, sich aber an ihrem derzeitigen Wohnort nicht wohl fühlt und sich beruflich mehr Erfüllung gewünscht hätte. Ihre abenteuerlichen Kletter-, Trekking- und Mountainbiketouren sind für sie der notwendige Ausgleich zum Familienleben, sie halten ihr Leben im Lot.

> Als Frau [die ihrem Mann nachfolgt] lässt man seinen ganzen Freundes- und Bekanntenkreis zurück und muss bei null wieder anfangen. Das war zu Beginn sehr schwierig. Irgendwann habe ich das Reisen entdeckt und gesagt: »Das brauche ich, das möchte ich als Ausgleich.« Ich packe meine Koffer und gehe irgendwohin, wo ich niemanden kenne. Ich möchte meinen eigenen Bereich – arbeiten gehen wollte ich mit drei Kindern nicht mehr –, dann habe ich irgendwann von Marokko gehört und gesagt: »Das möchte ich!«

Welche Bedeutung eine Auszeit für eine traditionelle Hausfrau auch haben mag, ob sie selbstverständlicher Bestandteil ihres Lebens ist, den Anstoß zu einer Veränderung liefert oder ihr eine Verschnaufpause vom Alltag bietet – die Auswirkungen sind in jedem Fall positiv und sorgen dafür, dass eine Frau ihr Leben besser genießen kann.

Veränderte Vorstellungen

Die wenigsten Frauen haben von klein auf klare und unveränderliche Vorstellungen vom Verlauf ihres zukünftigen Lebens. Manche wünschen sich als Teenager noch einen Haufen Kinder, weil sie es in der Kindheit nicht anders erlebt haben, kommen während der Berufsausbildung von diesem Wunsch ab und sind mit Mann und einem einzigen Kind später vollauf zufrieden. Andere können sich als junges Mädchen gar nicht vorstellen, Kinder zu bekommen, und sind später Mutter von drei Kindern. Wieder anderen Frauen war es früher unvorstellbar, einmal zu heiraten, weil sie sich lieber auf ihren Beruf konzentrieren wollten. Den Möglichkeiten der Veränderung früherer Lebensentwürfe sind kaum Grenzen gesetzt. Interessanterweise spiegeln sich bei Frauen, deren Lebensweise von ihren ursprünglichen Vorstellungen abgewichen ist, die ursprünglichen Vorstellungen in der Art beziehungsweise der Bedeutung ihrer Auszeiten wider.

Die frühere Krankenschwester Ute beschreibt ihre ursprünglichen Lebensvorstellungen folgendermaßen:

> Ich wollte keine Kinder. Ich hatte mir zu dem Zeitpunkt, als ich schwanger wurde, in der Klinik ein kleines Biotop geschaffen. Das war es, was ich unbedingt machen und auch behalten wollte. ... Bezüglich Kinderkriegen hatte ich ziemliche Horrorvisionen von durchwachten Nächten und so etwas. Aber das ließ sich völlig ungezwungen, harmlos und pflegeleicht an, sodass ich dann gedacht habe, ja, ein zweites Kind gleich hinterher und dann dachte: Ach ja, ein Drittes geht auch noch.

Heute ist Ute die Mutter dreier Kinder. Allerdings haben sich ihre Träume von einem kinderlosen Dasein nicht einfach in Luft aufgelöst. Schon kurz nach der Geburt ihres Ältesten hatte sie das Gefühl, Freiraum zu brauchen, damit ihre Welt sich nicht ausschließlich um das Kind dreht. Daher beschloss sie, mit einer Freundin für eine Woche wegzufahren.

> Ich hatte einfach das Gefühl, vierundzwanzig Stunden dieses Kind um mich herum, da fehlte mir einfach der Freiraum. Das war mehr im Kopf als körperlich, aber ich habe gedacht: Ich muss das jetzt einfach mal machen!

Für Ute sind Auszeiten Pausen von der Mutterschaft, die es ihr ermöglichen, sich wieder auf sich selbst zu besinnen, um anschließend entspannt und erholt ins Familienleben zurückzukehren.

Andere Frauen nehmen sich vor, nie zu heiraten, wie die Konzert- und Opernsängerin Mechthild Georg, die dennoch sehr früh in die Ehe ging und zwei Kinder bekam. Schon als Kind, berichtet sie, habe sie das Bedürfnis gehabt, Häuslichkeit und Bürgerlichkeit hinter sich zu lassen, die Welt zu sehen und sich von kreativen Menschen inspirieren zu lassen. Genau diese Bedürfnisse erfüllt sie sich mit ihren beruflichen und privaten Auszeiten.

> Diese frühen Verpflichtungen durch Ehe und Mutterschaft, für die ich mich auch wirtschaftlich verantwortlich fühlte, haben mich sehr zusammengepfercht. Als ich dann merkte, das halte ich alles gar nicht aus, ich bin ja wie ein Vulkan, ich muss mir da [Freiräume] nehmen, da dachte ich zuerst, o Gott, das kannst du doch nicht tun. Aber dann habe ich

immer wieder gesehen, je mehr man für sich selber tut, desto mehr kann man auch geben. Je besser es mir persönlich geht, desto liebevoller kann ich zu meiner Umgebung sein. Und in diesem Zusammenhang habe ich all die Bereiche, die für mich Freiräume sind, immer weiter zulassen können und habe davon immer bewusster profitiert.

Mechthild Georg lebt in ihren Auszeiten das, was in ihrem Familienleben zu kurz kommt: die Beziehungen zu anderen Menschen, die ihr sehr wichtig sind, Spontaneität, Ungebundenheit und Freiheit.
Bei der Theologin Carla stand ursprünglich der berufliche Werdegang im Vordergrund. Partnerschaft und Kinder waren für sie keine attraktiven Lebensziele, da sie das Vorbild ihrer Eltern eher als abschreckend empfunden hatte. Als sich aus der Bekanntschaft mit einem Freund eine wunderbare Beziehung entwickelte, änderte sich ihre Sichtweise. Sie ist heute verheiratet und zweifache Mutter. Ihre beruflichen Ambitionen hat sie dennoch nicht aufgegeben. Und so nutzte sie, als ihre älteste Tochter noch klein war, mehrere Auszeiten, um ihre begonnene Doktorarbeit zu beenden.

Die Idee, mir zum Schluss der Arbeit an der Dissertation noch einmal eine ungestörte Woche zu nehmen, entstand aus der Notwendigkeit, Zeit am Stück zu haben, was in der Familie nicht möglich ist. Die Idee zu dem Ort kam aus der »Evangelischen Zeitung«, die von dem Angebot eines Klosteraufenthaltes für Hausfrauen, die an ihrer Dissertation arbeiten, berichtete. Da dachte ich: Genau das ist es. Das brauche ich, um meine Arbeit fertig zu schreiben. Zehn Stunden Ruhe am Tag, einen Schreibtisch, Klostermauern und eine schöne Umgebung für Spaziergänge zwischendurch.

Carla schlägt mit ihren beruflichen Auszeiten die Brücke zu ihren beruflichen Zielen, ohne auf die hinzugewonnenen Lebensbereiche Partnerschaft und Familie verzichten zu müssen.

Diese Beispiele zeigen, dass es Frauen, deren Vorstellungen sich im Laufe der Zeit verändert haben, durch Auszeiten gelingt, an alte Vorstellungen anzuknüpfen und für eine gewisse Zeit eine Lebensweise zu pflegen, die ihnen früher erstrebenswert erschien, aber zugunsten anderer Prioritäten aufgegeben wurde. In gewissem Sinne nehmen sie damit eine **Auszeit von ihrem derzeitigen Leben,** allerdings *ohne* deshalb mit ihrem Leben unzufrieden zu sein oder es gar aufgeben zu wollen. Ihnen ist lediglich – möglicherweise mehr als anderen Frauen – eine andere Lebensweise vorstellbar. Und statt von dieser gänzlich abzurücken, schaffen sie sich durch Auszeiten die Möglichkeit, immer wieder für eine gewisse Zeit daran anzuknüpfen.

Resümee

Die Gründe, die Frauen veranlassen, eine Auszeit zu nehmen, sind sehr verschieden. Gemeinsam ist allen, dass ihr Motiv einem tiefen inneren Bedürfnis entspringt, das sie veranlasst, sich für eine Weile von Familie, Beruf und Partner loszueisen und ihren eigenen Interessen zu folgen.

Der mit am häufigsten genannte Grund für eine Auszeit ist,

sich ab und zu aus dem Alltag auszuklinken. Der Wunsch nach Abstand, Erholung und Abwechslung vom täglichen Leben. Dabei entscheiden die jeweiligen Bedürfnisse darüber, welche Form von Auszeit eine Frau nimmt, ob sie ihre persönliche Freiheit genießen, sich erholen oder neue Eindrücke sammeln will. Frauen, die immer wieder den dringenden Wunsch verspüren »rauszukommen«, sollten die Zeitspanne zwischen den Auszeiten nicht zu groß werden lassen, damit eine angemessene Erholung auch wirklich möglich ist. Zwei Jahre zu warten, ehe sie wieder für eine Woche ans Meer fährt, kann durchaus zu wenig sein und dazu führen, dass der Effekt der Auszeit sehr schnell verpufft.

Für Frauen, die das Gefühl haben, in ihrer Beziehung eine gravierende Änderung herbeiführen zu müssen, sind die hier beschriebenen »kleinen Fluchten« meist zu wenig. Die Umwandlung einer zeitlich begrenzten Auszeit in einen Dauerzustand kann dagegen zu einer langfristig positiven Veränderung führen.

Genauso häufig wollen Frauen in ihrer Auszeit berufliche Ziele verfolgen. Berufliche Auszeiten werden unabhängig davon genommen, ob Frauen berufstätig sind oder wegen der Kinder zu Hause bleiben. Sie möchten sich in dieser Zeit ganz auf *eine* Tätigkeit konzentrieren können, sich fortbilden oder bereits begonnene Projekte zu Ende führen. Da auch berufliche Auszeiten einem inneren Bedürfnis entspringen, sind die persönliche Befriedigung und auch der Erholungseffekt nicht geringer als bei allen anderen Formen von Auszeiten.

Des Weiteren sollen in Auszeiten kontinuierlich selbstverständliche Freiräume gepflegt werden. Manche Frauen betrachten ihre Auszeiten als festen und selbstverständlichen

Bestandteil ihres Lebens, weil sie von Jugend an zum Leben dazugehörten oder ein notwendiger Bestandteil ihrer Partnerschaft sind, die ohne individuelle Freiräume nicht bestehen könnte.
Als letzter Grund wird genannt, sich persönlich und künstlerisch weiterzuentwickeln. Diese Frauen verfolgen mit ihrer Auszeit die Absicht, eigene Talente zu entdecken, künstlerische und / oder persönliche Entwicklungen voranzutreiben. Das kann sich in verschiedenen konkreten Vorhaben äußern oder in dem Wunsch, sich von anderen Ländern, Menschen, Ansichten und Lebensweisen inspirieren zu lassen.

4. Formen von Auszeiten

> Mit dem Leben ist es wie
> mit einem Theaterstück:
> Es kommt nicht darauf an, wie
> lang es ist, sondern wie bunt.
> *Seneca (4–65)*

Einige Beispiele für Auszeiten haben Sie in den vorangegangenen Kapiteln bereits kennen gelernt. Doch es gibt noch viele weitere Spielarten, von denen ich Ihnen einige beliebte Beispiele vorstellen möchte. Natürlich ergibt sich daraus kein Anspruch auf Vollständigkeit. Das ist auch gar nicht nötig. Selbst wenn Sie nicht auf Anhieb wissen, welche Art von Auszeit Sie gerne ausprobieren würden, braucht es meist nur eine Anregung, eine Idee in die richtige Richtung, um eigene Vorstellungen entwickeln zu können.

Woher kommen die Ideen?

Die häufigsten Impulsgeberinnen für Auszeiten, die nicht in einem beruflichen Zusammenhang stehen, sind aufmerksame Freundinnen. Immer wieder hörte ich davon, dass eine Freundin irgendwo irgendetwas gehört oder gelesen, ausge-

schnitten und mitgebracht habe. Wer den entscheidenden Tipp von einer Freundin erhält, kann sich glücklich schätzen, weil sie häufig gleich anfängt, einen zu bestärken und zu unterstützen und so dazu beiträgt, die anfänglichen Zweifel und Ängste zu überwinden. Gerade wenn es notwendig ist, für eine bestimmte Form von Auszeit über den eigenen Schatten zu springen, berichten viele Frauen, dass sie ohne den Zuspruch ihrer Freundin(nen) niemals weitergemacht hätten.
Eine ganze Reihe von Frauen berichtet, die Anregung sei vom Ehemann gekommen, der seine Frau zu einer Auszeit ermutigt habe. Schön ist die Geschichte von Swenja, deren Ehemann sich nicht nur als Impulsgeber, sondern gleich als »Komplettveranstalter« erwies. Zwar hatten die beiden schon früher Auszeiten genommen, doch nach der Geburt ihres ersten Kindes fehlte Swenja wie vielen jungen Müttern der Mut (und die Kraft), sich auch weiterhin eine Auszeit zu gönnen.

> Mein Sohn war acht Monate alt, als ich zum ersten Mal fünf Tage von ihm getrennt war. Der Anlass war ganz einfach: Mein Kind war ein Schreikind, ich entsprechend am Ende, da schenkte mir mein Mann fünf Tage mit einer Freundin zum Auftanken. Er hatte alles geplant und seine Schwester stand ihm zur Seite. Ich traute mich erst nicht richtig, keine Mutter lässt doch ihr kleines Kind im Stich (diese Gedanken hatte ich sehr wohl). Aber als mein Sohn vier Monate alt war, war mein Mann für eine Woche weg gewesen. Da hatte sich niemand etwas gedacht. Das war für alle, inklusive für mich, normal. Letztendlich fuhr ich weg und es hat mir nur gut getan. Mein Kind hatte mich im ersten Jahr Tag und Nacht – bis auf die fünf Tage und die waren einfach nötig.

Andere Frauen greifen in ihren Auszeiten etwas auf, was sie, wie die Bergsteigerin Carola, schon seit ihrer Jugend praktizieren. Das können sportliche Hobbys sein, aber auch Urlaube an einem aus Kindertagen geliebten Ort oder der Wunsch, in die Fußstapfen einer als Vorbild angesehenen Person zu treten. Manche Frauen orientieren sich dabei an bekannten und berühmten Persönlichkeiten, andere nehmen sich ein Beispiel am Tun bestimmter Verwandter oder Bekannter, die ihnen ein Vorbild waren. So auch die Hochschullehrerin Isolde, deren frühere Deutschlehrerin sie inspiriert hat, nicht nur den gleichen beruflichen Weg einzuschlagen, sondern sich auch überaus engagiert für ihre Studenten einzusetzen.

> Wir hatten im Gymnasium eine Deutschlehrerin, die mich sehr beeindruckt hat. Es war eine Frau, die ich für sehr kompetent hielt und von der man viel lernte. Die sehr streng war, einem sehr viel abverlangte und zugleich sehr weiblich und mütterlich war. Es war für mich eine sehr, sehr interessante Mischung aus Askese, Strenge und auch Forderung, die dennoch überhaupt nicht lieblos war, sondern sehr liebevoll. Sie war für mich ein Ideal. Und ich weiß noch, dass ich immer mal wieder gesagt habe, wenn ich einem Menschen mal so viel geben kann, wie Frau Dr. R. mir gegeben hat, dann hat sich meine Arbeit gelohnt.

Wertvolle Tipps finden sich auch in Zeitschriften und Broschüren. Fernseh- und Radiobeiträge können, beispielsweise mit Sendungen über andere Länder oder spannende Unternehmungen, Interesse wecken und erste Impulse geben. Es müssen nicht immer superexotische Fernreisen sein, auch wenn dagegen nicht das Geringste einzuwenden ist. Wichti-

ger als ein bestimmtes Reiseziel ist jedoch, zunächst die persönliche Aufmerksamkeit zu schärfen, damit Ihnen potenzielle Ziele oder Aktivitäten überhaupt auffallen.
Wer eine berufliche Auszeit anstrebt, hat gute Chancen, in fachbezogenen Medien fündig zu werden, etwa in Amtsblättern (von Schulen und anderen öffentlichen Einrichtungen) und beruflichen Zeitschriften. Auch Gewerkschaftspublikationen, Kirchenzeitschriften oder das Internet liefern interessante Anregungen oder sogar konkrete Angebote. Eine Frau fand die zündende Idee in einem Buch, das ihr ein Berater des Arbeitsamtes gegeben hatte.
Fahren Sie Ihre Antennen aus, wenn eine Auszeit genau das Richtige für Sie ist. Vielleicht kommt die Idee von ganz allein zu Ihnen, Sie müssen dafür nur empfänglich sein.

Große Auszeiten

Auch wenn keine Auszeit jemals einer anderen gleicht, weder in ihrer Form noch in ihrer Bedeutung, lassen sie sich doch bestimmten Kategorien zuordnen. Ich möchte dabei unterscheiden zwischen Großen Auszeiten, für die eine Frau, wie im Eingangskapitel bereits erläutert wurde, für einige Zeit von zu Hause fortgeht, um etwas nur für sich zu tun, und Kleinen Auszeiten, die sich Frauen im Alltag nehmen. Folgenden Großen Auszeiten bin ich begegnet:

- Berufliche Auszeiten
- Urlaube und Reisen
- Sportliche Aktivitäten

- Dauerhafte Auszeiten
- und dem Sonderfall: Affären

Berufliche Auszeiten

Während ich dies schreibe, befinde ich mich auf einer kleinen Nordseeinsel, auf der ich in einem alten Friesenhaus mit Blick auf das Marschland wohne und arbeite – neun Stunden Zugfahrt von meiner Familie entfernt. Ein Freund und Kollege hat mich eingeladen, in seinem Haus einige ungestörte Arbeitstage zu verbringen, um einen guten Einstieg ins Schreiben zu finden. Zwölf Arbeitstage habe ich mir genehmigt. Zwölf Tage konzentrierten Arbeitens, ohne Telefonanrufe, ohne Kindergarten-Abholzeiten, ohne Hausarbeit. Fast zehn Stunden sitze ich täglich am Schreibtisch und trotzdem bleibt mir genug Zeit für Spaziergänge am Strand, für Fahrradfahrten ins nahe gelegene Städtchen oder ein Stück Kuchen im Strandcafé. »Ich war im Paradies«, schrieb eine andere Frau über ihre Auszeit in Italien. Und auch ich fühle mich wie im Paradies, einem Arbeitsparadies. Kein Strandurlaub auf den Kanaren könnte mir das ersetzen. Meine Auszeiten müssen etwas mit meinem Beruf zu tun haben, dann bin ich glücklich. Natürlich könnte ich auch gut eine Weile einfach nur faulenzen oder mit einer Freundin zum Wandern nach Gomera fahren. Aber mir sind berufliche Auszeiten wichtiger. Andere Dinge unternehme ich lieber mit meiner Familie – oder allein mit meinem Mann. Und wie es scheint, bin ich damit keine Ausnahme. Fast die Hälfte meiner Interviewpartnerinnen nimmt berufliche Auszeiten. Dies ist unter anderem auch dadurch erklärbar, dass Frauen durch die Anforderungen in Beruf und Familie nach wie vor deutlich stärker belastet werden als Männer und sich deshalb im Alltag häufig nicht in gleichem Maße in ihre Arbeit versenken können wie diese.

Arbeitsaufenthalte wie meine »Schreibferien« auf der Insel, Auszeiten zum Lesen, Vorbereiten oder Beenden einer Arbeit werden mit Vorliebe an ruhige, erholsame Orte verlegt. Der Rückzug an einen Ort des Schaffens kann verschiedene Gesichter haben.

Die Theologiereferendarin Carla, von der im vorigen Kapitel schon einmal die Rede war, war zweiunddreißig, als sie in einer Kirchenzeitung von einem Kloster las, in dem Frauen Gelegenheit geboten wird, in Ruhe und Abgeschiedenheit zu arbeiten. Da sie zu Hause ein Kleinkind versorgte, war dies die ideale Möglichkeit, ihre Doktorarbeit fertig zu schreiben.

Zu den ausgedehnteren Formen beruflicher Auszeiten gehören **Auslandsreisen**, wie sie die neununddreißigjährige Journalistin Britt unternimmt, um ihre sprach- und landeskundlichen Kenntnisse aufzufrischen.

> Die Hauptauszeiten, die ich mir bisher genommen habe, sind meine beiden Amerika-Reisen in den letzten Jahren. Bei der ersten, da war mein Sohn gerade zweieinhalb, bin ich für vier Wochen in die Staaten geflogen, alleine, und eineinhalb Jahre später noch einmal für vierzehn Tage. Der Grund für die erste Reise war, dass ich im Herbst davor unzufrieden wurde, mit mir und mit meinem Leben. Ich hatte ziemlich viel zu tun, hatte aber auch das Gefühl, dass ich gerade im Hinblick auf meine Arbeit sprachlich ein bisschen aus der Übung komme. Und dass ich den Bezug zu den USA verliere, obwohl die meisten Sachen, mit denen ich arbeite, von dort stammen …

Dann habe ich einen Besuch bei meiner Lieblingsautorin arrangiert, habe mir Routen ausgedacht, mich bei Freunden eingeladen, das Ganze von vorne bis hinten geplant. Heraus kam eine halbberufliche Reise, kann man sagen. Es hatte natürlich den beruflichen Zweck, wieder Land und Leuten näher zu kommen und die Sprache aufzufrischen, aber ich habe auch alte Bekannte besucht und es irgendwie für mich getan. Es war eine Mischform, würde ich sagen.

Diese Beschreibung, die Auszeit sei einerseits fachlich begründet, andererseits aber auch ein inneres Bedürfnis, ist kennzeichnend für alle Arten berufsbezogener Auszeiten. Das berufliche Interesse gibt Frauen die nötige innere Motivation, um sich für eine gewisse Zeit von Mann und Kind(ern) zu trennen, und eine fachlich begründete Legitimation nach außen.
In besonderem Maße gilt das oben Gesagte für die längste und anstrengendste Form beruflicher Auszeiten, **die Trennung von Wohn- und Arbeitsort**. Bei der Professorin Isolde waren es der Forschungsdrang, ihre Freude und ihr Erfolg in Forschung und Lehre, die ihr den Mut gaben, in einer weit entfernten Stadt eine Gastprofessur anzutreten, während ihr Mann mit den drei halbwüchsigen Söhnen am Wohnort blieb.

Ich fuhr nun ganz regelmäßig ein Semester lang jede Woche drei bis vier Tage fort. Machte meine Seminare und kam wieder zurück. Das war eine anstrengende Zeit, weil man doch fast einen Tag unterwegs ist. Die Kinder kamen schon aufs Gymnasium, aber dass sie einen deswegen nicht mehr brauchen, stimmt nicht. Sie brauchen einen immer, das bildet man sich, glaube ich, nicht nur ein … Ich habe

> dann eine Wohnung genommen und bin anfangs jede Woche gefahren.

Auch wenn Isolde diese Zeit als recht anstrengend in Erinnerung behält, betont sie gleichzeitig, wie beglückend sie ihre Arbeit und ihr Familienleben immer empfunden hat. Das eine habe ihr Kraft gegeben für das andere, sagt sie. Letztendlich ebnete ihr die Entscheidung für eine berufliche Auszeit den Weg zu einer Professur.
Eine weitere Spielart beruflicher Auszeiten, die nicht unbedingt eine Trennung von der Familie erfordert, ist das **Sabbatjahr**. Die ursprüngliche theologische Bedeutung (*shabbat* = ruhen), den siebten Tag der Woche als Feier- und Ruhetag zu ehren, wurde von amerikanischen Universitäten schon vor über hundert Jahren aufgegriffen und auf ein »Sabbatjahr« übertragen, in dem Lehrkräfte von der Lehre befreit werden, um sich ganz der Forschung widmen zu können. Seit einigen Jahren gibt es diese Möglichkeit der Freistellung auch für Lehrerinnen und Lehrer in Deutschland.

> Das ist wie eine Teilzeitstelle, die bei mir über fünf Jahre lief. Du kriegst weniger Geld und arbeitest trotzdem die volle Stundenzahl. Und dieses reduzierte Gehalt kriegst du im sechsten Jahr weiter – als Teilzeitregelung. Was den Vorteil hat, dass man eben versicherungstechnisch nicht raus ist. Ich feiere im Grunde meine Überstunden ab, so kann man das sehen.
> *Angela, 43, Lehrerin*

Wie sie ihr Sabbatjahr gestalten, bleibt den Lehrerinnen und Lehrern selbst überlassen. Die dreiundvierzigjährige Angela nutzte die Zeit für eine ausgedehnte Reise und die Verfolgung ihrer künstlerischen Interessen, während eine andere Lehrerin einen formellen Abschluss in einer weiteren Fremdsprache machte und obendrein ihr drittes Kind zur Welt brachte.

Für künstlerisch und kreativ tätige Frauen sind **Künstlerzentren** eine wunderbare Möglichkeit, sich für eine Weile ganz ihrer Kunst zu widmen. Ich erfuhr von Schriftstellerzentren, Künstlergütern und Übersetzerkollegien, die häufig auch Stipendien vergeben und den StipendiatInnen somit kaum Kosten verursachen. Sie mögen einwenden, das sei bestimmt nur etwas für »richtige« Künstlerinnen, die bereits berühmt sein und diverse Erfolge aufzuweisen haben müssen, ganz und gar, wenn man sich um ein Stipendium bewirbt. Doch das ist ein Irrtum. Natürlich kann es vorkommen, dass sich zu viele Interessenten um ein Stipendium bewerben oder sich gleichzeitig in einem Künstlerhaus anmelden. Doch das kann Ihnen auch bei einer Pauschalreise nach Ibiza passieren. So etwas ist bedauerlich, aber kein Grund, den Mut zu verlieren. Genauso gut möglich ist es auch, dass die Anmeldungen oder Bewerbungen eher spärlich ausfallen und die Chancen für diejenigen, die den Schritt wagen, ziemlich gut stehen. Gerade Frauen neigen diesbezüglich gern dazu, ihr Licht unter den Scheffel zu stellen. Die Lyrikerin und Ingenieurin Gisela, Mutter von zwei Teenagern, ist da keine Ausnahme. Auch sie hatte nicht mit Erfolg gerechnet, als sie sich um ein vierwöchiges Aufenthaltsstipendium in einem Schriftsteller- und Übersetzerhaus auf Rhodos bewarb.

Ich hatte einen Artikel über Rhodos gelesen, über das Schriftstellerzentrum dort, und irgendwie hat es mich in diesem Moment fasziniert und ich habe mich, ohne lange darüber nachzudenken, beworben mit dem Gedanken, du kriegst ja sowieso kein Stipendium. Ich habe es gleich weggefaxt, das war so eine Blitzsache, und dachte: Du kriegst es eh nicht, aber du kannst es ja mal versuchen. Und dann bekam ich es! Ich habe zuerst abgelehnt und dann doch angenommen, weil alle um mich herum gesagt haben: »Sag mal, spinnst du? Du kriegst ein Stipendium und du gehst nicht?«

Frauen müssen Chancen, die sich ihnen bieten, auch ergreifen – eine wichtige Erkenntnis. Gisela hat sich beispielsweise schon oft darüber geärgert, dass Männer im Kunstbereich häufig dadurch im Vorteil sind, dass die Bedingungen vieler Stipendien und Ausschreibungen für Frauen mit Familie schlicht unannehmbar sind und sie sich dementsprechend seltener bewerben. Für Gisela war das ein weiterer Grund, die ihr gebotene Chance auch wirklich wahrzunehmen.

Ausschreibungen, die mit einem Aufenthaltsstipendium verbunden sind, bei denen man dann zusehen muss, dass man den Lebensunterhalt reinkriegt, sind immer auch mit einem Wohnortswechsel verbunden. Die wenigsten Frauen können sich auf solche Ausschreibungen bewerben. Zum Beispiel Stadtschreiberposten können Frauen nicht annehmen, wenn sie Familie haben. Und das hat mich wütend gemacht. Also habe ich mir gesagt: Jetzt gehöre ich zu den Frauen, die das trotzdem können, also mache ich es. Mit kleinen Kindern hätte ich mich nicht getraut, aber ich hätte auch schon ein bisschen früher damit anfangen können.

Zeigen Sie also keine falsche Bescheidenheit, wenn Sie in diesem Bereich tätig und / oder interessiert sind. Greifen Sie zu, wenn sich Ihnen die Möglichkeit bietet. Die Gelegenheiten sind spärlich genug.

Urlaube und Reisen

Unter dieser Rubrik ließen sich unbegrenzt Seiten füllen. Die Palette der Möglichkeiten ist endlos und es ist müßig, sie Ihnen auch nur annähernd aufzeigen zu wollen. Ob Sie allein oder mit Freundin(nen) verreisen, für zwei bis drei Tage oder für mehrere Wochen, innerhalb der Landesgrenzen oder in entfernte Länder, in Städte oder menschenleere Landstriche – alle Varianten sind für Auszeiten geeignet und werden genutzt.

Ganz oben auf der Beliebtheitsskala rangieren **Urlaube mit Freundinnen**. Für eine Woche auf die Kanaren oder nach New York, für zwei Wochen an die Nordsee oder für drei Wochen nach Thailand; mit guten Freundinnen sind alle Urlaubsvarianten möglich.

> Mit einer Freundin zusammen lachen, richtig unbeschwert, wie früher, als man zwanzig war. So kann man auch mit über fünfzig noch sein, wenn man irgendwo zu zweit ist.
> *Margret, 53, Lehrerin, 2 Ki.*

Kaum weniger attraktiv sind **Urlaube allein**, die allerdings selten länger als zehn Tage dauern. Soloreisen werden vor allem von sehr erholungsbedürftigen Frauen geschätzt, die wirklich einmal von allem abschalten möchten und es deshalb vorziehen, ohne Begleitung zu verreisen. Stattdessen haben sie oft einen Koffer voller Bücher im Gepäck, wie die

Konzert- und Opernsängerin Mechthild Georg, die sich zur Erholung regelmäßig auf eine Insel zurückzieht.

> Ein Freiraum neben meinem Beruf ist für mich, alleine zu verreisen. Sich zum Beispiel eine Woche zu nehmen und nach Amrum zu fahren, nur mit ein paar Büchern, und sich ausschließlich um sich selber zu kümmern. Das ist sehr regenerierend.

Mitunter werden solche Erholungsreisen auch mit beruflichen Interessen verknüpft. Die Außendienstmitarbeiterin Maria will sich in ihren Urlauben beispielsweise nicht nur erholen, sondern auch durch wahre Bücherberge durcharbeiten. Deshalb verzichtet sie bewusst auf Begleitung und zieht sich, wie Mechthild Georg, lieber auf eine Urlaubsinsel zurück, auf der sie gleichzeitig entspannen und lesen, lesen, lesen kann.
Auch **Städte- und Bildungsreisen** sind überaus beliebt und machen am meisten Spaß, wenn eine oder mehrere Freundinnen dabei sind. Der Erholungsfaktor ist bei dieser Art von Reisen eher zweitrangig. Im Vordergrund stehen ausgiebige Sightseeing-Touren, der Besuch von Museen und Sehenswürdigkeiten, ausgiebige Einkaufstrips und stundenlange Aufenthalte in beschaulichen Straßencafés.

> Mein diesjähriges Projekt ist, in der ersten Septemberwoche mit meiner Freundin eine Woche nach New York zu fliegen … Wenn wir da hinfahren, wird das eine »Stresswoche«. Weil wir uns alles angucken wollen und so weiter. Das ist also nicht im Sinne von Erholung, sondern wirklich ›sightseeing‹ pur.
> *Ute, 38, Hausfrau, 3 Ki.*

Für eine ganze Reihe von Frauen gehören Städtereisen eher in die Kategorie »Sonstiges«, denn sie eignen sich wunderbar auch als »Auszeit zwischendurch«, besonders in der dunklen Jahreshälfte. Auch wenn sie dadurch nicht unbedingt schöner werden, lassen sich Unternehmungen in einer Stadt auch dann durchführen, wenn es stürmt und schneit.

VERWÖHNURLAUBE

Der Besuch von Beauty- oder Schönheitsfarmen, Wellness-Einrichtungen und dergleichen mehr löst bei manchen Frauen wahre Begeisterungsstürme aus. Der Erholungswert eines solchen Aufenthaltes ist Berichten zufolge enorm. Meist entfällt eine lange Anreise und Sie sind vom Wetter völlig unabhängig; viele Frauen schwören, die Witterungsverhältnisse in der Zeit nicht einmal mitzubekommen. Zum Programm, das häufig von morgens bis abends dem eigenen Wohlbefinden gewidmet ist, gehören Massagen, Bäder und Maskenbehandlungen. Sie werden eingeölt und in Folie verpackt, in Düfte gehüllt, bedampft, gewärmt, gepeelt und enthaart. Dabei müssen Sie weder reden noch denken und trotzdem dreht sich alles nur um Sie.

> Was ich wirklich jeder Mutter empfehle ist eine Woche Schönheitsfarm. Das ist ein echtes Müttergenesungswerk. Das ging so weit, dass ich nach drei Tagen vergessen habe, zu Hause anzurufen. Weil ich völlig frei war. Es waren sehr viele Mütter da, die das regelmäßig machen. Meine Freundin und ich hatten wirklich Bedenken, dass wir dort als Mittdreißigerinnen in einem tüddeligen Verein sitzen, wo die Damen sich die Nägel feilen lassen oder so etwas. Oder dass man sich zehnmal am Tag umziehen muss. Aber das

war da überhaupt nicht. Und ich war wirklich erstaunt darüber, wie viele junge Frauen dort waren und wie selbstverständlich das für viele war. Es waren natürlich auch viele Frauen ohne Kinder dort. Aber die haben das einfach als Urlaub betrachtet.

Es war auch insofern absolut erholsam, dass niemand Lust hatte, sich über seine Kinder oder die Familie auszutauschen, sondern alle einfach jede Minute genießen wollten. Weil das so völlig anders war als im Alltag, dass man so in den Mittelpunkt gestellt wird. Man musste selbst gar nichts machen, alles wurde gemacht. Das fing morgens damit an, dass man im Bademantel runterging, sich hinlegte und erst einmal gebürstet und gerubbelt wurde. Man sich also im Endeffekt nicht mal waschen musste und auch das Essen vorgesetzt bekam. Das unterschied sich ganz deutlich von jeder anderen Form von Urlaub oder auch Hotel, selbst wenn man dort Halbpension oder Vollpension gebucht hat.
Ute, 38, Hausfrau, 3 Ki.

Typische **Wochenend-Auszeiten** sind Besuche bei Freundinnen und zunehmend auch Aufenthalte auf Schönheitsfarmen und in Wellness-Einrichtungen. Ich selbst habe einmal mit meiner besten Freundin ein so genanntes Verwöhnwochenende in einem Sporthotel verbracht. Wir wurden mit Champagner empfangen und am ersten Abend mit einem Candlelight-Dinner verwöhnt. Das Frühstück nahmen wir selbstverständlich im Bett und um Mitternacht ein Bad im Pool. Diese und andere Genüsse beschäftigten wochenlang nicht nur uns, sondern vor allem die Phantasie derjenigen Freundinnen, die *nicht* mit dabei waren.

Sportliche Aktivitäten

Neben klassischen Sportarten wie **Alpinem Bergsteigen** oder **Skifahren** sind es vor allem die drei großen Outdoor-Sportarten **Trekking**, **Sportklettern** und **Moutainbikefahren**, die Frauen in sportlichen Auszeiten faszinieren.
Neben verschiedenen Bergtouren in Deutschland, Österreich und Italien berichteten mir Frauen von Kletterurlauben in Südfrankreich, einer Mountainbike-Tour über den Hohen Atlas in Marokko und Trekkingtouren in Nepal. Die einundvierzigjährige Hausfrau Beate, Mutter dreier Kinder, machte in Nepal eine dreiwöchige Trekkingtour ins Mount Everest-Gebiet. Beim Erzählen kommt sie regelrecht ins Schwärmen. Selbst große körperliche Anstrengungen und Entbehrungen erhalten in ihrem Bericht eine durchaus faszinierende Note:

> Wir sind nach Kathmandu geflogen und dann am nächsten Tag nach Lukla. Das liegt 2500 m hoch und dort beginnt der Khumbu-Treck. Zunächst geht es nach Namche Bazar, dem Bergsteiger- oder Trekkingausgangspunkt für viele Touren, und dann ins Mount Everest-Gebiet. Das war einfach traumhaft. Selbst die körperliche Anstrengung und die Schwierigkeiten. Man liest so viel über Höhenkrankheit und die körperlichen Einschränkungen, aber wenn man das dann am eigenen Leib verspürt, das Kopfweh und wie schwierig es ist, in dieser Höhe zu wandern, das ist schon verrückt.
>
> An einem Punkt waren wir knapp über 5000 m, auf dem Gokyo Kang. Der Kala Pattar, das ist ein Aussichtsberg auf den Mount Everest, war 5600 m hoch. Dann waren wir noch im Mount Everest Basecamp und da wurden dann die Bücher, die man vorher gelesen hat, wahr. Das ist irre,

wenn man plötzlich in diesem Basecamp steht und die ganzen Expeditionen sieht. Wir haben dort Leute kennen gelernt, die kamen aus Slowenien. Der eine hatte einen Tag vorher den Mount Everest bestiegen und ist mit Skiern abgefahren. Das ist einfach irre, diese Leute kennen zu lernen und mit ihnen zu reden. Da läuft es einem eiskalt den Rücken runter. Man ist endlich da, man sieht das, was man immer im Fernsehen sieht und in den Büchern gelesen hat. Man sieht den Khumbu-Gletscher und den Khumbu-Eisbruch, das ist Wahnsinn. Und die Dimensionen sind gigantisch.

Dann diese Mahnreihe von Scott Fischer und seinen Leuten, die 1996 zu acht ums Leben kamen. Da steht man plötzlich vor diesen Mahnmalen und diesen hohen Bergen, von denen man meint, sie wachsen in den Himmel. Es war nur schön. Oder wir stehen auf dem Kala Pattar, der eben 5600 m hoch ist, und plötzlich fliegt da ein Jumbojet. Man guckt hoch und denkt: Mensch, der fliegt aber tief. Und dann sagt jemand aus der Gruppe: »Wir sind auf über 5000 m. Da sind keine 10 000 m Distanz mehr zwischen dir und dem Flugzeug, sondern nur noch 5000 m.« Da wird einem erst einmal bewusst, wo man eigentlich ist, und das war mit das Schönste.

Da der Partner bei diesen Unternehmungen zu Hause bleibt und die meisten besten Freundinnen vor solchen Anstrengungen kapitulieren, stellt sich die Frage, mit wem eine Frau ihrer sportlichen Leidenschaft frönen kann? Bei keiner der bereits genannten Aktivitäten ist ein Alleingang ratsam. Genau aus diesem Grund heuert die Bergsteigerin Carola regelmäßig einen Bergführer an, mit dem sie ihre Touren absolviert.

> In meinem ganzen Freundeskreis ist niemand, mit dem ich so etwas gehen könnte oder von mir aus gehen würde, muss ich dazu sagen. Die einen sind dazu nicht fähig, Männer, meine ich – Frauen kenne ich sowieso keine, die solche Sachen machen würden –, und die anderen, die ich kenne, wenn ich da gesagt hätte: Würdest du mit mir gehen?, dann wäre die Frau in Ohnmacht gefallen und hätte gesagt: Um Gottes willen, was will denn die von meinem Mann? Also habe ich beschlossen, ich gehe mit einem Bergführer.

Andere Frauen, wie die radsport-, kletter- und trekkingbegeisterte Beate, schließen sich organisierten Reisegruppen an, mit denen sie ihre abenteuerlichen Touren unternehmen.

> Ich habe vor ein paar Jahren Leute kennen gelernt, die eine Tour in Marokko anboten: Kajak fahren, mountainbiken, wandern, Wüstentour. Und die haben dann erzählt, wie schön es in Marokko ist. Daraufhin bin ich vor zwei Jahren das erste Mal für zwei Wochen nach Marokko gefahren – auch ohne Familie. Ein halbes Jahr später bin ich nach Nepal für drei Wochen und dieses Frühjahr war ich wieder in Marokko. Da sind wir mit dem Mountainbike über den Hohen Atlas, also die Nord-Süd-Überquerung des Hohen Atlas, bis in die Wüste. Und das war einfach phantastisch. Zwei Wochen waren wir unterwegs. Das waren 600 km mit dem Mountainbike, einfach nur schön.

Solche und andere Unternehmungen gibt es in allen Schwierigkeitsgraden, Preisklassen und Regionen der Welt. Es muss nicht immer Nepal oder Marokko sein. Ob in Deutschland, Österreich oder der Schweiz, in Frankreich, Italien oder

Skandinavien, überall gibt es wunderbare Gegenden zum Wandern, Trecken, Klettern und Erholen.

Dauerhafte Auszeiten

Zwei Beispiele für diese Form der Auszeit haben Sie in den früheren Kapiteln bereits kennen gelernt. Die ehemalige Lehrerin Amelie hatte das dringende Bedürfnis, in ihrer Ehe eine positive Veränderung herbeizuführen, und das auf Dauer. Ohne ihre Ehe aufzugeben, entschied sie sich für einen kompletten Neuanfang. Sie zog in eine andere Stadt, machte eine Umschulung und arbeitet heute nicht mehr in ihrem früheren Beruf als Gymnasiallehrerin. Ihr Eheleben findet nun an den Wochenenden und im Urlaub statt, während sie von Montag bis Freitag »Ehe-Auszeit« nimmt.

Weniger einschneidend, aber nicht weniger effektiv, ist die Lösung von Isabelle, die nach gut zwanzigjähriger Ehe beschloss, dass sie und ihr Mann nicht länger zusammenleben könnten. Heute leben die beiden seit gut zehn Jahren in verschiedenen Wohnungen, sehen sich aber fast täglich und verbringen viel Zeit miteinander. Die Entzerrung des gemeinsamen Alltags hat dazu geführt, dass sämtliche Konfliktpunkte wie Finanzen und berufliche Rivalitäten entschärft wurden. Heute genießt Isabelle die Vorteile zweier verschiedener Lebensweisen. Sie genießt die Zweisamkeit und Vertrautheit einer Paarbeziehung, hat aber gleichzeitig einen Grad an Selbstbestimmtheit erreicht, auf den sie nicht mehr verzichten würde.

Gemeinsam ist beiden Frauen die Übereinstimmung darin, dass sich ihr Wohlbefinden und ihre Ehe drastisch verbessert haben. Im Grunde genommen verschaffen sich Frauen mit Dauerauszeiten genau wie alle anderen einen eigenen, von Ehemann und Familie unabhängigen Freiraum. Die einen brauchen dafür eine Auszeit mit Mountainbike, Romanen oder Laptop, die anderen einen dauerhaft unabhängigen Lebensbereich. Erlaubt ist, was Ihnen gut tut!

»Manche mögen's heiss«: Affären als Auszeit!?

> Diese Sorte von Auszeit, finde ich, kann man sich als Frau mal gönnen. Das ist irgendwie doch eine schöne Ergänzung und bestätigt einen als Frau nochmal auf sehr charmante Weise.

Machen wir uns nichts vor, auch Frauen tun es. Aus den verschiedensten Gründen, mit zunehmender Häufigkeit und ohne sich hinterher vor Gram die Haare zu raufen. Doch egal, wie unsere persönliche Einstellung dazu aussehen mag, es passiert nie »einfach nur so«. Es gibt immer einen Grund und der ist meistens in der eigenen Beziehung zu finden, und das nicht erst seit gestern. Manche Paare leben jahrelang nebeneinander her und plötzlich taucht während eines Kuraufenthaltes der berühmt-berüchtigte Schatten(mann) auf und es passiert. Oder der vierzigste Geburtstag steht vor der Tür und plötzlich kann frau nicht mehr in den Spiegel sehen, ohne sich zu fragen, ob ...? Und ehe sie sich versieht, zeigt irgendein Herr »Ob« ernsthaftes Interesse und die Frage findet ihre Beantwortung.

> Ich muss sagen, es hat Zeiten gegeben, als die Kinder wirklich noch Kinder waren und ein Spagat nötig war, um das alles zu bewältigen, da waren Affären ein Ventil für mich, da habe ich gedacht, gut dass ich wenigstens das noch für mich habe. Nicht nur funktionieren, nicht nur Disziplin und

Korsett, sondern mich mal irgendwo gehen lassen können. Das war schwierig mit meinem Mann. Er ist sehr diszipliniert und ich fand das manchmal zu viel. Das habe ich ihm auch zum Vorwurf gemacht, dass ich einfach mal dieses »Laissez faire« wollte, mal ein bisschen lottern. Und das habe ich mir dann geleistet!

Ob als Ausgleich zu Alltagsstress und ungelebten Bedürfnissen oder als Resultat einer unglücklichen Beziehung oder einer Midlife-Crisis, in allen Fällen ist die Beziehungskrise da, sobald der Partner von einer Affäre erfährt. Und nur die wenigsten Frauen können auf Dauer ertragen, dass er *nicht* davon erfährt. Die Beschreibungen von dem, was folgt, ähneln sich auffallend: »eine ganz große Krise«, »eine große heftige Krise«, »die größte Krise in unserer Zeit«. Und spätestens dann liegt es nicht mehr nur bei Ihnen zu entscheiden, ob die Affäre »nur« eine Aus-zeit oder nicht gar das »Aus« bedeutet.
In den meisten Fällen kommen die Frauen zu der Erkenntnis, dass ihr Partner am Ende doch die erste Wahl ist und die »männliche Auszeit« nicht listenfähig.

Aber ich habe in allen Fällen erkannt, dass das ein schlechter Tausch gewesen wäre. Und dann war es auch beendet oder es lief sich tot oder es war nicht mehr nötig von meiner Seite.

Was lernen wir daraus? Affären in unbefriedigenden Lebenssituationen sind bestenfalls eine gelungene Ablenkung, aber kein Ausweg. Auf jeden Fall aber sind sie ein untrügliches Zeichen für Missstände in der eigenen Beziehung. Denn, so erläutert der Psychoanalytiker Micha Hilgers, Affären sucht man

sich immer dann, wenn es in der Partnerschaft Probleme gibt oder irgendwelche Bedürfnisse zu kurz kommen. Sobald es brenzlig wird, ist die Versuchung groß, die »Abkürzung« zu nehmen und uns an einen aufregenden Nebenschauplatz zu flüchten. Dadurch wird die Vertrauensgrundlage der Beziehung ausgehebelt. »Die Verbindlichkeit einer dauerhaften Partnerschaft beruht jedoch auf der Übereinkunft, in solchen schwierigen Phasen den gemeinsamen Dialog aufrechtzuerhalten und an der Zuversicht festzuhalten, die anstehenden Probleme gemeinsam lösen zu können.«[22]
Zugegeben, es ist ein schweres Stück Arbeit, den Mut aufzubringen, sich und dem Partner einzugestehen: »Ich finde unsere Beziehung langweilig« oder »Ich habe Angst vor dem Älterwerden« oder »Mir wird hier alles zu viel«. Aber auch in dieser Hinsicht lässt sich von meinen Gesprächspartnerinnen lernen. Keine von ihnen fand in einer Affäre die Lösung ihrer Probleme. Sie alle haben sich irgendwann aufgerafft und sind ihren Beziehungsproblemen gemeinsam mit dem Partner zu Leibe gerückt. Einige in partnerschaftlicher Eigenleistung, indem sie sich in intensiven Gesprächen über ihre Probleme austauschten, um sich dann bewusst mehr Zeit füreinander zu nehmen und sich wieder eine eigenständige Paarbeziehung aufzubauen, andere mit Hilfe von Paar- oder Einzeltherapeuten, die sie darin begleiteten, ihre Probleme zu verstehen und zu überwinden. Ob so oder so, eine Affäre brachte in keinem Fall eine Lösung. Echte Verbesserungen bringt nur die Arbeit an der eigenen Beziehung.

Es hat sich wieder eingespielt. Wir versuchen wieder mehr miteinander zu machen, weil drei Kinder oftmals so sehr das Leben bestimmen, dass man wenig Zeit für Aktivitäten

> zu zweit findet. Wir haben früher jahrelang zusammen getanzt, das war eine sehr schöne Zeit. Damit fangen wir jetzt wieder an. Irgendwo sucht man einen Ansatzpunkt, an dem man wieder etwas Gemeinsames entwickelt, woran man Spaß hat, worüber man lachen kann, wofür man abends einfach mal zwei Stunden weg ist von den Kindern und sich sagt: Wir nehmen uns eine Auszeit und wenn es nur zwei Stunden sind.

Fazit: Affären sind ein Luxus, den eine Frau sich leisten kann, wenn sie das Risiko nicht scheut. Eine Lösung für Missstände sind sie nicht! Während sich alle anderen Formen von Auszeit nicht nur auf die Frauen, sondern auch auf ihre Beziehung positiv auswirken, lässt sich das von Affären nicht behaupten. Als Auszeit sind sie daher nicht zu empfehlen.

Kleine Auszeiten

Selbst die beste Auszeit verliert im Alltag irgendwann ihre Wirkung und Sie stehen vor der Alternative, bis zum nächsten Mal die Zähne zusammenzubeißen oder auch in Ihr Alltagsleben hin und wieder eine kleine *zusätzliche* Auszeit einzubauen. Welche der beiden Möglichkeiten die bekömmlichere ist, liegt auf der Hand.

Mehr Zeit für sich ist das am häufigsten geäußerte Bedürfnis von Frauen mit Beruf und Familie und der Grund dafür ist sicherlich, dass dieser Wunsch mit am schwierigsten zu erfüllen ist. Wer das Glück hat, über ein eigenes Zimmer oder eine andere Art von Rückzugsraum zu verfügen, muss nicht einmal das Haus verlassen, um eine Weile für sich zu sein. Doch im Gegensatz zu früheren Zeiten, als es in höheren Kreisen als Statussymbol galt, wenn Frau und Mann getrennte »Gemächer« besaßen, teilen sich die meisten Paare heute nicht nur Wohnzimmer und Küche, sondern sogar das Bett. Da wird es mit dem Rückzug schwierig. Dennoch gibt es solche Möglichkeiten, zumindest für einige Frauen. Die frühere Krankenschwester Ute kümmert sich als Hausfrau um ihre drei Kinder im Alter zwischen einem und sechs Jahren. Trotzdem hat sie es geschafft, sich eine tägliche Auszeit einzurichten, die sie sich je nach Lust und Laune gestaltet.

> Meine täglichen Auszeiten sehen so aus, dass ich praktisch schon von Geburt [der Kinder] an die Schlafenszeiten der Kinder anders genutzt habe. Das heißt, entweder schlafe ich auch oder ich gehe ins Wohnzimmer, trinke eine Tasse Kaffee, lese Zeitung und kann mich dann auch darauf verlassen, dass sie nicht reinkommen, sondern schlafen oder in Ruhe spielen. Oder ich gehe in der Zeit einkaufen oder mache irgendetwas anderes. Lege mich im Garten in die Sonne oder so. Das habe ich von Geburt an mit allen Dreien gemacht und das funktioniert auch recht gut.

Tägliche Rückzugszeiten mögen eher die Ausnahme sein und sich häufig schlecht realisieren lassen, doch das Beispiel von Ute zeigt, dass zumindest dort, wo Frauen der Kinder wegen zu Hause oder als Selbständige nicht an vorgegebene Arbeitszeiten gebunden sind, gewisse Spielräume bestehen.

Die verschiedenen Formen von kleinen Auszeiten sind mindestens ebenso zahlreich wie die der großen. Deshalb möchte ich im Folgenden wiederum nur einige der beliebtesten auf-

führen, die Ihnen als Anregungen dienen sollen. Bei den von meinen Interviewpartnerinnen praktizierten und empfohlenen Kleinen Auszeiten handelt es sich um:
Sportliche Aktivitäten: Aerobics, Fahrradfahren, Golfspielen, Gymnastik, Joggen, Krafttraining im Sportstudio, Schwimmen, Wandern.
Kreative und musische Aktivitäten: Schreiben, Malen, Musizieren, orientalischer Tanz, Singen im Chor, Besuch von Gesangsstunden, Instrumentenunterricht und Kunstkurse.

> Also ich werde im Altersheim voraussichtlich Harfe spielen und dann hat das Ganze seinen Sinn gehabt.
> *Carola, 53, Hauswirtschaftslehrerin, 2 Ki.*

Kulturelle Aktivitäten: Besuch von Theater, Oper, Kino, Konzerten, Museen und Musicals. Besuch von Philosophie-Cafés, Lesezirkeln, Literaturworkshops.
Selbsterfahrung: Psychotherapie, Kurse in Psychohygiene, Körpertherapie, Fokussing.

> Ich brauche nur dieses Heft von der VHS aufzuschlagen, und alles, was mit Psychologie zu tun hat, habe ich schon gemacht.
> *Amelie, 57, Lehrerin, 1 Ki.*

Berufliche Aktivitäten: Fortbildungsmaßnahmen, Besuch von Kongressen und berufsbezogenen Seminaren, Verbandstreffen, Mitgliederversammlungen.
Selbstpflege: Saunabesuche, Wellness-Wochenende, Schönheitsfarm.

Die Idee mit dem Wellness-Wochenende habe ich meiner Freundin zum Geburtstag geschenkt, auf einem Zettel mit dem Satz: »Ich möchte mit dir ein schönes Wochenende verbringen.«
Britt, 39, Journalistin, 1 Ki.

Sie können diese Liste nach eigenem Gusto erweitern. Wichtig ist nur, dass Sie bei allem, was Sie tun, Ihren *eigenen* Bedürfnissen und Neigungen folgen und nicht etwas praktizieren, weil Sie dazu gut die Kinder mitnehmen können (dann ist es ein Familienausflug und keine Auszeit) oder weil Ihre beste Freundin unbedingt dort hingehen möchte (dann ist es eine Gefälligkeit). Auch bei Kleinen Auszeiten gilt: Es ist *Ihre* Zeit, die Sie nach *Ihren* Bedürfnissen gestalten sollten.

Allein oder mit Freundin?

Freundinnen werden Ihnen in diesem Buch immer wieder begegnen, denn sie spielen im Leben von Frauen und damit auch beim Thema Auszeit eine zentrale Rolle. Freundinnen liefern Ideen und Anregungen; sie reden uns ins Gewissen, wenn es darum geht, eine Auszeit auch wirklich durchzuziehen; sie leisten praktische Unterstützung bei der Vorbereitung und häufig auch während wir weg sind. Und davon einmal abgesehen – mit wem kann sich eine Frau schon so gut amüsieren wie mit einer guten Freundin? Da ist es kein Wunder, dass bei unzähligen Auszeiten eine Freundin mit von der Partie ist. Vielen Frauen fällt es leichter, Neues auszuprobieren, wenn sie sich nicht allein an eine Sache heranwagen müssen.

Ganz nach dem Motto: Gemeinsam sind wir stärker. Wenn Sie also schon lange von einem Salsakurs träumen, Ihr Mann aber ein überzeugter Tanzmuffel ist, dann machen Sie aus Ihrem Traum eben eine Kleine Auszeit. Fragen Sie eine gute Freundin, ob sie Interesse hat, und überlassen Sie die Suche nach den Tanzpartnern der Tanzschule.

Fehlschläge

Die gute Nachricht vorweg: Die Mehrzahl der Frauen hat mit ihren Auszeiten *keinerlei* schlechte Erfahrungen gemacht. Wenn eine Auszeit gut genug durchdacht und gründlich vorbereitet wird, kann eigentlich nichts schief gehen, finden die meisten. Das ist im Großen und Ganzen zutreffend; doch es gibt einige Umstände, bei denen Fehlschläge zumindest nicht ausgeschlossen sind. Dafür gibt es im Wesentlichen drei Gründe.

Grundsätzlich würde ich Frauen ermuntern, alles auszuprobieren, was sie interessiert. Allerdings sollten sie dabei einkalkulieren, dass sie eventuell feststellen müssen, für manche Dinge weniger talentiert zu sein als für andere. Je nach Naturell kann dies das Vergnügen erheblich schmälern. Die Konzert- und Opernsängerin Mechthild Georg besitzt, wie man sich denken kann, eine großartige musikalische Begabung. Dafür ist sie, wie sie freimütig gesteht, in sportlicher Hinsicht ein eher hoffnungsloser Fall.

> Ich habe ein ganz großes Manko, das ich teilweise zu beheben versucht habe, aber ohne Erfolg. Das ist der Sport. Ich

wäre sehr gern sportlich aktiv, weil ich weiß, dass mir das gut täte, aber ich bin völlig gehemmt. Ich kann laufen und schwimmen, aber ich bin nicht mutig. Ich habe große körperliche Ängste, weil ich ungeschickt bin. Das, was mein Mann so mitbringt, der fasst einen Ball an und hat Erfolg, er fährt Ski wie ein Weltmeister und kann das alles, das kann ich nicht. Und darunter habe ich sehr gelitten. Wir haben das in allen Bereichen probiert, aber ich kann noch nicht mal Fahrrad fahren. Das heißt, ich kann natürlich fahren, aber ich habe Angst. Ich habe fast alles mal probiert, angefangen beim Tennis bis zum Skifahren und es hat eigentlich nie geklappt.

Mechthild Georg wäre wahrscheinlich schlecht beraten, sich in ihren weiteren Auszeiten ausgerechnet sportlich zu betätigen, weil sie daran höchstwahrscheinlich kein großes Vergnügen haben würde. Anderen Frauen geht es umgekehrt. Sie sind tolle Sportskanonen und bedauern, kein größeres künstlerisches Talent zu besitzen. Oder sie verfügen über herausragende geistige Fähigkeiten, haben dafür aber keine praktischen Fertigkeiten. Nennen wir es einfach ausgleichende Gerechtigkeit, die dafür sorgt, dass alle auf dem Teppich bleiben, aber behalten Sie bei der Gestaltung Ihrer Auszeit im Hinterkopf, dass Aktivitäten, für die Sie weniger geeignet sind, den Genuss schmälern können.
Eine weitere Erfolg versprechende Möglichkeit, eine Auszeit in den Sand zu setzen, besteht darin, gegen die oberste Regel jeder Auszeit zu verstoßen und *mit* Mann und / oder Kind(ern) zu verreisen. Margret, die seit vielen Jahren einmal im Jahr mit ihrer Freundin in Urlaub fährt, hat diesen Regelverstoß gleich mehrfach ausprobiert:

Ich habe eine gute Freundin, deren Tochter war damals fünf. Wir haben früher viel Zeit miteinander verbracht und da kam der Wunsch hoch, mal wieder etwas anderes zu sehen. Wir waren so dumm, haben die drei kleinen Kinder mitgenommen und sind nach Mallorca geflogen. Das war Stress hoch zehn! Also für mich sowieso. Und dann haben wir uns gedacht: Wir sind vielleicht blöde. Da wollen wir uns mal richtig erholen und binden uns die Kinder ans Bein. Das nächste Mal bleiben sie zu Hause, die Väter passen auf und wir zwei gehen fort.

Margret hat sich lange an ihren Vorsatz gehalten und ihre Kinder nicht wieder mitgenommen. Bis diese erwachsen waren. Dann riskierte sie es noch einmal und fuhr erneut mit Freundin *und* Kindern weg.

Letztes Jahr war ich im Sommer zwei Wochen mit meinem Sohn, einer Freundin und deren Tochter weg. Das ist die Freundin, mit der ich auch alleine fliege, aber diesmal hat es sich von der Familie her nicht ergeben. Sie konnte nicht allein weg und dann haben wir gesagt: Na ja, dann fliegen wir zwei und ich nehme den Sohn mit und sie die Tochter. Aber das war ein Reinfall. Die Tochter ist fünfzehn und hat sich dermaßen an die Mutter gehängt, das war furchtbar. Sie hat [die Angebote am Urlaubsort] gar nicht genutzt. Mein Sohn hat bei mir im Zimmer geschlafen, den habe ich nur gesehen, wenn er nachts irgendwann nach Hause kam, ansonsten war er unterwegs. Aber das Mädchen hat nur an der Mutter geklebt. Das hat uns irgendwann genervt. Streit haben wir zwar keinen gekriegt, aber meine Freundin hat gesagt, das war das erste und letzte Mal.

Ein drittes Mal wird Margret ihre Kinder sicher nicht mit in die Auszeit nehmen. Im Grunde ist es ganz einfach: Wer mit Mann und / oder Kindern wegfährt, macht keine Auszeit, sondern Urlaub mit Mann und / oder Kindern. Dagegen ist absolut nichts einzuwenden, aber Auszeiten sind Zeiten, die nur Ihnen gehören, und dafür müssen Sie Ihre Lieben zu Hause lassen.

Hinweis Nummer drei betrifft nicht die Auszeit selbst, sondern die Gefahr zu hoher Erwartungen an das, was sich in Ihrer Abwesenheit zu Hause abspielt. Wenn sich Ihr Mann in Ihrer Abwesenheit um die Kinder und den Haushalt kümmert, ist es wenig ratsam zu erwarten, er werde alles genauso machen, wie Sie es üblicherweise tun. Setzen Sie besser nicht darauf, dass er *Ihren* Alltag in allen Ausprägungen nachlebt, denn das wird er nicht. Diese Erfahrung musste auch Gisela machen, die in dieser Hinsicht große Hoffnungen gehegt hatte.

> Vorher hatte ich manchmal so eine Art Rachegefühl: Jetzt wird er einmal erleben, wie mein Alltag ist. Und als ich zurückkam, kam die Ernüchterung, weil ich sah, dass er gar nicht erlebt hatte, wie mein Alltag ist. Er hat meinen Alltag nämlich gar nicht mitgemacht. Ich komme zurück und da liegt von vier Wochen die Bügelwäsche. Die Kinder waren zwei Wochen weggewesen, er hatte sie also zwei Wochen lang gar nicht, und die übrige Zeit hatte er sich Urlaub genommen, damit die Kinder betreut sind und hier alles läuft. Da sage ich mir doch, zwei Wochen Urlaub und von vier Wochen Bügelwäsche – gewaschen hat er noch, denn das muss man ja –, also mein Alltag war das nicht.
> *Gisela, 39, Lyrikerin, 2 Ki.*

Während die Partnerin eine Auszeit nimmt, will ein Mann zu Hause nicht den Platzhalter spielen, sondern schalten und walten, wie er es für richtig hält. Versuchen Sie realistisch zu bleiben und schätzen Sie Ihren Mann nach dem ein, was er sonst auch leistet. Wenn er weiß, wie man einen Familienhaushalt führt, weil er immer seinen Teil dazu beiträgt, dann wird er den Laden auch während Ihrer Abwesenheit schmeißen. Hat er dagegen normalerweise mit Haushalt und Kindern nichts zu tun, dann wird er sich auch in Ihrer Abwesenheit nicht in Meister Proper verwandeln. Sie können sich also viel Frust und Enttäuschung ersparen, wenn Sie Realität und Wunschdenken auseinander halten.

Finanzierung von Auszeiten

Die schlichte Wahrheit in Bezug auf die Finanzierung von Auszeiten lautet: Die meisten Auszeiten kosten Geld! Natürlich ist auch der umgekehrte Fall möglich, nämlich da, wo eine Auszeit, beispielsweise in Form einer beruflichen Auszeit, das Gehalt einer Frau erwirtschaftet, doch das ist nicht die Regel. Nicht sehr häufig sind auch jene Fälle, in denen Frauen Auszeiten nehmen, die kein Geld kosten oder von anderer Seite (etwa durch Stipendien) finanziert werden. Der überwiegende Teil wird von den Frauen selbst und / oder aus der Familienkasse finanziert. Geheimtipps, wie Sie an traumhaften Reisen, abenteuerlichen Unternehmungen oder inspirierenden Workshops teilnehmen können, ohne dafür zu bezahlen, gibt es nicht (oder sie sind so geheim, dass ich sie nicht gefunden habe).

Das war die schlechte Nachricht. Jetzt kommt die gute, denn offensichtlich sind die *Kosten* von Auszeiten für Ehemänner kein Thema. Auseinandersetzungen über die Finanzierung sind äußerst selten. Was nicht bedeutet, dass die Partner in allen Fällen von der Auszeit ihrer Frau begeistert waren. Das waren sie nicht, doch die Kosten sind offenbar nicht der springende Punkt. Konflikte in Bezug auf eine Auszeit finden auf anderen Gebieten statt, wie Sie im Kapitel »Reaktionen« noch sehen werden. Sowohl bei Frauen mit eigenem Einkommen als auch bei Frauen ohne eigenen Verdienst birgt das Thema »Finanzierung« offensichtlich keinen Sprengstoff. Und das ist auch gut so.
Jede Frau sollte selbst abschätzen, ob sie sich eine gewisse Form von Auszeit leisten kann oder nicht, und es erscheint mir realistischer anzunehmen, dass viele Frauen aus Angst vor den Kosten vor einer Auszeit zurückschrecken, als dass sie Geld, das ihnen eigentlich nicht zur Verfügung steht, hemmungslos verprassen. Familien, die nicht aufs Geld schauen müssen, sind vergleichsweise selten. Genauso selten sind Frauen, die das Geld für eine teure Auszeit jederzeit aus dem Ärmel schütteln können. Doch bei aller Vernunft und Sparsamkeit sollten wir den Wert unseres persönlichen Wohlbefindens nicht unterschätzen. Die seelische und körperliche Gesundheit einer Frau und Mutter wirkt sich auf das Wohlergehen ihrer ganzen Familie aus. »Wer gut für andere sorgen will, muß zuerst lernen, sich selbst zu lieben. Wer anderen geben will, muß lernen, auch selbst zu nehmen. Wenn Mütter sich selbst auch nur einen Bruchteil der Zuneigung und Aufmerksamkeit schenken würden, die sie ihren Kindern widmen, ginge es ihnen wesentlich besser. Sie müssen einen Teil ihrer emotionalen Kräfte für sich selbst bewahren und Platz

lassen für eigene Bedürfnisse, Wünsche und Träume«, schreibt die Autorin Carin Rubenstein in ihrem Buch »Wenn Mütter zu sehr lieben«.[23] Genau aus diesem Grund kann es richtig sein, trotz knappen Kassenstands eine Auszeit zu nehmen. Die zweiundvierzigjährige Übersetzerin Anke ist Mutter von zwei Kindern. An ihrem letzten Arbeitsplatz herrschten für sie schreckliche Bedingungen, die dazu führten, dass sie schließlich einen Nervenzusammenbruch erlitt und kündigen musste. Rheuma und Depressionen waren die Folgen dieser beruflichen Strapazen. Anke hatte das dringende Gefühl, endlich einmal »Zeit zum Nachdenken, Licht und Luft« zu brauchen, um ihre Lebenslust wiederfinden zu können. Deshalb entschloss sie sich, allen auch finanziellen Hindernissen zum Trotz, eine Auszeit zu nehmen und nach Italien zu fahren.

> Ich hatte das dringende Gefühl, dass es mir gut tun würde und für mich notwendig wäre, mal rauszukommen. Deswegen habe ich die Reise dann auch gebucht, obwohl wir wirklich wenig Geld hatten.

Es ist sinnvoll und manchmal notwendig, die Handbremse zu ziehen – früher als Anke es getan hat, der erst ein Nervenzusammenbruch zeigte, dass ihre eigenen Grenzen schon lange überschritten wurden – und der eigenen Erholung Vorrang vor knappen Finanzen einzuräumen. Das hat nichts mit Selbstsucht zu tun, denn eine selbstsüchtige Frau befriedigt ihre Interessen auf Kosten anderer. Wer auf sich und seine Bedürfnisse achtet und dafür Geld in Anspruch nimmt, macht lediglich deutlich, sich seines eigenen Wertes bewusst zu sein und sich nicht den Interessen anderer unterzuordnen. Carin Rubenstein spricht in diesem Zusammenhang von Selbstinteresse, das gerade Mütter verstärkt pflegen sollten: »Eine selbstinteressierte Mutter kann sich sowohl ihren Kindern als auch sich selbst widmen; sie respektiert die Wünsche der Kinder und ihre eigenen gleichermaßen ... Sie weiß, daß man als gute Gefährtin, als Mutter und als Mensch seine Batterien fast täglich neu aufladen muß.«[24]

Einige Frauen legen von sich aus Wert darauf, ihre Unternehmungen selbst zu finanzieren. Ein ganz oder teilweise unabhängiges Einkommen ist ihnen sehr wichtig und Ausdruck ihrer Eigenständigkeit.

> Ich verdiene mir mit dem Schreiben von Schulbüchern einiges Geld. Es ist kein Reichtum, der da zusammenkommt, aber es verschafft mir so ein bisschen Taschengeld und davon zahle ich meinen Bergführer. Darauf lege ich ganz großen Wert, dass das mein Geld ist. Damit hat mein Mann nichts zu tun. Das ist auch wieder so ein eigener Bereich.
> *Carola, 53, Hauswirtschaftslehrerin, 2 Ki.*

Die Finanzen innerhalb der Partnerschaft klar aufzuteilen und ganz oder teilweise getrennte Kassen zu führen, ist sicherlich eine elegante Lösung. Spannungen im Hinblick auf die Finanzierung von Auszeiten sind damit von vornherein ausgeschlossen. Unbedingt erforderlich ist dieses Modell jedoch nicht, denn, wie gesagt, das Thema »Kosten« von Auszeiten birgt in Beziehungen, in denen alles Geld in einen Pott geworfen wird, ebenso wenig Sprengstoff wie dort, wo getrennte Kassen geführt werden.

Resümee

Ideen für Auszeiten liefern vor allem Freundinnen, aber auch Ehemänner und Arbeitskolleginnen. Auch in Zeitschriften und Broschüren können Frauen fündig werden sowie, zumindest im Hinblick auf berufliche Auszeiten, in Amtsblättern, Gewerkschaftszeitungen und anderen berufsbezogenen Publikationen.

Große Auszeiten, die mit einer mehrtägigen Trennung von der Familie verbunden sind, beziehen sich auf beruflich motivierte Unternehmungen, Urlaube und Reisen, sportliche und kreative und musische Aktivitäten, dauerhafte Auszeiten und auf den Sonderfall Affären. Letztere sind ein Luxus, den risikobereite Frauen sich zwar leisten können, allerdings mit der Gefahr, eine massive Ehekrise heraufzubeschwören. Als Auszeiten sind Affären nicht empfehlenswert.

Kleine Auszeiten, wie persönliche Rückzugszeiten, sportliche, musische und kulturelle Aktivitäten, Schritte zur Selbsterfahrung, berufliche Maßnahmen und Selbstpflege, dienen dazu, sich eigene Freiräume im Alltag zu sichern, sie sind aber kein Ersatz für Große Auszeiten.

Freundinnen liefern nicht nur gute Ideen für Auszeiten, sie sind auch wunderbare Begleiterinnen. Vielen Frauen fällt es leichter, eine Auszeit in Begleitung einer Freundin anzugehen. Schlechte Erfahrungen mit Auszeiten gibt es nur vereinzelt. Allerdings sollte beachtet werden, dass Aktivitäten auf Gebieten, auf denen eine Frau mehr oder weniger untalentiert ist, frustrierend sein können. Auch das Mitnehmen von Kindern jeglichen Alters hat sich in Auszeiten als Fehler erwiesen. Im Übrigen empfiehlt es sich, realistisch zu bleiben und an das Verhalten des Partners in Bezug auf sein Engagement bei der Kinderbetreuung und im Haushalt keine übersteigerten Erwartungen zu hegen. Die meisten Männer leisten während der Abwesenheit ihrer Frau nicht mehr und nicht weniger als sonst auch.

Auszeiten gibt es nur selten umsonst. Die meisten kosten Geld und werden von den Frauen selbst und / oder aus der Familienkasse bezahlt. Doch das bringt so gut wie nie Spannungen mit sich, denn offenbar ist die Finanzierung von Auszeiten für Männer kein Stein des Anstoßes. Selbst wenn die Idee einer Auszeit sie nicht zu begeistern vermag, sind die Kosten nur selten ein Streitgrund.

5. Praktische Vorbereitungen

Alle Lebewesen außer den Menschen
wissen, dass der Hauptzweck des Lebens
darin besteht, es zu genießen.
Samuel Butler (1612–1680)

Die Art und Weise, wie Frauen an ihre großen und kleinen Auszeiten herangehen, ist sehr verschieden. Manche beschließen, gleich Nägel mit Köpfen zu machen und fahren für drei Wochen nach Thailand, andere tasten sich allmählich heran und vergrößern ihren Aktionsradius Schritt für Schritt, so »dass man die Nabelschnur gewissermaßen immer weiter verlängert und auf diese Weise immer mehr von den Kindern wegzieht«, wie die Professorin Isolde ihre Loslösung von der Familie beschreibt. Gemeinsam ist allen Frauen, dass sie ihre Auszeiten in der Regel langfristig und gründlich vorbereiten. Von Ausnahmen beziehungsweise Kleinen Auszeiten abgesehen, wie einem kurzen Wochenendtrip in eine interessante Großstadt oder einer Wanderung mit Freundinnen, bei der eine Frau den familiären Bereich nicht lange verlässt und daher auch keine umfangreichen Vorbereitungen nötig sind, werden in der Regel sowohl die Auszeiten als auch die familiären Abläufe in der Zeit der Abwesenheit lange im Voraus und sorgfältig vorbereitet.

Auf welchen Gebieten eine Frau dabei besonders »wirbeln«

muss, hängt von ihrer spezifischen Situation ab: von ihrer eigenen Einstellung zur Auszeit, der Einstellung ihres Mannes und von der Frage, ob sie ein unterstützendes Umfeld hat, auf das sie sich verlassen kann. In jedem Fall aber sind es immer die Kinder, denen die Hauptsorge der Frauen gilt. Daher ist die zufrieden stellende Regelung der Kinderbetreuung der wichtigste Aspekt bei der Vorbereitung einer Auszeit.

Wie organisiere ich die Kinderbetreuung?

Im folgenden Abschnitt möchte ich Ihnen zeigen, welche Erfahrungen Frauen bei der Organisation der Kinderbetreuung gemacht haben und welche Formen sich für welche Zeitspanne der Abwesenheit als geeignet erwiesen haben.

... für einige Stunden ab und zu

Bei kurzen Auszeiten, die nicht länger als ein paar Stunden, einen Tag oder ein Wochenende dauern, und wenn sehr kleine Kinder betreut werden müssen, übernimmt häufig der Partner die Versorgung des Nachwuchses. Auch Vollzeit arbeitende Männer sind meist in der Lage, sich einen solchen Zeitraum freizuhalten. Je regelmäßiger solche Auszeiten genommen werden, desto leichter ist es, sie terminlich einzuplanen und sich darauf einzustellen. Allerdings besteht bei einer alleinigen Betreuung durch den Vater die Gefahr, dass Sie sich ganz nach seinem Terminplan richten müssen, was Ihre Planungs- und Gestaltungsfreiheit einschränken kann. Hingegen bleibt es nach wie vor die Ausnahme, dass ein Mann sich längere Zeit freinimmt, um die Kinder und den Haushalt zu versorgen, während seine Frau nicht zu Hause ist.

... für mehrere Stunden und eintägige Unternehmungen

Noch beliebter als eine Alleinbetreuung durch den Vater ist bei kurzen Abwesenheiten die Kombination aus Fremdbetreuung und Vater. Diese Variante hat für alle Beteiligten nur Vorteile: Die Kinder genießen die Abwechslung zwischen Tagesmutter, Kinderfrau, Kinderkrippe, Kindergarten, Schule und Vater. Letzterer wird in seiner Verantwortung entlastet und hat selbst ein wenig Zeit für andere Dinge und Sie können sich mit der beruhigenden Gewissheit entfernen, dass die Verantwortung für Ihren Nachwuchs auf mehrere Schultern verteilt ist.

Eine bewährte Alternative zu diesem Modell ist der Einsatz der Nachbarschaftshilfe, bei der Vater und befreundete Nachbarn sich mit der Kinderbetreuung abwechseln. Diese Spielart hat eine ganze Reihe von Vorteilen: Sie sind unabhängig von den Öffnungszeiten öffentlicher Betreuungseinrichtungen (Wochenende!), und – ganz wichtig – das »Babysitting« ist kostenlos, da die Betreuung von Freundes- oder Nachbarskindern meist als gegenseitige Gefälligkeit erwiesen wird. Zudem sind die entsprechenden Leute den Umgang mit Ihren Kindern gewöhnt, sodass weder große Um- noch Eingewöhnungsrituale nötig und auch spontane Aktionen möglich sind. Für die Kinder springt dabei meistens heraus, dass sie entweder mit vorhandenen Nachbarskindern spielen oder, wenn das nicht der Fall ist, sich nach Herzenslust als »special guests« verwöhnen lassen können.

… FÜR MEHRERE TAGE UND WOCHEN

Als absolutes Favoritenmodell hat sich bei längeren Abwesenheiten eine Kombination aus Fremdbetreuung (Tagesmutter, Kinderfrau, Kinderkrippe, Kindergarten, Schule), Vater und Großeltern (oder alternativ dazu Schwester, Schwägerin, Freundin) erwiesen. Der Organisationsaufwand hierfür ist relativ groß, doch das ist er bei längeren Abwesenheiten ohnehin. Kaum eine Frau mit Kindern packt ihre Koffer und fährt für vier Wochen ohne Plan ins Blaue. Die meisten stellen sich für ihre Große Auszeit ein ausgefeiltes Programm zusammen und betreiben mitunter monatelange Vorbereitungen, da ist es nur recht und billig und für die meisten selbstverständlich, die gleiche Sorgfalt auch bei der Organisation der Kinderbetreuung walten zu lassen.

Der große Vorteil dieses Modells liegt wiederum in der auf mehrere Personen verteilten Verantwortung, was zur Folge hat, dass sich die Belastungen für die Einzelnen in Grenzen halten. Gerade Vätern, die beruflich stark eingespannt sind, gibt diese Variante die Möglichkeit, ihren Beitrag zur Kinderbetreuung zu leisten, ohne dafür wochenlang aus dem Job aussteigen zu müssen, was vielen vermutlich auch nicht möglich ist. So reicht es mitunter, wenn der Vater die Regie übernimmt und am Telefon klärt, wann er oder die Großeltern oder eine befreundete Kindergartenmutter den Sprössling vom Kindergarten abholen und ihn zum Turnen, zur Freundin oder zur Bastelgruppe bringen. Er selbst braucht sein Kind dann später nur noch abzuholen und ins Bett zu bringen, was vielen problemlos möglich ist.

> Die Großen sind es mittlerweile gewöhnt, dass ich immer wieder mal unterwegs bin … Die sind selbständig. Wenn

sie heimkommen, haben sie sich ihr Essen selber gekocht … Und ich wusste ja, die Kleine ist im Kindergarten gut aufgehoben. Peter ist ab vier Uhr zu Hause, er macht seine Sache gut, die Kinder leiden keinen Mangel, nur weil ich drei Wochen weg bin.
Beate, 41, Hausfrau, 3 Ki.

… für mehrere Wochen

In Abwandlung des vorangegangenen Kinderbetreuungsmodells wird bei mehrwöchigen Abwesenheiten gern auf die Möglichkeit zurückgegriffen, die Kinder für einige Zeit zu den Großeltern in Ferien zu schicken. Eine wunderbare Lösung, vorausgesetzt, Sie und Ihr(e) Kind(er) haben ein gutes Verhältnis zu den Großeltern.
Ich selbst bin in der glücklichen Lage, nicht nur eine Mutter, sondern auch Schwiegereltern in erreichbarer Nähe zu haben, zu denen meine Tochter ein enges Verhältnis hat und die sie gern besucht. Daher definieren sich für sie viele meiner Auszeiten weniger über meine Abwesenheit als über die Aussicht auf »Oma-Ferien«, was mir die Trennung sehr erleichtert.
Grundvoraussetzung für diese Vorgehensweise ist vor allen Dingen, dass die Beziehung zwischen den Generationen stimmt und dass sich Großeltern und Enkel ausreichend kennen (was keine Selbstverständlichkeit ist). Klären Sie mit Ihrem Partner, ob Sie Ihr Kind den Eltern / Schwiegereltern mit einem guten Gefühl anvertrauen können, Sie laufen sonst Gefahr, in der Auszeit nicht loslassen und Ihre Zeit nicht genießen zu können. Solange die Großeltern Ihre Erziehungsvorstellungen grundsätzlich respektieren, sollten die extra Gummibärchen und Fernsehstunden kein Problem sein, denn zum Verwöhnen sind Großeltern nun einmal da.

Dass Ferien bei den Großeltern auch einmal schief gehen können, erfuhren die Kinder von Gisela, die zwei Wochen bei den Großeltern verbrachten, während ihre Mutter für einen Monat im Schriftstellerzentrum auf Rhodos weilte. Nachdem der Vater zwei reichlich geknickte Teenager aus ihren »Ferien« abgeholt hatte, beschlossen die beiden, keinesfalls mehr bei Oma und Opa Urlaub machen zu wollen. »Das Verhältnis zu den Großeltern war nie ungetrübt und sie sind alt genug, um ihre Schlüsse zu ziehen, und ich akzeptiere, welche Schlüsse sie gezogen haben«, meint Gisela heute.
Trotzdem hatte die negative Erfahrung der Kinder keine Auswirkung auf ihre Einstellung gegenüber den Auszeiten der Mutter. Als Gisela ein Jahr später ein Stipendium für einen Aufenthalt in Schweden erhielt, wurde sie von ihren Kindern darin bestärkt, zu gehen.

> Auch wenn die Kinder einen gewissen »Schaden« hatten, dadurch dass sie die Zeit bei den Großeltern als unangenehm empfunden haben, hatte es trotzdem keine gravierende Bedeutung. Sie haben etwas daraus gelernt … Es ist eine Erfahrung, um die sie reicher geworden sind, und irgendwann, auch wenn ich nicht nach Rhodos gegangen wäre, hätten sie die gleiche Erfahrung auch gemacht.

Dieses Beispiel zeigt, dass auch eine missglückte Variante von Kinderbetreuung nichts an der positiven Einstellung der Kinder zur Auszeit der Mutter ändern muss. Die Konsequenz aus einer solchen schlechten Erfahrung kann nur sein, die Art der Betreuung zu verbessern, nicht aber auf die Auszeit zu verzichten. Genau das hat Gisela von ihren Kindern gelernt.
Sie haben sicher gemerkt, dass das Prinzip der hier vorgestell-

ten Möglichkeiten der Organisation von Kinderbetreuung auf der Devise beruht: je länger die Abwesenheit, desto zahlreicher die Schultern, auf die die Verantwortung für die Kinder verteilt wird. So gut wie alle Frauen haben mit dieser Vorgehensweise gute bis sehr gute Erfahrungen gemacht und praktizieren sie weiter. Das schließt natürlich nicht aus, dass mitunter Veränderungen vorgenommen werden müssen, wenn sich eine Variante als unpraktisch oder unerfreulich herausstellen sollte.
Im Folgenden möchte ich auf einige Sonderfälle eingehen, die mir im Zusammenhang mit der Kinderbetreuung aufgefallen sind.

... Auszeiten mit integrierter Kinderbetreuung

Bekanntlich hat jede Regel ihre Ausnahme, und das gilt auch für die eiserne Auszeitregel, niemals Mann und / oder Kinder mitzunehmen. Obwohl ich Ihnen im letzten Kapitel bereits davon abgeraten habe, Auszeiten in Begleitung von Kindern anzugehen, ist mir *eine* positive Ausnahme begegnet, die ich Ihnen nicht vorenthalten möchte.
Die Bildhauerin Anne hatte einen dreijährigen Sohn und war mit dem zweiten Kind schwanger, als sie ein Stipendium für einen Aufenthalt auf einem Künstlergut erhielt. Dieses Gut steht ausschließlich Bildhauerinnen *mit* Kindern offen und das Stipendium enthält eine geregelte Kinderbetreuung. Unglaublich, dass es so etwas gibt!, dachte ich, als ich davon hörte:

> Das Ganze geht über einen Monat, man bekommt fünfhundert Euro auf die Hand und fünfzig Euro muss man selbst beitragen, was weniger ist als bei anderen vergleichbaren Stipendien. Dafür hat man aber die Kinderfrau, die

dazugehört. Bei vielen anderen Stipendien darf man die Kinder entweder gar nicht mitnehmen – im Nachbardorf ist eine Denkmalschmiede, die auch sehr gute Stipendien vergibt, da dürfen Kinder nicht mal mitgebracht werden, weil sie stören –, oder man darf die Kinder zwar mitbringen, muss aber von dem Stipendium für die Kinderfrau sorgen. Und wenn man arbeiten will und den ganzen Tag eine Kinderfrau hat, sind fünfhundert Euro weg im Monat.

Die Kinderfrau ist sechs Stunden am Tag da, von morgens neun bis nachmittags drei Uhr, und weil die Kinder sich sehr gut verstanden haben, haben wir die Zeiten noch verlängert, indem immer eine Mutter auf die Kinder aufgepasst hat.

Bei mir war es eben so, dass ich dann noch weitergearbeitet habe und die Kinder haben mitgepütschert. An der Stelle, wo ich noch nicht war, durften sie dann auch arbeiten. Und abends, wenn ich länger machen wollte, hat die andere Kollegin gekocht und meinen Sohn mitbetreut.

Anne hätte, wie sie selbst sagt, diese Chance nicht wahrgenommen, wenn die Bedingungen weniger gut gewesen wären und sie ihren Sohn nicht hätte mitnehmen können. Für eine so lange Trennung war ihr der Zeitpunkt damals noch zu früh. So aber blieb sie nicht nur vier, sondern acht Wochen auf dem Künstlergut und verwirklichte ein großes bildhauerisches Projekt.

Unsichtbare Auszeiten

Manche Frauen sehen die Kinderbetreuung während einer Auszeit dann als besonders gelungen an, wenn die Kinder gar nicht mitbekommen, dass ihre Mutter weg ist. So finden die

wöchentlichen Saunabesuche beispielsweise immer dann statt, wenn die Tochter ihre beste Freundin besucht, oder eine Wandertour wird in die Zeit des Ganztagsschulbesuches gelegt. Das ist eigentlich kein Problem, äußerst praktisch und auch gut planbar.
Anders ist es, wenn die Abwesenheit, etwa bei längeren Auszeiten, bewusst verschwiegen wird. Natürlich ist es sinnvoll, eine Auszeit in dem Zeitraum zu planen, in dem der Mann sowieso Urlaub hat und mit den Kindern etwas unternehmen kann. Aber alles zu tun, damit die Kinder nicht mitbekommen, dass die Mutter in der Zwischenzeit nicht zu Hause ist, ist keine gute Entscheidung.

> [Die Kinder] merken das ja nicht. Wenn sie jetzt zum Beispiel mit dem Vater zelten gehen und ich eine Woche weg bin, kriegen sie das ja nicht mit. Letztes Jahr waren sie auch vierzehn Tage zelten mit ihm. Und ich nutze dann halt diese Zeit. Wenn ich im September wirklich mit meiner Freundin wegfliegen sollte, dann werden sie zu den Großeltern gehen, bei denen sie auch öfter sind – für eine Woche. Ich denke nicht, dass sich der Besuch aus ihrer Sicht von irgendeinem anderen bei den Großeltern unterscheiden wird. Wenn wir sie dort hinfahren, bleiben sie sowieso immer eine Woche da. Und ob ich jetzt in H. bin oder nicht, werden sie nicht realisieren können.
> *Ute, 38, Hausfrau, 3 Ki.*

Kinder sollten erfahren, dass ihre Mutter sich ebenfalls etwas Gutes tut. Nur dann können sie verstehen, dass es im Leben der Mutter, neben den Kindern, auch andere wichtige Dinge gibt. Dies wird das kindliche Bedürfnis nach Sicherheit und

Geborgenheit nicht erschüttern, doch es trägt dazu bei, die Wertschätzung einer Mutter zu steigern. Wenn Sie Ihre Auszeiten vor Ihrem Kind verheimlichen, verhindern Sie, dass es eine realistische Sicht der Dinge entwickelt und vermitteln ihm den Glauben, sie stünden zu Hause immer zu Diensten.

Dauerhafte Auszeiten

Zwei Beispiele für Auszeiten, die sich über mehrere Jahre erstrecken, habe ich Ihnen bereits vorgestellt. Isabelle und Amelie leben mit ihren Partnern nicht mehr in gemeinsamen Wohnungen, sondern haben in einer anderen Stadt dauerhaft getrennte Wohnungen bezogen. Alle anderen Formen von Auszeiten, die mir begegneten, überstiegen einen Zeitraum von sechs bis acht Wochen nicht. Der Grund dafür ist einfach: Fast alle Frauen, mit denen ich sprach, haben minderjährige Kinder, um die sie sich kümmern müssen. Mit längerfristigen Auszeiten, wie sie etwa die amerikanische Autorin Cheryl Jarvis in ihrem Buch »Urlaub von der Ehe« vorstellt, warten Frauen in der Regel, bis ihre Kinder flügge geworden sind. Erst dann wagen sie sich an ihre großen Träume und ziehen an andere Orte, um dort zu studieren oder ein Buch zu schreiben; sie unternehmen spirituelle Reisen nach Indien oder verbringen jeden Sommer eine gewisse Zeit für sich im Süden. Für die Mehrzahl der Frauen mit minderjährigen Kindern sind solche langen Trennungszeiten weder organisatorisch noch finanziell machbar und sie werden in dieser Lebensphase häufig auch nicht gewünscht. Dennoch können wir uns allein von der Tatsache, dass Frauen solche Träume denken und leben, inspirieren lassen. Wer den Schritt in die Auszeit nicht eher wagt, mag sich durch die Tatsache trösten lassen, dass es häufig gerade das »Ausfliegen« der Kinder ist, das Frauen dazu bringt, über eigene Wünsche und Bedürfnisse nachzudenken und gegebenenfalls die Weichen neu zu stellen.

Wo finde ich Unterstützung?

Einzeln betrachtet, wird Ihnen jede Frau auf diese Frage eine andere Antwort geben. Zusammengenommen lassen sich gewisse Erfahrungen durchaus verallgemeinern und können so eine wertvolle Einschätzung davon vermitteln, wo eine Frau auf der Suche nach Unterstützung unbefangen anklopfen und von wem sie mit welcher Art von Hilfe rechnen kann. Die folgenden Personengruppen haben sich in unterschiedlichem Maße als hilfreiche Anlaufstationen erwiesen:

- Freundinnen
- Partner
- Verwandte
- Kinder

Hilfe von Freundinnen

Positive Unterstützung finden Frauen am ehesten dort, wo Menschen ähnliche Vorstellungen vom Leben vertreten wie sie selbst. Bei den meisten finden sich solche übereinstimmenden Vorstellungen nachvollziehbarer Weise im Freundeskreis. Natürlich haben manche auch das Glück, mit einer Schwester, Schwägerin oder der Mutter auf einer Wellenlänge zu liegen. Die Mehrzahl der Frauen mit Familie jedoch berichtet, bei Freundinnen und Frauen im Bekanntenkreis Unter-

stützung gefunden zu haben, die mehrheitlich selbst Kinder haben.
Die Bandbreite an Hilfestellungen von Freundinnen ist enorm – und dann am größten, wenn die Freundin an der Auszeit selbst beteiligt ist. Das ist natürlich nicht weiter verwunderlich, schließlich profitiert die Freundin in diesem Falle selbst von ihrer Hilfe. Aber seien wir ehrlich: Alle Menschen ziehen aus dem, was sie tun, irgendeinen persönlichen Nutzen. Warum nicht auch Freundinnen?
Doch auch wenn Freundinnen nicht an Auszeiten teilnehmen, sind sie die erste Adresse, wenn es darum geht, sich moralische Unterstützung zu holen und sich darin bestärken zu lassen, die Auszeit auch wirklich anzugehen und durchzuführen.

> Meine Freundinnen haben gesagt: »Na klar kannst du das tun. Du wirst doch nicht so dumm sein, dass du das ablehnst.« Eine Freundin darf das sagen, oder auch: »Wenn du das nicht machst, bist du wirklich blöd.«
> *Gisela, 39, Lyrikerin, 2 Ki.*

Dass Freundinnen häufig die Anregung zu einer Auszeit liefern oder wertvolle Tipps und Informationen beisteuern, wurde im vorangegangenen Kapitel bereits angesprochen. Darüber hinaus dienen sie aber auch als Trostspenderinnen und Kummerkasten, wenn die Hindernisse unüberwindbar scheinen oder das schlechte Gewissen gar zu sehr drückt.
Last but not least leisten gute Freundinnen auch konkrete Hilfestellung, angefangen bei der Vermittlung wichtiger Kontakte, über die Regelung beruflicher Fragen bis hin zu fachlicher Beratung oder der Kinderbetreuung. Kurzum, von allen

Menschen um Sie herum können Sie bei der Planung einer Auszeit in Ihre Freundinnen das größte Vertrauen setzen. Aller Voraussicht nach werden Sie dort auf das größte Verständnis treffen und können die umfangreichste und vielfältigste Hilfe erwarten.

Unterstützung durch den Partner

> Die Rollenverteilung in Deutschland ist ja normalerweise so, dass der Mann die Karriere macht und nicht die Frau. In meinem Fall hat mein Mann mich immer unterstützt und auch nicht wirklich gelitten darunter. Er hat mir das immer gegönnt, hat es mir nie geneidet. Das ist ein ganz großer Schatz und eine große Stärke … [Er] hat immer gesagt, »mach das« und »das kannst du«. Ich könnte mir mein Werden ohne meinen Mann gar nicht vorstellen. Das ist wirklich ganz beeindruckend gewesen.
> *Isolde, 60, Hochschullehrerin, 3 Ki.*

Moralische Rückenstärkung, wie sie die Professorin Isolde in besonderem Maße erfahren hat, ist *das* Gebiet, auf dem Männer glänzen, wenn es darum geht, die Partnerin in einem eigenen Vorhaben zu unterstützen. Hier können Frauen von ihrem Mann die größte Hilfe erwarten. Zwar berichten manche Frauen, auch bei der Vorbereitung und Durchführung ihrer Auszeit vom Partner unterstützt worden zu sein und gelegentlich sogar im Haushalt und bei der Kinderbetreuung, doch das Gros der befragten Frauen spricht eine andere Sprache: In erster Linie entwickeln Männer auf dem Gebiet der *ideellen* Unterstützung die größten Aktivitäten.

Ich betone diesen Punkt deshalb, weil man leicht glauben

könnte, wenn der Partner moralische Rückendeckung gewähre, sei er sicher auch bereit, praktische Hilfestellung zu leisten. Doch das ist ein Irrtum: Moralische Rückendeckung schließt nicht automatisch mit ein, dass ein Mann während der Abwesenheit seiner Frau auch den Haushalt und / oder die Kinderbetreuung übernimmt. In den meisten Fällen werden diese Aufgaben von anderen Personen wahrgenommen. Dennoch hat sich gezeigt, dass es Frauen bei der Vorbereitung ihrer Auszeit erheblich entlastet, wenn der Mann ihrem Vorhaben positiv gegenübersteht. Das ist zum einen dann der (zugegeben, seltenere) Fall, wenn sich mit seiner positiven Haltung auch die Bereitschaft verbindet, in der Zwischenzeit Mehrarbeit bei der Kinderbetreuung und im Haushalt zu übernehmen, womit die Notwendigkeit weiterer Vorbereitungen entfällt oder zumindest eingeschränkt wird. Zum anderen kann die positive Haltung des Mannes auch ohne praktische Hilfestellung zur Folge haben, dass die Frau sich innerlich entlastet fühlt und weniger Druck verspürt, alles bis ins Detail vorbereiten zu müssen. Wenn ich weiß, dass mein Mann hinter meiner Auszeit steht und mir diese Zeit gönnt, kann ich mich eher darauf verlassen, dass er von selbst darauf kommt nachzusehen, wann die Restmülltonne vor das Haus gestellt oder wann das Kind nach der Schule zum Musikunterricht, Turnen oder einem Kindergeburtstag chauffiert werden muss. Nimmt er das Ganze nur passiv hin, weil sich daran nichts ändern lässt, werde ich eher dazu neigen, ihm alles minutiös aufzuschreiben oder dafür Sorge zu tragen, dass andere Leute das tun, was getan werden muss. Der Umfang der häuslichen Vorbereitungen einer Frau ist daher ein guter Gradmesser dafür, wie viel Rückhalt sie von ihrem Mann zu erhalten glaubt.

Wenig Hoffnung auf aktive Unterstützung besteht da, wo die erste Reaktion des Partners auf eine Auszeit negativ oder auch nur vage akzeptierend ausfällt. Das ist natürlich kein Grund, von der Idee abzulassen und darüber hinaus auch völlig unnötig, wie Sie im Kapitel »Auswirkungen« noch erfahren werden. Dennoch sollten Sie sich darauf einstellen, dass Sie kaum Chancen auf spürbare moralische Unterstützung haben, wenn Ihr Partner auf den Gedanken einer Auszeit anfänglich ablehnend reagiert. In den meisten Fällen ändert sich seine Einstellung erst, wenn er mit einer Auszeit erste Erfahrungen gemacht hat – sozusagen »Learning by doing«!

Hilfe von Verwandten

Wie Sie im Kapitel »Reaktionen« noch sehen werden, sind Eltern und Schwiegereltern häufig nicht die idealen Anlaufstationen, um Hilfe bei der Vorbereitung und / oder Durchführung einer Auszeit zu erhalten. Oft klaffen die Ansichten der Generationen bei diesem Thema weit auseinander, was zu mehr oder weniger ausgeprägten Verstimmungen führen kann. Doch selbst wenn Ihre Mutter oder Schwiegermutter sich nicht für die Idee einer Auszeit erwärmen kann, sind und bleiben sie nun mal auch Großmütter und die meisten sind durchaus in der Lage, diese Rollen gut auseinander zu halten. Die Mehrzahl aller Frauen kann daher in einem Punkt durchaus und mit gutem Gewissen auf die Unterstützung der Großeltern zählen: der Kinderbetreuung. Hier sind vor allem die eigenen Eltern unschlagbar, mit leichtem Abstand gefolgt von den Schwiegereltern! Das Enkelhüten ist ihr Metier, egal, ob sie mit der Auszeit der Tochter / Schwiegertochter einverstanden sind oder nicht.

Die Konzert- und Opernsängerin Mechthild Georg bekam

ihr erstes Kind noch während der Ausbildung. Immer wieder gab es Phasen, in denen sie auf die Unterstützung ihrer Eltern und Schwiegereltern angewiesen war – und sie bekam:

> In allen Examensphasen war die Kleine bei meinen Eltern, für mindestens drei Wochen. Dann haben wir sie besucht und sind hinterher wieder allein nach K. gefahren. Uta ging dort in den Kindergarten, meine Eltern waren damals noch berufstätig, und sie wurde auch in deren musikalisches Leben integriert. Für sie war das nicht neu, sie kannte das. Mein Vater hat ihr Klavierstunden gegeben und sich mit ihr auseinander gesetzt, der Opa war für sie der Größte.

Weitere familiäre Anlaufstellen für die Betreuung von Kindern können Schwestern und Schwägerinnen sein, vorausgesetzt, diese haben nicht gänzlich andere Lebensvorstellungen als Sie. Im Vergleich zur Einsatzbereitschaft und -möglichkeit der Großeltern ist diese Variante jedoch eher selten anzutreffen.

Unterstützung durch die Kinder

Die meisten Kinder, sofern sie bereits alt genug sind, um Sinn und Zweck einer Auszeit zu verstehen, verhalten sich gegenüber den geplanten Aktivitäten ihrer Mutter neutral. Von einigen Frauen weiß ich jedoch, dass gerade ältere Kinder die Mutter durchaus in ihrem Vorhaben bestärken. Sie erinnern sich sicher an die Lyrikerin Gisela, die an anderer Stelle davon berichtete, dass ihre elf und dreizehn Jahre alten Kinder ihr dringend rieten, ein Auslandsstipendium anzunehmen.

> Wichtig waren für mich die Kinder, die Kinder waren die Ausschlaggebenden. Meine Kinder haben gesagt: »Mami

geh doch, das ist wichtig für dich.« Fand ich ganz toll, dass sie das gesagt haben.
Gisela, 39, Lyrikerin, 2 Ki.

Moralische Unterstützung von den Kindern *erwarten* sollte eine Frau jedoch nicht. Es fällt schlicht und einfach nicht in das Zuständigkeitsgebiet von Kindern, der Mutter bei der Vorbereitung einer Auszeit emotionale Hilfestellung zu geben. Die Verantwortung für Ihr Tun liegt bei Ihnen. Wenn Ihre Kinder alt genug sind, um den Sinn einer Auszeit zu begreifen und sie Ihr Vorhaben unterstützen – wunderbar. Wenn nicht, dann nicht. Sie wissen ja jetzt, von wem Sie sich welche Art von Unterstützung holen können.

Resümee: Wie viel Vorbereitung ist genug?

Wenn Ihnen während der Vorbereitungen für eine Auszeit irgendwann der Kopf schwirrt, ist es vielleicht Zeit für eine kritische Überprüfung Ihrer Situation. Stellen Sie fest, ob sich Ihre Aktivitäten noch in einem normalen Rahmen bewegen oder vielleicht aus Gewissensnöten das notwendige Maß übersteigen. Sie kochen für Wochen warme Mahlzeiten vor und frieren sie ein, Sie organisieren und koordinieren selbst bei mehrwöchigen Abwesenheiten sämtliche Nachmittagstermine der Kinder und Sie sorgen dafür, dass der Haushalt in der Zwischenzeit ebenso reibungslos läuft wie immer. Wenn das der Fall ist, sollten Sie sich die Zeit nehmen, dieses und das folgende Kapitel sehr gründlich durchzulesen.
So gut wie alle Frauen bereiten ihre Auszeiten langfristig und

sorgsam vor, unabhängig davon, ob sie für eine Woche oder für zwei Monate von zu Hause fortgehen. Dabei gilt die Hauptsorge immer der Betreuung der Kinder. Eine gute Organisation der Kinderbetreuung ist unerlässlich, um die Zeit der Trennung wirklich genießen zu können. Als Faustregel gilt: je länger die Abwesenheit desto zahlreicher die Schultern, auf die die Verantwortung für die Kinder verteilt wird. Keinesfalls empfehlenswert ist es, die Auszeit vor den Kindern geheim zu halten, selbst wenn diese die Abwesenheit der Mutter tatsächlich nicht mitbekommen würden. Kinder sollten lernen, dass ihre Mutter Gutes verdient hat und es in ihrem Leben auch andere wichtige Dinge gibt. Das stärkt die kindliche Wertschätzung.

Vielfältige Unterstützung bei der Vorbereitung einer Auszeit finden Frauen in erster Linie bei guten Freundinnen, allen voran jenen, die ähnliche Lebensvorstellungen vertreten wie sie selbst.

Ehepartner dagegen sind Meister der ideellen Unterstützung. Sie gewähren ihrer Frau vor allem moralische Rückenstärkung, allerdings ohne dass sich damit automatisch auch praktische Hilfestellungen verknüpfen müssen. Kinderbetreuung und Haushalt werden trotz der moralischen Unterstützung durch den Mann in vielen Fällen von anderen übernommen. Hilfreich ist die moralische Rückendeckung aber dennoch. Denn sie kann dazu beitragen, dass eine Frau sich weniger unter Druck fühlt, alles superperfekt organisieren zu müssen. Eltern und Schwiegereltern sind verlässliche und bereitwillige Ansprechpersonen, wenn es um die Kinderbetreuung geht. Selbst wenn sie die Notwendigkeit der Auszeit einer Frau nicht nachvollziehen können (was häufig vorkommt), sind die meisten gerne bereit, sich um die Enkelkinder zu kümmern.

Ebenso wie der Partner bieten auch ältere Kinder ihrer Mutter gelegentlich willkommene moralische Rückenstärkung. Die Mehrzahl verhält sich einer Auszeit der Mutter gegenüber eher neutral und damit können und sollten Frauen zufrieden sein. Moralische oder praktische Unterstützung fällt nicht in den Zuständigkeitsbereich von Kindern. Wenn sie gewährt wird – wunderbar. Wenn nicht, dann nicht.

Manche Frauen neigen dazu, ihre Abwesenheiten penibel und bis ins kleinste Detail vorzubereiten. Doch das muss nicht sein. Einige handeln einfach aus alter Gewohnheit so, weil sie es als ihre ureigene Aufgabe begreifen. Andere sorgen sich, dass die Familie ohne sie nicht zurechtkommt. Oder sie leiden unter Schuldgefühlen, weil sie glauben, ihre »Pflichten« als Hausfrau und Mutter zu vernachlässigen.

Wie immer die Gründe aussehen mögen, dahinter steckt in fast allen Fällen ein schrecklich schlechtes Gewissen. Vorbereitungen, die bis ins kleinste Detail gehen, erschöpfen die Frauen und rauben ihnen Kraft, die sie für ihre Auszeit brauchen. Außerdem nehmen sie der Familie die wichtige Aufgabe ab, sich mit der Abwesenheit der Frau beziehungsweise Mutter auseinander zu setzen. Wie Sie mit Ihren Schuldgefühlen umgehen können, ohne vor jeder Auszeit generalstabsmäßige Überbrückungspläne auszuarbeiten, erfahren Sie im nächsten Kapitel.

6. »Den Stress habe ich mir selbst gemacht« – Innere Vorbereitung

Nichts ist so erfrischend
wie ein beherzter Schritt
über die eigenen Grenzen.
Keith Haring

Während im vorangegangenen Kapitel ausschließlich praktische Aspekte der Vorbereitung behandelt wurden, möchte ich Ihnen in diesem Kapitel aufzeigen, welche inneren Vorbereitungen Frauen vor einer Auszeit treffen und wie sie mit inneren Konflikten wie Schuldgefühlen umgehen.

Die innere Legitimation

Wenn ich für zwei Wochen mit meiner Freundin auf die Kanaren fliege und meinen Mann und die Kinder zu Hause lasse, muss ich in der Firma Urlaub einreichen, im Kinderhort Bescheid sagen, meiner Familie den Gefrierschrank voll packen, zusehen, dass die Wohnung in Ordnung ist, siebenundvierzig Termine abklären und alles Wichtige auf einem Zettel an der Küchenwand notieren. Dann habe ich genug vorbereitet.

So oder ähnlich würden vermutlich viele Frauen das Ausmaß und die Art der notwendigen Vorbereitungen beschreiben. Doch bewusst oder unbewusst geht bei den meisten Frauen, die Familie haben und nicht ohne weiteres von heute auf morgen fortfahren können, den praktischen Reisevorbereitungen ein mehr oder weniger langer oder komplizierter Prozess voraus, der im Grunde erst die Voraussetzung dafür schafft, sich später ganz auf die konkreten Vorbereitungen konzentrieren zu können: die Legitimation des eigenen Vorhabens vor sich selbst.

Wenn Ihre befreundete Nachbarin, die Sie eigentlich bitten wollten, bei Ihrer Familie hin und wieder nach dem Rechten zu schauen, andeutet, dass Sie, ihrer Ansicht nach, Mann und Kind *im Stich* lassen, wird Ihnen der Hinweis auf die vorgekochten Mahlzeiten, den Zettel an der Küchenwand und die geregelte Nachmittagsbetreuung nicht viel weiterhelfen. Denn das ist es nicht, was Ihre Nachbarin meint. Was sie eigentlich sagen will ist, woher Sie das *Recht* nehmen, das zu tun, was Sie zu tun gedenken.

Im Grunde ist es gar nicht erforderlich, eine Frau für eine geplante Auszeit explizit zu kritisieren. Wir alle kennen die gesellschaftlichen Leitbilder und wissen, wie sich eine »gute Ehefrau und Mutter« zu verhalten hat: aufopferungsvoll und bedürfnislos, jederzeit bereit, für ihre Lieben alles zu geben und dafür eigene Ansprüche zurückzustellen. Unabhängig davon, wie Frauen tatsächlich ihr Leben gestalten, ist diese Normvorstellung nach wie vor in unseren Köpfen verankert. Unsere Selbstkritik bemisst an ihr alle unsere Handlungen und lässt uns wissen, wann wir von ihr abweichen. Wir wissen, auch ohne dass andere es aussprechen, was viele Menschen denken, wenn eine Frau (die Mann und Kind[er] hat) die Absicht äußert, sich eine Auszeit zu nehmen: dass sie im Begriff ist, sich unerlaubt von der Truppe zu entfernen!

Um dieser Einschätzung begegnen zu können, brauchen Frauen das Gefühl, ihre Auszeit vor sich selbst und mit dieser Sicherheit auch vor anderen verantworten zu können. Ob Sie am Ende eine vorbereitete Begründung parat haben oder den Vorwurf überhören beziehungsweise mit einer lockeren Bemerkung vom Tisch fegen, wird sich nach Ihrem persönlichen Temperament richten. Voraussetzung dafür aber ist, dass Sie innerlich mit sich im Reinen sind.

Je nachdem, wie lange und welcher Art eine geplante Auszeit sein soll, wie stark sie sich auf das Leben der Familie auswirken wird und, vor allen Dingen, wie selbstbewusst eine Frau ihren persönlichen Bedürfnissen und Interessen bereits Rechnung trägt, wird der Prozess der inneren Legitimation intensiv oder weniger intensiv verlaufen. Abhängig vom Erfolg dieses Prozesses wird eine Frau ihre Auszeit gegenüber sich selbst und gegenüber anderen als mehr oder weniger gerechtfertigt und selbstverständlich vertreten können.

Am unkompliziertesten geht die innere Legitimation bei Frauen vonstatten, die ihre Auszeit als selbstverständlich erachten, weil sie als Teil ihres Lebens oder ihrer Beziehung einfach nicht wegzudenken ist (siehe dazu auch das Kapitel »Motive für eine Auszeit«). Das muss nicht bedeuten, dass diesen Frauen Gewissensbisse völlig unbekannt sind. Da sie jedoch überzeugt sind, dass ihnen in gewissen Abständen eine Auszeit zusteht, fällt es ihnen leichter, ein schlechtes Gewissen zu überwinden und sich gegen Kritik zur Wehr zu setzen. Allerdings scheint dies nur selten erforderlich zu sein, da Frauen, die ihre Auszeit mit großem Selbstbewusstsein vertreten, seltener als andere offen kritisiert werden.

> Kritik hätte ich mir verbeten, kam aber nie direkt.
> *Karin, 44, MTA, 2 Ki.*

Für die heute sechzigjährige Professorin Isolde, die für eine Gastprofessur in einer weit entfernten Stadt ein Jahr lang zwischen ihrem Arbeitsplatz und dem Wohnort ihrer Familie pendelte, war die Auszeit in keiner Weise selbstverständlich. Sie gehört einer Generation an, in der man der Berufstätigkeit einer Frau generell mit großem Misstrauen begegnete, ganz und gar dann, wenn damit Trennungen von der Familie und ähnlich gravierende Auswirkungen verbunden waren. Dennoch verfügte Isolde über genügend Selbstvertrauen und die moralische Unterstützung ihrer Familie, um – trotz des vorherrschenden weiblichen Rollenbildes – ihre beruflichen Interessen konsequent zu verfolgen.

> Das liegt sicher auch in meiner Sozialisation. Ich hatte eine großbürgerliche Erziehung. Wir sind erzogen nach dem Motto, alle sind gleich wert, und nach der Vorstellung, ihr könnt viel, wenn ihr wollt. Mein Vater hatte einen Slogan: »Kann ich nicht – gibt es nicht.« Und diese Vorstellung, wenn sie einem eingepflanzt wird und man es einigermaßen tragen kann, macht einen stark. Wenn ich das nur wirklich will, dann kriege ich das auch hin. Und das hat mir sicher geholfen, dass ich nicht ängstlich war und meinte, das schaffe ich vielleicht nicht.

Isoldes Beispiel zeigt, dass eine positive Einstellung zu einer Auszeit auch dann relativ unkompliziert entwickelt werden kann, wenn sie nicht als selbstverständlich erachtet wird. In ihrem Fall wurden die Dauer und die einschneidenden Auswirkungen der Auszeit auf die Familie durch ausreichendes Selbstvertrauen und die moralische Rückendeckung durch die Angehörigen ausgeglichen. Isolde hat ihre Entscheidung, für ein Jahr zwischen ihrer Arbeitsstätte und dem Wohnort der Familie zu pendeln, zusammen mit der Familie getroffen und konnte dadurch, aller Kritik von Verwandten und Arbeitskollegen zum Trotz, zu diesem Entschluss stehen.

Je weiter eine Frau davon entfernt ist, ihre Auszeit als selbstverständlich anzusehen und je weniger Selbstvertrauen sie besitzt, desto mehr Bedeutung gewinnt der Prozess der inneren Legitimation für sie, um gegen auftauchende Schuldgefühle und Kritik von außen gewappnet zu sein. Es ist schwer, Selbstvertrauen und Sicherheit zu entwickeln, wenn man sich unsicher und voller Zweifel fühlt. Häufig geht das nur in vielen kleinen Schritten, die mit intensiven Überlegungen darüber beginnen, wie und welche Art von Auszeit einer Frau am ehesten vertretbar erscheint. So fällt es vielen leichter, sich beispielsweise die Notwendigkeit einer beruflichen Auszeit zuzugestehen und nach außen zu vertreten, als sich (und anderen) einzugestehen, dass sie damit auch ein rein persönliches Bedürfnis befriedigen. Sie bauen darauf, dass sie mit einer beruflichen Auszeit auf eine gesellschaftlich höhere Akzeptanz stoßen als mit einer privaten.

Diese Erkenntnis machte sich beispielsweise die ehemalige Lehrerin Amelie zunutze, als sie daranging, in ihrem Leben eine dauerhafte positive Veränderung herbeizuführen. Ihr fehlte das Selbstbewusstsein, nach über zwanzigjähriger Ehe zu sagen: »Mir reicht's. Ich fühle mich in dieser Beziehung nicht mehr wohl, hier muss sich etwas ändern.« Aller Welt ihre Eheprobleme als Grund für eine Auszeit zu offenbaren, wäre für sie und ihren Mann zu einem Spießrutenlauf geworden, den sie sich nicht zumuten wollte. Gerade, weil sie ihre Ehe *nicht* aufgeben wollte, sondern Abstand brauchte, um unabhängiger zu werden und an ihrer Beziehung zu arbeiten, war es für sie wichtig, ihr Weggehen vor sich und ihrer Umgebung zu legitimieren. Sie brauchte einen Schutzwall, mit dem sie sich und ihre Beziehung vor Kritik und Klatsch abschirmen konnte.

> Ich habe mich gefragt, wie schaffe ich es, hier rauszukommen? Ich habe mich wie in einem Gefängnis gefühlt. Und dann kam mir die Idee, ich gehe mal zum Arbeitsamt und frage, vielleicht gibt es ja irgendwo eine Umschulung, dann muss ich vielleicht in eine andere Stadt … Das war zwar erst mal vorgeschoben, hat mich allerdings auch interessiert, also beides, und es kam mir sehr entgegen, dass ich es daran aufhängen konnte … Wenn ich was Neues anfange und den Leuten sage, ich habe keine Lust mehr, das Leben ist zu kurz, ich möchte noch mal etwas ganz anderes machen, dann verstehen sie das. Aber wenn ich sage, ich hau ab, weil meine Ehe nicht gut ist??? Das habe ich keinem gesagt. Das durfte nicht nach draußen dringen.

In Anbetracht von Amelies Situation ist dieses Vorgehen nachvollziehbar und verständlich. Sie hatte weder genug Selbstvertrauen, noch konnte sie auf die Unterstützung ihres Mannes zählen. Indem sie sich zu einer Umschulungsmaßnahme entschloss, erhielt Amelie die innere wie äußere Berechtigung, fortzugehen und ein unabhängigeres Leben zu beginnen. Gleichzeitig gab das damit gut begründete Weggehen ihr die Möglichkeit, sich in Ruhe auf sich selbst zu besinnen und zusammen mit ihrem Mann ihre Ehe wieder auf die richtige Bahn zu bringen.

Auch dort, wo die Unterstützung des Umfeldes gegeben ist, kann die Vorbereitung einer Auszeit zunächst darin bestehen, eine innere Begründung zu entwickeln, die dann nach außen vertreten werden kann. So konnte die Journalistin Britt, im Gegensatz zu Amelie, bei ihrer ersten Auszeit nach der Geburt des Sohnes ganz auf die Unterstützung ihres Mannes und der übrigen Angehörigen zählen. Ihre praktischen Vorbereitungen ließen sich daher auf ein Minimum beschränken. Ganz anders die innere Vorbereitung, die, wie Britt sagt, den Großteil ihrer Vorbereitungen ausmachte. Da sie vorhatte, für vier Wochen in die Vereinigten Staaten zu fliegen, um ihre Sprachkenntnisse aufzufrischen und Recherchearbeiten durchzuführen, ihr kleiner Sohn mit zweieinhalb Jahren aber noch recht klein war, hatte sie Angst vor einem schlechten Gewissen, weil andere sie für diese lange Trennungszeit kritisieren könnten.

> Emotional vorbereitet habe ich mich zum großen Teil darüber, dass ich mein Vorhaben erst einmal ganz auf die berufliche Schiene geschoben habe. Das war für mich doch sehr wichtig. Das habe ich auch wie eine Verteidigung gegenüber anderen benutzt. Weil ich da schon merkte – jetzt nicht in meinem direkten Umfeld, aber bei anderen Leuten, die mir nicht so nahe stehen –, wenn ich erzählt habe, ich fahre für drei, vier Wochen in die USA, dass da so ein Luftholen stattfand. Daher war es für mich selbst hilfreich und auch notwendig, denke ich, dass ich immer gesagt habe, ich muss wieder hinfahren, sonst kann ich nicht mehr gut arbeiten. Das schadet meiner Arbeit. Von daher war es ein ganz wesentlicher Faktor meiner Vorbereitung. Ich glaube, ich brauche das immer noch, eine innere wie äuße-

re Rechtfertigung. Einfach so vier Wochen wegfahren würde ich im Moment nicht fertig bringen.

Da der Beruf für Britt einen hohen Stellenwert besitzt, geben ihr berufliche Auszeiten am ehesten die Berechtigung, ihre Pflichten als Mutter und Partnerin zurückzustellen, um ihren beruflichen (gleichzeitig aber auch persönlichen) Interessen nachzugehen. Für Frauen wie Amelie und Britt werden Auszeiten erst dann selbstverständlich und ohne intensive Legitimationsprozesse gerechtfertigt sein, wenn sie für sich akzeptieren können, dass ihnen jede Art von Auszeit zusteht, unabhängig davon, ob sie in dieser Zeit arbeiten oder sich auf Goa vergnügen. Deshalb hat der Prozess der inneren Legitimation eine sehr wichtige Funktion. Er bewahrt Frauen, die ihre Auszeit (noch) nicht als selbstverständlich ansehen können, davor, dass ihre Schuldgefühle die Oberhand behalten und sie am Ende lieber zu Hause bleiben.

Um Missverständnissen vorzubeugen, möchte ich betonen, dass eine innere Legitimation keineswegs bedeutet, sich irgendwelche Geschichten auszudenken, um kritischen Nachfragen begegnen zu können. Es ist für die Vorbereitung einer Auszeit unerlässlich, sich mit seinen Familienangehörigen offen und ehrlich auseinander zu setzen, mit dem Partner, den Kindern (falls diese alt genug sind) und gegebenenfalls auch mit den Personen, die mit der Betreuung der Kinder betraut werden sollen.

Wenn Sie anderen Menschen von Ihrer geplanten Auszeit berichten und feststellen sollten, dass Ihnen auf Kritik nichts einfällt, dann ist dies ein Anzeichen dafür, dass Sie mit sich nicht im Reinen sind. Vielleicht müssen Sie noch ergründen, warum Ihre Auszeit für Sie unerlässlich und wichtig ist. Doch vergessen Sie dabei nicht: Jeder Grund für eine Auszeit und jede mögliche Form hat ihre Berechtigung. Es gibt keine besseren oder schlechteren Motive und Formen, sondern lediglich solche, die gesellschaftlich vielleicht leichter akzeptiert werden. Dennoch ist auch das keine sichere Bank. Nach wie vor sind viele Menschen grundsätzlich der Meinung, eine Ehefrau und Mutter habe keine Bedürfnisse jenseits von Ehe und Mutterschaft zu haben. Lassen Sie sich davon nicht beeindrucken. Wenn diese Menschen das so für sich entschieden haben, ist das ihre Sache. Auf Sie trifft eine solche Einstellung aber nicht zu. Sie werden mit jeder Auszeit mehr Selbstvertrauen und Sicherheit gewinnen, dass Sie für sich und für Ihre Lieben das Richtige tun und dass es völlig in Ordnung ist, so zu handeln.

> Von meinem Gefühl her war meine zweite Reise im Unterschied zur ersten der reine Genuss, weil ich diese Erfahrung im Rücken hatte, und weil ich wusste, es geht ihnen allen gut … Das war eine rückwirkende Erkenntnis aus dem ersten Mal. Mit dieser Erfahrung im Rücken konnte ich viel mehr loslassen und hätte dort auch gut wieder vier Wochen verbringen können, denke ich.
> *Britt, 39, Journalistin, 1 Ki.*

Sich eine Auszeit zu nehmen, ganz und gar die erste, ist schwer. Doch wie Britts Beispiel zeigt, wird es mit jedem Mal leichter. Dies ist eine der wichtigsten Erfahrungen im Umgang mit Schuldgefühlen, wie Sie gleich erfahren werden.

Der Kampf gegen das schlechte Gewissen

Für viele Frauen gehört ein schlechtes Gewissen ebenso zur Auszeit wie das Kofferpacken. Sich etwas zu gönnen, was nicht gleichzeitig ihrem Mann und den Kindern zugute kommt, verursacht ihnen mehr oder weniger ausgeprägte Schuldgefühle. Sie fürchten egoistisch zu wirken und selbstsüchtig, wo man ihnen doch von klein auf beigebracht hat, die Wünsche und Bedürfnisse anderer über die eigenen zu stellen.

Eine Auszeit ist ein Verstoß gegen das traditionelle Rollenbild, nach dem Frauen in erster Linie für das Wohl anderer zuständig zu sein haben. Sie ist eine Art Unabhängigkeitserklärung, die aller Welt zeigt, dass eine Frau nicht nur das Wohlergehen anderer im Auge hat, sondern auch ihr eigenes, und dass sie bereit ist, ihre eigenen Bedürfnisse zumindest zeitweilig in den Vordergrund zu rücken. Kein Wunder, dass ein solches Signal mitunter harsche Kritik auslöst, wie wir im Kapitel »Reaktionen« noch sehen werden. Noch häufiger jedoch ist Kritik von außen gar nicht nötig, um ein schlechtes Gewissen hervorzurufen. Viele Frauen berichten, sie hätten kaum oder gar keine offene Kritik erfahren, sondern sich vielmehr selbst unter Druck gesetzt.

> Ich habe damals wirklich unheimlich unter Druck gestanden. Drei Tage vorher ging noch die Heizung kaputt und hier war es ziemlich kalt. Ich musste rumtelefonieren, wo, wie und welcher Notdienst nun kommen konnte. All solche Sachen. Es kamen einfach viele unglückliche Umstände zusammen und ich habe gedacht, dass mir nur niemand nachsagen kann – das war dann auch dieses schlechte Gewissen –, ich nehme einen Monat für mich und die ande-

ren leiden! Heute weiß ich, so ist es nicht. Sie haben nicht gelitten, sie werden auch nicht leiden und ich habe das Recht, mir diesen Monat zu nehmen. Das habe ich damals natürlich auch gedacht, weil es mir auch niemand streitig machen wollte, aber ich habe es mir manchmal selbst streitig gemacht... Den Stress habe ich mir selbst gemacht, weil ich so bin.
Gisela, 39, Lyrikerin, 2 Ki.

Die gesellschaftliche Kontrolle funktioniert also auch ohne offene Konfrontation und ohne direkte Sanktionen. Der effektivste »Kritiker« steckt immer noch in unseren eigenen Köpfen und bewirkt, dass wir uns selbst dann das Leben noch schwer machen, wenn wir von außen nach Kräften unterstützt werden. Cheryl Jarvis bezeichnet Schuldgefühle als eine Art Markenzeichen jeder ersten Auszeit, weil sie »entstehen, wenn man sich von den traditionellen Erwartungen entfernt, wenn man sich einem anderen Umgang mit der Welt annähert. Schuldgefühle entstehen, wenn man nein zu anderen sagt, obwohl man immer ja gesagt hat, wenn eine Frau sich um sich selbst kümmert, obwohl sie nie gesehen hat, wie sich ihre Mutter um sich kümmert. Ein schlechtes Gewissen entsteht aus Gefühlen, nicht aus dem Intellekt, deshalb kann es für eine Frau, die zum ersten Mal weggeht, emotional sehr anstrengend sein, ganz gleich, wie legitim ihr Wunsch ist, wie sehr ihr Partner sie unterstützt, wie echt ihre gegenseitige Zuneigung und wie gut die finanzielle Absicherung sein mag.«[25]
Ich habe im Laufe meiner Arbeit festgestellt, dass die Stärke der Schuldgefühle bei Frauen stark variiert. Etwa 40 Prozent von ihnen gaben an, kein schlechtes Gewissen zu haben, wenn sie sich eine Auszeit nehmen, der Rest hat mehr oder weniger

starke Gewissensbisse. Ich möchte Ihnen im Folgenden aufzeigen, in welchen Bereichen sich Schuldgefühle äußern und warum das so ist. Wie es kommt, dass manche Frauen gravierende, andere gar keine Schuldgefühle verspüren und was Sie tun können, um sich dagegen zu wappnen.

Schuldgefühle: Eine kleine Auswahl

Gewissensbisse stellen sich mit Vorliebe dann ein, wenn eine Frau ihre Auszeit nicht als selbstverständlich betrachtet. Je weniger sie sie als selbstverständlich ansieht, desto stärker und vielfältiger sind die Schuldgefühle. Wer nicht wirklich davon überzeugt ist, sich mit gutem Recht eine Auszeit nehmen zu dürfen, kann diese auch nicht überzeugend nach außen vertreten. Es ist schwer, gegen die Erwartungen anderer zu verstoßen, wenn man selbst nicht wirklich überzeugt ist, das Richtige zu tun. Daher treten Schuldgefühle bei Frauen, die zum ersten Mal eine Auszeit nehmen, und solchen, die mit ihrer inneren Legitimation (noch) Probleme haben, am häufigsten und am stärksten auf.

Das Spektrum der Schuldgefühle, die durch die Planung einer Auszeit ausgelöst werden, ist relativ überschaubar. Es sind vor allem vier Aspekte, die gerade unsicheren Frauen häufig Gewissensbisse verursachen:

- die Emotionen der anderen,
- die Belastungen der anderen,
- die Entbehrungen der anderen,
- Geld für mich und nicht für die anderen.

Der fünfte Punkt, der Unsicherheitsfaktor »Kinder«, betrifft alle Frauen, die auch Mütter sind, unabhängig davon, ob sie hinter ihrer Auszeit stehen oder nicht. Allerdings konzentrieren sich die Schuldgefühle von Frauen, die sich ihrer Sache sicher sind, ausschließlich auf das Thema »Kinder«.

Die Emotionen der anderen

Schuldgefühle können sich einstellen, weil eine Frau etwas genießt, was ihr Mann nicht erlebt oder erleben kann, weil er beruflich zu sehr eingespannt ist oder weil er selbst andere Schwerpunkte setzt. Die Lehrerin Angela hat an ihrer Schule ein einjähriges Sabbatjahr eingereicht. Sie hat keine Kinder und möchte die Zeit nutzen, um sich künstlerisch weiterzuentwickeln. Da sie für das Sabbatjahr fünf Jahre lang einen Teil ihres Gehaltes angespart hat, ist auch die Finanzierung ihres arbeitsfreien Jahres gesichert. Trotzdem erzählt sie:

> Ich hätte ein ganz schrecklich schlechtes Gewissen, wenn ich nicht wüsste, dass Michael seinen Beruf liebt. Er arbeitet unheimlich gern. Wenn er von seinen Geschäftsreisen zurückkommt oder zwischendurch anruft, dann ist er in der Regel total begeistert. Selbst wenn er losfährt und sagt: »Ach, ich habe überhaupt keine Lust«, erzählt er, sobald er dort den ersten Abend rum hat: »Es ist klasse und lässt sich gut an.« Er ist richtig begeistert davon. Sonst könnte ich das nicht aushalten, da hätte ich ein zu schlechtes Gewissen. Das könnte ich nicht haben, wenn ich das Gefühl hätte, er leidet da wer-weiß-wie und ich lasse es mir hier gut gehen. Da hätte ich immer das Gefühl, das geht auf seine Kosten. Das wäre nicht gut. Es ist schon wichtig, dass er selbst auch dazu kommt, zu gucken, was will ich gerne ma-

chen, was ist für mich wichtig. Er macht dann andere Sachen. Er spielt Tennis oder sonst etwas. Das ist sein Bereich, den er dann ausbaut.

Es kommt häufig vor, dass Frauen meinen, eine Auszeit nicht genießen zu können, wenn es ihrem Mann nicht gleichzeitig auch gut geht. Damit ist weder gemeint, dass er krank und pflegebedürftig im Bett liegt, noch dass die Auszeit seinerseits in einem Zusammenhang mit seinen Kümmernissen steht. Warum sollte Angela sich also den Genuss ihrer Auszeit versagen, wenn ihr Mann beispielsweise mit seiner beruflichen Situation unzufrieden wäre? Ich bin sicher, nicht einmal Michael selbst würde darin eine logische Konsequenz sehen. Was hat die berufliche oder emotionale oder körperliche Unzufriedenheit eines Mannes mit der Auszeit seiner Frau und ihrem Wohlbefinden zu tun? Die Antwort ist: gar nichts! Die Abhängigkeit des Wohlbefindens der Frau von den Gefühlen ihres Mannes ist nicht rational, sondern emotional zu erklären. Viele Frauen fühlen sich, als Teil ihrer Gesamtverantwortung für die Beziehung, auch für die Gefühle ihres Partners (und ihrer Kinder) verantwortlich. Ist er aus irgendeinem Grund mit seinem Leben unzufrieden, sieht sie es als ihre Aufgabe an, sich mit dieser Unzufriedenheit zu identifizieren und solidarisch mitzuleiden. Es käme ihr selbstsüchtig vor, sich von der emotionalen Lage ihres Mannes unabhängig zu machen und sich in erster Linie um ihre eigenen Bedürfnisse zu kümmern. Dabei kann (und will) ein Mann seine Probleme nur lösen, wenn er sie selbst angeht. Mitleiden – im wörtlichen Sinne – hat also gar keinen Zweck. Im Gegenteil. Eine Frau kann mitfühlend sein und sollte trotzdem dafür sorgen, dass es ihr selbst gut geht. Das schadet ihrem Mann nicht, kann ihm aber helfen, mit Hilfe ihres Schwungs schneller aus seinem Tief herauszukommen.

Die Belastungen der anderen

Eine weitere Quelle für Gewissensbisse ist die Sorge, die zu Hause bleibenden Angehörigen über Gebühr zu belasten, weil ihnen Arbeit aufgebürdet wird, die eine Frau sonst selbst erledigt.

> Das war nicht ganz einfach. Ich hatte natürlich schon auch ein schlechtes Gewissen, weil das Kind noch so klein und hier eine Menge Organisations- und Betreuungsarbeit zu leisten war.
> *Britt, 39, Journalistin, 1 Ki.*

Ist es nicht seltsam, dass viele Frauen das Gefühl haben, dem Partner und all denen, die ihn unterstützen, Aufgaben *zuzumuten*, die nichts anderes sind als das, was sie sonst jeden Tag bewältigen (in den meisten Fällen allein und neben der Berufstätigkeit)? Warum sollte das, was für eine Frau in Ordnung ist, vorübergehend nicht auch für ihren Partner und ihre Angehörigen in Ordnung sein? Wenn Ihr Mann unter der Last dieser Aufgaben stöhnt, heißt das erstens nicht, dass er nicht trotzdem bereit ist, diese bis zu Ihrer Rückkehr zu erfüllen, und zweitens wird diese Erfahrung vermutlich seinen Respekt vor Ihren täglichen Leistungen deutlich erhöhen, was für die Beziehung nur von Vorteil sein kann. Wenn Sie mit Ihrem Mann, Ihren Angehörigen, NachbarInnen, FreundInnen und Haushaltshilfen eine für alle akzeptable Regelung gefunden haben, sollten Sie weitere Skrupel tunlichst über Bord werfen. Wenn die Aufgaben verteilt sind, hört Ihre Zuständigkeit auf!

Die Entbehrungen der anderen

Eine weitere Ursache von Gewissensbissen ist die Angst, die Familie könnte darunter leiden, dass eine Frau sich zu sehr auf ihre persönlichen Interessen konzentriert. Ob diese Angst real ist oder nicht, spielt keine Rolle; die Schuldgefühle drohen, sobald eine Frau vom traditionellen Rollenbild abweicht. So berichtet Isolde, die mit Leib und Seele Mutter und Ehefrau ist, aber bis vor kurzem auch eine engagierte Hochschullehrerin war:

> Dadurch dass die Generation vor mir ausschließlich auf die Kinder ausgerichtet war, hatte ich immer das Gefühl, wenn ich mich stark für die Uni und für die Studierenden engagiere, müsste ich aufpassen, dass meinen Kindern nichts abgeht. Ich hatte das Gefühl, besonders aufpassen zu müssen und mir nichts leisten zu können, zum Beispiel abends ins Kino oder ins Theater zu gehen oder mal Ferien ohne die Kinder zu machen. Das wäre für mich überhaupt nicht infrage gekommen.
>
> Ich hatte ein ganz starkes Organisationsbedürfnis, dadurch habe ich sicher auch irgendwelche Schuldgefühle, die natürlich da waren, abgebaut. Es gab in meiner Generation die Vorstellung, dass man eigentlich alle Zuwendung den Kindern schuldete. Ich gab ihnen aber nicht alle Zuwendung, ich gab davon auch an die Studenten ab, und so glaubte ich besonders verpflichtet zu sein, einen besonders gut laufenden Haushalt zu führen.

Gerade Frauen der älteren Generation, die noch stärker als jüngere im Geist der traditionellen Rollenverteilung erzogen wurden, haben an diesem »Erziehungspaket« schwer zu tragen. Nur allzu oft versuchen sie ihm dadurch gerecht zu werden, dass sie auf allen Gebieten hundertprozentige Leistungen erbringen möchten und sich damit restlos überfordern. Diese Erfahrung machte auch Isolde:

> Ich glaubte mein Leben lang, ich muss Familie hundertprozentig machen und ich muss Beruf hundertprozentig machen. Und da man in summa nur hundert Prozent zur Verfügung hat, nicht zweihundert, geht das irgendwann an die Substanz. Aber das merkt man erst ganz am Ende. Wenn einem beides Spaß macht, ist der Anlass zur Selbstausbeutung natürlich sehr groß, weil beides sich gegenseitig unwahrscheinlich befördert. So habe ich es immer empfunden, dass mich das eine stark gemacht hat für das andere, aber irgendwann zehrt es auch an der Kraft. Das merke ich jetzt. Dass ich frühzeitig aus dem Beruf gegangen bin, hängt sicher damit zusammen, dass ich zu viel gemacht habe, dass ich beides zu ausschließlich gemacht habe und ich mir eigentlich, das ist mir erst nachher eindeutig klar geworden, nie für mich Zeit genommen habe.

Geld für mich und nicht für die anderen

Wenn eine Frau für ihre Auszeit Geld aus dem Familieneinkommen in Anspruch nimmt, das nur ihr allein zugute kommt, ist das eine weitere Quelle für Gewissensbisse. Auch Frauen, die ihre Auszeit selbst finanzieren oder damit sogar Geld verdienen, äußern mitunter solche Bedenken. Die neununddreißigjährige Gisela trägt sowohl mit ihrer Arbeit als Ingenieurin als auch mit ihrer schriftstellerischen Tätigkeit zum Familieneinkommen bei. Ihr einmonatiger Aufenthalt in einem Schriftstellerhaus wurde zum größten Teil durch ein

Stipendium finanziert; sie hatte lediglich die Reisekosten und ihre persönlichen Ausgaben während des Aufenthaltes zu tragen. Dennoch hatte sie Skrupel, für diese Auszeit Geld aus der Familienkasse zu nehmen, weil nur sie allein davon profitieren würde.

> Auch wenn mein Mann verdient, sind wir trotz bescheidener Lebensverhältnisse immer auch auf meinen Verdienst angewiesen … Rhodos bedeutete also, ich nehme einen Monat nur für mich und mache auch noch Unkosten. Das Geld geht ja der Familie ab. Meinen Beruf auszuüben ist etwas nur für mich, mal abgesehen davon, dass ich damit Geld verdiene, das wir für uns brauchen. Und ich habe große Hemmungen, etwas für mich abzuzwacken, auch von dem Geld, das ich mit der freiberuflichen Tätigkeit verdiene.

Meines Erachtens drehen sich diese und ähnliche Bedenken ursächlich gar nicht um die Finanzen, sondern um das generelle Problem vieler Frauen und Mütter, sich an etwas zu freuen oder sich etwas zu gönnen, was nicht gleichzeitig auch der Familie zugute kommt. Ihr innerer Kritiker hält ihnen vor, dass eine »gute Ehefrau und Mutter« Ehe und Familie zu ihrem *alleinigen* Lebensmittelpunkt mache. Wenn sie Geld ausgebe, dann nur für die Familie und nicht für sich selbst. Wenn sie wegfahre, dann nur *mit* Mann und Kind(ern) und nicht allein, und wenn sie schon etwas allein tue, zum Beispiel berufstätig zu sein, dann nur, damit auch die Familie davon profitiert und nicht nur sie selbst. Die klassische Anforderung an eine gute Mutter verlangt, dass sie nichts um ihrer selbst willen tut, sondern alles für die anderen.

Die hier aufgezeigten Skrupel von Frauen spiegeln die Angst, diesem Bild der bedürfnislosen, aufopferungsvollen Ehefrau und Mutter nicht zu entsprechen, sondern – in direkter Umkehrung dieses Bildes – als selbstsüchtig oder egoistisch zu gelten. Und sie spiegeln die Angst, man könnte ihnen unterstellen, ihr Ehe- und Familienleben sei für sie nicht erfüllend genug, wenn sie das Bedürfnis nach eigenen Freiräumen äußern. Niemand würde im Traum daran denken, einen Mann für einen schlechten Ehemann und Familienvater zu halten, nur weil er engagiert seinem Beruf nachgeht und er beispielsweise zweimal im Jahr mit einer Gruppe von Freunden für eine Woche ins Grüne zieht. Nehmen Sie dieses Recht auch für sich selbst in Anspruch. Es ist nicht mehr und nicht weniger als das, was Sie auch Ihrem Partner zugestehen. Und machen Sie sich klar, dass nicht nur Sie selbst, sondern auch Ihre Familie mehr von Ihrer Auszeit profitieren werden als von Ihrer Aufopferung. Warum das so ist, erfahren Sie in den nächsten Kapiteln.

Umgang mit Schuldgefühlen oder: Die »Kochtherapie«

Schuldgefühle sind immer dort besonders ausgeprägt und vielfältig, wo Frauen ihre Auszeiten nicht für selbstverständlich erachten, sondern, bewusst oder unbewusst, ihr Recht auf einen persönlichen Freiraum bezweifeln. All das hindert sie zum Glück nicht daran, ihre Auszeit zu nehmen. Doch um sie wirklich genießen und für sich nutzen zu können, müssen sie einen Weg finden, ihr schlechtes Gewissen zu minimieren.

Betrachtet man, wie Frauen mit den verschiedenen Arten von Schuldgefühlen umgehen, lässt sich ein interessantes Phänomen beobachten. Offensichtlich behelfen sich viele, die relativ starke Gewissensbisse empfinden, überwiegend dadurch, dass sie für ihre Lieben vorkochen, Vorräte anlegen und den Haushalt für die Zeit der Abwesenheit perfekt vorbereiten. Auf diese Weise bringen sie ihre Liebe zum Ausdruck und sie entlasten ihr schlechtes Gewissen.
Je nachdem, wie sehr das schlechte Gewissen plagt und wie ausgeprägt das Vertrauen in die häusliche Vertretung ist, können die Vorbereitungen gewaltige Ausmaße annehmen. So berichtet Maria, dass sie jede ihrer Auszeiten zu Hause minutiös vorbereitet.

> Ich bereite jedes Wegfahren maßgerecht vor, es kann eigentlich nichts schief laufen. Das geht vom Einkaufen über die Kinderkrippe bis zu Ersatzoma, Oma und Konservendosen. Mein Mann hasst es, wenn ich Vorräte einkaufe. Aber wenn mal nichts da ist, geht das auch nicht. Auch in unserem Freundeskreis weiß jeder, wenn ich etwas organisiere, dann klappt das hundertprozentig. Wenn ich wegfahre, ist alles organisiert. Einschließlich das Hinlegen der Sachen, die das Kind anziehen soll. Das lege ich bereit und hänge einen Zettel dran. Dann weiß ich, dass alles funktioniert, dann sieht das Kind ordentlich aus und ist nicht zu dick oder zu dünn angezogen.
> *Maria, 42, Außendienstmitarbeiterin, 1 Ki.*

Das Bedürfnis, bis ins kleinste Detail dafür Sorge zu tragen, dass es Mann, Kindern und im Haushalt an nichts fehlt, ist kennzeichnend für Frauen mit einem ausgeprägt schlechten

Gewissen. Vor allem aber berichten sie immer wieder vom Kochen. Und wenn sie selbst nicht zum Vorkochen kommen, dann sorgen sie dafür, dass jemand anderes die Familie bekocht. Was wieder einmal beweist, dass Liebe durch den Magen geht!

> Dieses starke Pflichtbewusstsein kam also dazu: Ich unterlasse meine Pflicht, mich um meine Familie zu kümmern und gehe woanders hin. Da musste ich doch pflichtbewusst vorsorgen. Ich habe vorgekocht noch und nöcher. Der Gefrierschrank war voll und ich dachte: So Leute, ihr braucht nur noch rauszuholen.
> *Gisela, 39, Lyrikerin, 2. Ki.*

Offensichtlich wirkt die Kochtherapie, denn sie hat sich bei vielen Frauen als bewährte und geeignete Maßnahme erwiesen, um sich von Gewissensnöten zu entlasten. Gisela, die, wie sie oben berichtet, vor ihrer ersten Auszeit Unmengen an Essen vorkochte und in den Gefrierschrank packte, schaffte es dadurch, diese Auszeit in vollen Zügen zu genießen. Als sie im Flugzeug saß, hatte sie das Gefühl, für ihre Lieben alles getan zu haben, was in ihrer Macht stand, und nun war sie selbst an der Reihe.

Der zweite, überaus positive Aspekt der Kochtherapie ist, dass sie Frauen helfen kann, das schlechte Gewissen dauerhaft abzumildern, sodass sie schon bei der zweiten Auszeit nicht mehr unter dem Druck stehen, alles generalstabsmäßig vorbereiten zu müssen. Als Gisela nach einem Monat nach Hause kam, war der Gefrierschrank immer noch voll, dafür zeigten die Kinder in Bezug auf Nudelgerichte leichte Übersättigungserscheinungen. Die Familie hatte sich in der Zwischenzeit also gut anderweitig beholfen. Die Konsequenzen für die nächste Auszeit lagen für Gisela auf der Hand:

> Ich habe für viel, viel mehr gesorgt, als eigentlich notwendig gewesen wäre. Ich werde beim nächsten Mal nicht wie damals für einen Monat im Voraus vorkochen, dass nur niemandem etwas abginge, dass nur niemand irgendwo einen Verlust hätte, und sei es auch nur an einem gekochten Essen. Das war alles nur diese Panik. Das ging aber nicht von außen aus, sondern nur von mir selbst.

Natürlich ist es neben solchen praktischen Vorbeugungsmaßnahmen unerlässlich, auch an der eigenen Einstellung zu arbeiten. Machen Sie sich klar, dass Sie bei all dem, was Sie für andere tun, nicht nur ein *Recht* auf eigenen Freiraum haben, sondern dass eine Auszeit sich sowohl auf Sie als auch auf Ihre Lieben äußerst positiv auswirken kann. Sprechen Sie mit Frauen, die bereits Erfahrungen mit Auszeiten gesammelt haben und lassen Sie sich darin bestärken, dass es richtig ist, Ihr Vorhaben umzusetzen.

Und was ist mit den Kindern?

Das Thema Kinder hätte auch am Anfang dieses Kapitels stehen können, denn von seiner Wertigkeit nimmt es bei allen Frauen, die Kinder haben und Auszeiten nehmen, eine Spitzenposition ein. Männern mag es vielleicht nicht gefallen, sich das Essen selbst kochen, die Wäsche selbst waschen und die Wohnung selbst in Ordnung halten zu müssen, aber sie können es (oder werden es in Windeseile lernen). Sie sind auf die Fürsorge einer Frau nicht angewiesen. Kinder dagegen schon. Sie können sich nicht selbst versorgen und brauchen jemanden, der sie betreut und umsorgt. Die Liebe für und die Sorge um die Kinder stellen die größte Hemmschwelle dar, die eine Frau auf dem Weg in eine Auszeit überwinden muss. Während Frauen, die ihre Auszeit nicht als selbstverständlich betrachten, Schuldgefühle in Bezug auf die Kinder *und* auf verschiedene andere Aspekte entwickeln, beschränken sich die Gewissensbisse von Frauen, die von der Richtigkeit ihres Tuns überzeugt sind, ausschließlich auf die Kinder. Dabei stehen vor allen Dingen zwei Faktoren im Vordergrund:

- die Notwendigkeit, die Kinder während der Abwesenheit gut und zuverlässig betreuen zu lassen,
- und die Sorge, die Kinder könnten durch das Weggehen der Mutter emotionalen Schaden nehmen.

Naturgemäß finden in diesen beiden Bereichen auch die intensivsten Vorbereitungen statt. Selbst da, wo Frauen keine Schuldgefühle (mehr) empfinden, wenn sie sich eine Auszeit nehmen.

Vertrauen in die Kinderbetreuung

Es sind vor allem zwei Aspekte, die maßgeblich dazu beitragen, eventuelle Schuldgefühle in Bezug auf das Wohlergehen der Kinder abzubauen. Ganz oben auf der Rangliste steht ein unterstützendes Umfeld. Dabei ist es unerheblich, ob der Partner oder Verwandte einer Frau das Gefühl geben, beruhigt weggehen zu können, oder ob Freunde oder eine gute Kinderbetreuungseinrichtung ihr die Skrupel nehmen. Ent-

scheidend für ein gutes Gewissen ist, dass eine Frau grundsätzlich darauf vertrauen kann, dass ihre Kinder gut betreut werden, während sie fort ist.
Ist dieses Vertrauen vorhanden, weiß sie auch mit Kritik umzugehen und kann verhindern, dass diese ihr unter die Haut geht. Die zweiundvierzigjährige Beate weiß davon ein Lied zu singen. Als sie von ihrer mehrwöchigen Mountainbike-Tour durch Marokko zurückkam, sah sie sich der geballten Entrüstung anderer Kindergarten-Mütter ausgesetzt, die nicht verstehen konnten, dass eine Frau ihre Kinder der Obhut des Vaters überlässt.

> Irgendwelche Mütter, mit denen ich nie groß Kontakt hatte, sind mich angegangen und haben gesagt: »Chrissie hat viel geweint, kümmert dich das denn nicht?« Worauf ich dann oft gesagt habe: »Du, wenn es mich kümmern würde, dann könnte ich nicht über den Atlas fahren.« Einfach, weil ich mich darüber geärgert habe. Natürlich hat es mich gekümmert, aber ich wusste ja, dass sie im Kindergarten gut aufgehoben ist. Peter ist ab vier Uhr zu Hause, er macht seine Sache gut, die Kinder leiden keinen Mangel, nur weil ich drei Wochen weg bin. Und ich denke, das ist etwas, was man als Frau schlicht überwinden muss. Natürlich frage ich mich, funktioniert auch alles? Und ein, zwei Wochen, bevor ich weggefahren bin, habe ich mich gefragt, Mensch, ist das jetzt richtig? Und bleibst du nicht doch lieber daheim? Da hat man schon Gewissensbisse. Aber ich meine, wenn man denen immer nachgibt, dann kommt man einfach nicht weg.

Beate weiß, dass sie ihre Kinder dem Vater unbesorgt überlassen kann, und sie hat Erfahrung im Wegfahren. Deshalb war sie in der Lage, den Vorwürfen selbstbewusst zu begegnen.
Je weniger ausgeprägt das Vertrauen ist, beispielsweise weil es sich um die erste Auszeit handelt oder die Kinder noch sehr klein sind, desto größer ist auch die Unsicherheit. Eine Urlaubsbekannte machte der Erzieherin Swenja während ihrer ersten Auszeit den abgedroschenen Vorwurf, sie sei eine Rabenmutter, weil sie ihren kleinen Sohn beim Vater zu Hause gelassen hatte. Rückblickend schätzt Swenja die Situation so ein:

> Die Kritik mit der Rabenmutter hat mir zugesetzt. Ich wusste nicht, wie ich reagieren sollte, und zog mich deshalb zurück. Bei weiterem Überlegen merkte ich, dass dieser Punkt bei mir damals noch eine Schwachstelle war. Ich war das erste Mal ohne Kind aus dem Haus und kam mir selber ein bisschen leer vor. Wahrscheinlich hatte ich selbst dieses Denken noch im Hinterkopf, dass es wohl nicht ganz okay ist, was ich mache. Mittlerweile habe ich da Stärke gewonnen und seither auch keine Kritik mehr erhalten …

Wie Swenja machen viele Frauen die Erfahrung, dass es ihnen mit jeder Auszeit leichter fällt, wegzufahren und loszulassen. »Dadurch, dass ich es immer häufiger gemacht habe, ist es jetzt selbstverständlich«, berichtet Margret, die mit zwei Tagen Paris angefangen hat, heute regelmäßig für eine Woche wegfliegt und für die Zukunft zweiwöchige Auszeiten anstrebt.
Diese Erfahrung sollten Sie unbedingt beherzigen, wenn Sie zum ersten Mal eine Auszeit planen und das schlechte Gewissen nicht ruhen will. »Von meinem Gefühl her war das im

Unterschied zum ersten Mal der reine Genuss, weil ich diese Erfahrung im Rücken hatte und weil ich wusste, es geht ihnen allen gut«, berichtet die Journalistin Britt von ihrer zweiten Fahrt ins Ausland. Vertrauen Sie darauf, dass dieses Gefühl sich auch bei Ihnen einstellen wird und sorgen Sie für eine gute Kinderbetreuung, dann werden Ihre Schuldgefühle schon bald der Vergangenheit angehören.

Die Bedürfnisse der Kinder berücksichtigen

Der zweite Aspekt, der Frauen hilft, Gewissensbisse abzubauen, ist das Gefühl, die eigenen Auszeiten auf die Bedürfnisse der Kinder abgestimmt zu haben. So wählen manche den Ort, an dem sie ihre Auszeit verbringen wollen, danach aus, dass sie im Notfall schnell nach Hause fahren oder ihren Aufenthalt verkürzen können.

> Ich fahre, kann man sagen, eigentlich mehrmals im Jahr alleine weg. Vor dem Kind bin ich immer auf die Kanaren gefahren, Pizbuin-Stellung und Lesen, jetzt fahre ich mehrmals im Jahr an die Nordsee, weil ich mir im Moment nicht so sicher bin, ob ich ohne Kind so weit wegfahren kann. Von dort kann ich jederzeit zurückkommen, wenn er mich brauchen sollte, aber das hat er noch nie…
> *Maria, 42, Außendienstmitarbeiterin, 1 Ki.*

Viele andere richten, wie die Lehrerin Margret, die Dauer der Auszeit am jeweiligen Alter und der Bedürftigkeit der Kinder aus.

> Dann haben wir uns mal ein Wochenende genommen und sind nach Paris gefahren. Einfach mal zwei Tage abschalten,

viel mehr hat man noch nicht gepackt – innerlich – der Kinder wegen, und je älter die wurden, umso länger wurde das ausgedehnt.

Je jünger die Kinder, desto kürzer die Auszeiten, lautet die Devise der meisten Frauen. Und dort, wo trotz sehr kleiner Kinder relativ lange Auszeiten genommen werden, ist es umso wichtiger, dass Punkt eins, das Vertrauen in die Kinderbetreuung, stimmt.
Anderen Frauen ist es wichtig, sich bewusst zu machen, dass sie sowohl ihre Auszeiten als auch ihre Arbeitszeiten an die Bedürfnisse ihres Nachwuchses angepasst haben, und schaffen es auf diese Weise, ohne schlechtes Gewissen dazu zu stehen, dass sie ein Recht auf ihre Freiräume haben.

Ich muss dazusagen, dass ich nur vormittags arbeite, so also genügend Zeit für meinen Sohn habe und mir deshalb ruhigen Gewissens auch die Zeit [für Auszeiten] nehme. Ich habe zu keiner Zeit ein schlechtes Gewissen, weiß natürlich nicht, wie es aussähe, wenn ich mehr arbeiten würde. Nur, das kam für mich nicht infrage, wir schränken uns lieber finanziell ein, sind aber zufrieden und ausgeglichen mit dem gewissen Freiraum, den, meiner Meinung nach, jeder braucht und sich leider die wenigsten zu nehmen trauen.
Swenja, 38, Erzieherin, 1 Ki.

Wenn Sie bei der Planung einer Auszeit dafür sorgen, dass Ihr Sprössling in guten Händen ist, während Sie fort sind, und wenn Sie sich darüber hinaus sagen können, in ausreichendem Maße Rücksicht auf die Bedürfnisse Ihrer Lieben genommen zu haben, verkleinern Sie die Gefahr quälender Gewissensbisse immens. Sollten die Schuldgefühle Sie dennoch weiter verfolgen, stellen Sie sich an den Herd und kochen Sie deren sämtliche Lieblingsgerichte, aber seien Sie nicht enttäuscht, wenn diese nach Ihrer Rückkehr noch im Eisfach liegen. Betrachten Sie es dann als einmalige therapeutische Übung nur für Sie selbst.

Die Gegenprobe: Glücklich ohne Schuldgefühle

Den Beweis dafür, dass die oben genannten Maßnahmen greifen, liefern Frauen, denen eine Auszeit kein schlechtes Gewissen (mehr) bereitet. Die Gründe dafür haben ausnahmslos mit der Kinderbetreuung zu tun und natürlich mit der Tatsache, dass diese Frauen es selbstverständlich finden, hin und wieder eine Auszeit verdient zu haben.
So berichtet die Mehrzahl derjenigen, die unbeschwert ihre Auszeiten antreten, sie hätte absolutes **Vertrauen in die Betreuung ihres Kindes** und genösse die **Unterstützung** derjenigen, die ihnen wichtig sind.

> Das wurde sehr unterstützt und hat mir auch viel Freiraum gegeben, um meinen Beruf zu lernen. Und meine Schwiegereltern haben das auch getan. Wir haben uns abgewechselt, sodass wir als Eltern und zwei Großelternpaare für Uta sechs Bezugspersonen waren. Ich finde das wunderbar.
> *Mechthild Georg, 49, Konzert- und Opernsängerin, 2 Ki.*

Auch die **Unterstützung des Partners** spielt bei Frauen, die ohne Gewissensbisse eine Auszeit nehmen können, eine große Rolle. Wer sich seiner Rückendeckung sicher ist, kann offensichtlich ohne Bedenken loslassen und fortgehen. Die Theologiereferendarin Carla, die sich für eine Woche in ein Kloster zurückzog, um ihre Doktorarbeit zu beenden, berichtet, ihr sei die Trennung von ihrer damals noch sehr kleinen Tochter nicht leicht gefallen. Daher nahm sich ihr Mann nicht nur Zeit, um abwechselnd mit einer Tagesmutter seine Filia zu betreuen, sondern unterstützte Carla auch emotional beim Durchhalten ihrer selbstgewählten Trennung von der Familie.

Andere Frauen mit »glücklichen Auszeiten« stimmten Beginn, Dauer und / oder Form ihrer **Auszeit** stark **auf die Bedürfnisse der Kinder** ab. Amelie und Isabelle zum Beispiel warteten, bis ihre Kinder erwachsen waren, ehe sie darangingen, in ihrem Leben tief greifende Veränderungen vorzunehmen und sich dauerhafte Ehe-Auszeiten einzurichten.

Die leidenschaftliche Bergsteigerin Carola schränkte die Zahl ihrer Bergtouren für einige Jahre ein, weil ihr zweiter Sohn mit einer Behinderung zur Welt kam, die intensive Zuwendung und Betreuung erforderte. Sobald ihre Kinder unabhängiger wurden, fing sie an, wieder häufiger und mit noch größerem Ehrgeiz in die Berge zu gehen.

Wenn es Ihnen nicht behagt, Ihre Auszeit zu verkürzen oder zurückzustellen, sollten Sie nach anderen Möglichkeiten suchen, Ihre eigenen und die Interessen Ihres Kindes in ein ausgewogenes Verhältnis zu bringen. Als Alternative bietet sich an, gleich nach einer passenden Form der Kinderbetreuung und ausreichend moralischer Rückenstärkung zu suchen.

Deutliche Entspannung im Hinblick auf ein schlechtes Gewissen bringt auch die von fast allen Frauen gemachte Erfahrung, dass das **Loslassen mit jeder Auszeit leichter** wird.

Carola stellte für sich fest, »wenn ich eine gemacht habe, geht die nächste leichter und die übernächste geht noch leichter«, und diese Formel ist übertragbar auf alle Arten von Auszeit. Wenn die Voraussetzungen stimmen, allen voran die Kinderbetreuung, können Auszeiten, gemessen am Alter der Kinder, früh oder spät, kurz oder lang angegangen werden, ohne unter quälenden Schuldgefühlen leiden zu müssen.

> Bei der Vorbereitung und Durchführung wurde ich immer von meinem Mann unterstützt, auch in finanzieller Hinsicht. Außerdem hatten wir eine gut funktionierende Nachbarschaft, die Kinderbetreuung und -versorgung organisierten wir oft gemeinsam. Das hat es mir sehr erleichtert.
> *Karin, 44, MTA, 2 Ki.*

Ein weiterer, bisher noch unerwähnt gebliebener Aspekt ist das Wissen darum, seinen Kindern nicht nur generell, sondern speziell der eigenen Tochter ein **gutes Vorbild** zu sein. Auch dieses Bewusstsein kann Frauen in dem Gefühl bestärken, mit einer persönlichen Auszeit das Richtige zu tun, und es kann das Aufkommen von Schuldgefühlen verhindern. Die Professorin Isolde füllte diese Vorbildfunktion nicht nur in der Familie, sondern auch an ihrem Arbeitsplatz, der Hochschule, aus. Dass der Anteil an weiblichen Hochschulkräften noch immer äußerst gering ist, ist für Studentinnen Alltag. Doch wie sollen sie angesichts dieser Situation Vorstellungen von einer wissenschaftlichen Karriere entwickeln, wenn sie sich gleichzeitig auch eine Beziehung und Familie wünschen? Der berufliche Erfolg Isoldes war deshalb nicht nur ihren eigenen Kindern, sondern auch ihren Studentinnen Vorbild und Ansporn.

> Meine Studierenden haben in den Sprechstunden immer gesagt: »Sie sind so wichtig für uns, dass Sie da sitzen und so weit gekommen sind und eine ganz normale Frau sind.« Das war für meine Studentinnen ganz wichtig und deshalb habe ich in entsprechenden Gremien immer gefordert: »Sie müssen mehr Frauen einstellen, wir brauchen mehr Vorbilder für die jungen Frauen.« In unserem Fach studieren doch 70 bis 80 Prozent Frauen, die brauchen mehr Vorbilder. Fünf Prozent Professorinnen reichen einfach nicht aus. Die müssen sehen, da sitzen Frauen. Und diese Frauen können das, die machen das und sie können trotzdem Frauen bleiben und müssen nicht irgendwelche hehren Wesen werden.

Die Sängerin Mechthild Georg berichtet von ihrer Erfahrung bei der Erziehung ihrer beiden Töchter, dass heranwachsende Kinder gegenüber Müttern, die autonom sind und eigene Bereiche pflegen, mehr Respekt entwickeln.

> Wenn Kinder erfahren, dass ihre Mütter, die sie sehr lieben, jeden Tag einen Zeitraum für sich alleine in Anspruch nehmen und den produktiv nutzen, ist das eine hoch positive Erfahrung ... Für die Mädchen ist eine solche Mutter auch ein Vorbild, und zwar nicht durch Worte und irgendwelche Theorien, sondern gelebtes Vorbild.

Allen Distanzierungsversuchen zum Trotz lernen junge Menschen vom Vorbild der Älteren. Vielleicht hilft Ihnen dieser Gedanke, wenn Sie über Ihr schlechtes Gewissen nachdenken. Sie sind das größte Vorbild für Ihre Kinder und wenn Ihre Tochter bei Ihnen beobachtet, dass Sie Ihre eigenen Wünsche und Bedürfnisse ernst nehmen und ihnen Raum,

Zeit und Geld einräumen, wird es für sie später selbstverständlich sein, das Gleiche für sich zu beanspruchen. Ihr Sohn dagegen wird von Anfang an lernen, dass persönliche Freiräume für Frauen ebenso selbstverständlich sind wie für Männer. Die Moderatorin Susanne Fröhlich brachte diesen Wunsch nach größerer Selbstverständlichkeit auf den Punkt: »Ich bin die Mutter, aber kein Opferlamm, und ich bin die Partnerin, aber nicht die Dienerin. Je mehr Frauen das offen aussprechen und ihre Rechte einfordern, desto einfacher wird es.«

Resümee

Wenn Ihnen der Gedanke oder die Durchführung einer Auszeit Schuldgefühle bereitet, sind Sie in guter Gesellschaft. Die Mehrzahl aller Auszeiten nehmenden Frauen berichtet, zumindest zeitweilig unter einem schlechten Gewissen zu leiden. In ausgeprägter Form zeigen sich Schuldgefühle vor allem bei Frauen, die nicht wirklich davon überzeugt sind, dass ihnen eine solche Zeit ohne Familie zusteht. Glücklicherweise sind diese Schuldgefühle meist nur beim ersten Mal besonders intensiv und werden mit jeder weiteren Auszeit schwächer. Besonders gern machen sich Gewissensbisse auf folgenden Gebieten bemerkbar:

Manche Frauen meinen, ihre Auszeit nur dann genießen zu können, wenn es ihrem Mann emotional ebenfalls gut geht.

Andere fürchten, ihre Familie über Gebühr zu belasten, weil diese für einige Zeit Arbeiten auf sich nehmen muss, die ansonsten von der Frau erledigt werden.

Wieder andere haben Angst, die Familie müsse vielleicht Entbehrungen in Kauf nehmen, wenn eine Frau sich für eine Weile auf ihre eigenen Interessen konzentriert, und eine weitere Gruppe berichtet von Hemmungen, Geld aus der Familienkasse für sich allein in Anspruch zu nehmen.

Alle diese Befürchtungen spiegeln die Angst, gegen das gesellschaftlich verankerte Idealbild der aufopferungsvollen Ehefrau und Mutter zu verstoßen. Frauen haben gelernt, dass es sich für eine Frau, die Mann und Kind(er) hat, nicht gehört, sich etwas zu gönnen, das nicht gleichzeitig der Familie zugute kommt, oder dass sie überhaupt Interessen hegt, die nichts mit der Familie zu tun haben.

Diese Schuldgefühle abzuschütteln ist schwer; schließlich haben Frauen von klein auf gelernt, sich für Beziehungen alleinverantwortlich zu fühlen. Trotzdem sollten Sie sich unbedingt bewusst machen, dass niemand auf den Gedanken käme, einen Mann, der sich neben Ehe und Familie in seinem Beruf und seinen Hobbys engagiert, für einen schlechten Ehemann und Vater zu halten. Machen Sie den gleichen Anspruch auch für sich geltend.

Praktisch können Sie Ihren Schuldgefühlen entgegenwirken, indem Sie vor der Abreise dafür Sorge tragen, dass Ihre Lieben in der Zeit Ihrer Abwesenheit gut versorgt sind (möglichst nicht bis ins letzte Detail). Je nach Schweregrad der Gewissensbisse legen manche Frauen Vorräte auf einen Monat und mehr an. Im Regelfall tun sie es nur ein einziges Mal, weil sie nach ihrer Rückkehr feststellen, dass ihre akribischen Vorbereitungen überflüssig waren. Tun Sie es, wenn es Ihnen hilft, Ihre Schuldgefühle abzumildern, und lassen Sie es beim nächsten Mal bleiben, wenn Sie sich sicherer fühlen.

Ein ganz entscheidendes Kriterium dafür, beruhigt weggehen zu können, ist für die meisten Frauen mit Kindern eine zu-

verlässige und gute Kinderbetreuung. Darauf sollten Sie Zeit und Mühe verwenden, die sich garantiert auszahlt. Sie ermöglichen sich damit nämlich, Ihre Auszeit wirklich zu genießen, und können eventueller Kritik besser begegnen.
Hilfreich beim Kampf gegen das schlechte Gewissen ist es auch, *bewusst* darauf zu achten, bei der Gestaltung der eigenen Auszeiten die Bedürfnisse der Kinder zu berücksichtigen. Für manche Frauen ergibt sich daraus, eine Auszeit zeitlich relativ kurz (aber dafür häufiger) zu planen, andere legen ihren Aufenthaltsort in nicht allzu weite Ferne, um gegebenenfalls schnell zurückkehren zu können. Und wieder andere intensivieren ihre Auszeiten erst, wenn die Kinder bereits relativ selbständig sind.
Frauen sollten sich vor Augen halten, dass sie ihren Kindern ein gutes Vorbild sind, wenn sie – für alle sichtbar – die eigenen Bedürfnisse und Interessen ebenso ernst nehmen wie die anderer Menschen. Das ist keine Selbstsucht, sondern Ausdruck einer gesunden Selbstachtung, die Sie Ihren Kindern sicherlich vorleben und beibringen wollen.
Die meisten Frauen stellen fest, dass sie ihre Auszeiten mit jedem Mal leichter organisieren, durchsetzen und durchführen können, weil die Schuldgefühle von Mal zu Mal geringer werden. Viele Bedenken stellen sich im Nachhinein als unbegründet heraus, weil die Familie weder überfordert ist, noch Entbehrungen hinnehmen muss; weil die Kinder davon profitieren und nicht darunter leiden, wenn sie von anderen Menschen betreut werden; und weil die Finanzierung von Auszeiten im Allgemeinen keinen Konfliktstoff darstellt. Diese Erfahrungen sollten Ihnen Mut machen, es einfach auszuprobieren.

7. Reaktionen

Wenn fünfzig Millionen Menschen
etwas Dummes sagen, bleibt es
trotzdem eine Dummheit.
Anatole France (1844–1924)

»Wie wird mein Mann reagieren, wenn ich ihm erzähle, dass ich eine Auszeit nehmen will? Was sagen die Kinder, die Eltern und Schwiegereltern, die ArbeitskollegInnen und FreundInnen?« Kaum einer Frau gehen diese Gedanken nicht durch den Kopf, sobald sie das erste Mal daran denkt, eine Auszeit zu nehmen. Die persönliche Situation ist zwar bei jeder Frau anders, abhängig davon, in welcher Art von Partnerschaft sie lebt und wie sich die familiäre Aufgabenverteilung entwickelt hat. Dennoch gibt es einige grundlegende Faktoren, die Frauen helfen können, ihre eigene Situation besser einzuschätzen, sich auf bestimmte Reaktionen einzustellen und auch unrealistische Erwartungen an sich und andere über Bord zu werfen.

Wie die Partner, Kinder, Angehörigen und FreundInnen der von mir befragten Frauen auf die Idee einer Auszeit reagiert haben, wie diese Reaktionen interpretiert werden können und was Sie für Ihre eigenen Auszeitpläne daraus folgern können, erfahren Sie in diesem Kapitel.

Der Partner

Im Allgemeinen stehen die Chancen gut, dass Ihr Partner auf Ihre Idee, eine Auszeit zu nehmen, positiv reagieren wird. Gut die Hälfte der Männer steht diesem Wunsch von Anfang an positiv gegenüber. Die anderen legen eine eher passiv-tolerierende Haltung an den Tag oder reagieren – allerdings nur zu einem geringen Teil – eher negativ auf die Idee.

Welche Art von Auszeit eine Frau anstrebt, ob sie beruflicher oder privater Natur sein soll, ob sie Abstand gewinnen muss oder sich kreativ betätigen möchte, ob die Auszeit für einige Tage oder für mehrere Wochen geplant wird, hat auf die grundsätzliche Haltung eines Partners so gut wie keinen Einfluss. Positive wie negative Reaktionen verteilen sich gleichmäßig auf alle Arten von Auszeiten, ob beruflich oder privat, lang oder kurz, sporadisch oder regelmäßig. Denn die Haltung eines Mannes zur Auszeit seiner Frau sagt weniger über die geplante Auszeit selbst aus, als darüber, wie es um seine Zufriedenheit mit der Beziehung und mit seinem Leben insgesamt bestellt ist.

Positive Reaktionen

Männer, die mit ihrem Leben und mit ihrer Beziehung zufrieden sind, reagieren überwiegend positiv auf eine Auszeit der Partnerin. Diese Erkenntnis kann allen Frauen Mut machen, die mit Auszeiten noch keine Erfahrungen gesammelt haben, aber wissen, dass ihr Mann mit seinem Leben glücklich ist. Höchstwahrscheinlich wird er gegen ihre Pläne keine Einwände erheben und sie im günstigsten Fall sogar unterstützen.

Häufig geschieht diese Unterstützung nicht ganz uneigennützig, denn auch zufriedene Männer reagieren vor allem dann positiv auf die Auszeit der Partnerin, wenn sie ein persönliches Interesse damit verknüpfen. Nicht die Tatsache, dass eine Frau sich gesundheitlich erholen muss, sie schon lange von einem bestimmten Vorhaben träumt oder dem Partner die restliche Zeit des Jahres den »Rücken freihält«, prägt die positive Haltung eines Mannes, sondern besonders der Umstand, dass *ihre* Auszeit *seinen* Interessen entgegenkommt.

Nimmt der Partner beispielsweise selbst Auszeiten in Anspruch oder lässt er sich durch das Beispiel seiner Frau dazu anregen, muss sie sich hinsichtlich seiner Einstellung keine Gedanken machen. Dabei können Art und Dauer seiner Auszeiten gänzlich anders gestaltet sein als die seiner Frau. Ausschlaggebend ist sein Gefühl, dass seine Partnerin sich nicht mehr und nicht weniger Freiheiten nimmt als er selbst.

Als die achtunddreißigjährige Hausfrau Ute ihrem Mann zum ersten Mal mitteilte, dass sie gern für eine Woche verreisen wolle – ohne ihn und die drei Kinder –, reagierte ihr Mann nach anfänglichem Zögern positiv, weil ihm einfiel, was er selbst in einer solchen Woche unternehmen könnte:

> Er fand die Idee generell gut. Machte zur Bedingung, dass er eine Woche Rad fahren kann, was ich wiederum gut finde, weil ich denke, dass er viel weniger Freizeit hat als ich.

Für andere Paare sind Auszeiten ein selbstverständlicher Bestandteil ihrer Beziehung, die auch dann beibehalten werden, wenn sich Kinder einstellen. Oder sie beginnen nach der Geburt von Kindern, wenn die familiären Belastungen zunehmen, damit, sich abwechselnd Auszeiten zu nehmen und zu gönnen.

Selbstverständliche Unterstützung, die nicht an Gegenleistungen geknüpft sein muss, können Frauen häufig dann erwarten, wenn sie innerhalb einer partnerschaftlich orientierten Beziehung berufliche Auszeiten planen. Partnerschaftlich orientierte Männer legen zunehmend Wert darauf, eine beruflich engagierte Frau zu haben, weil es nicht zu ihren Lebensvorstellungen gehört, den alleinigen Brotverdiener zu spielen. Deshalb zeigen sie sich bisweilen gern bereit, ihrer Partnerin bei der Planung und auch bei der Durchführung ihrer Auszeit unter die Arme zu greifen.
So unterstützte der Ehemann der Hochschullehrerin Isolde seine Frau beim Aufbau ihrer Karriere nach Kräften, weil eine beruflich engagierte und erfolgreiche Frau zu seiner Vorstellung von einer gleichberechtigten und intellektuell anregenden Partnerschaft dazugehörte. Als Isolde eine Gastprofessur angeboten wurde, die voraussetzte, für ein Jahr zwischen ihrem Arbeitsplatz und dem Wohnort der Familie zu pendeln, konnte sie bei dieser Entscheidung auf seine Unterstützung zählen.

> Mein Mann hat es gleich sehr positiv gesehen, weil es einfach auch eine Kontinuität war, die er unterstützt hat. Er hat sich gefreut, dass ich eine Stelle kriegte, dass ich einen Ruf kriegte, hat sich immer gefreut, wenn ich irgendwas erreicht habe.

Positiv-ambivalente Reaktionen

Viele Frauen berichten, dass ihr Partner die Auszeiten grundsätzlich positiv sehe, gleichzeitig jedoch immer auch ein wenig neidisch sei. Allerdings hält dieser Neid den Mann so gut wie nie davon ab, seine Partnerin zu unterstützen.

Eine solche Mischung aus Unterstützung und Neid findet sich vor allem dort, wo Männer beruflich stark eingespannt sind und selbst keine Möglichkeit haben, eine eigene Auszeit anzugehen, oder in Beziehungen, in denen sie zwar ebenfalls Freiräume für sich in Anspruch nehmen, jedoch andere Prioritäten setzen.

> Die Idee fand er unmittelbar gut. Ich habe mich dann über die Bedingungen genauer informiert und dann haben wir das durchgesprochen. Jetzt ist er halt neidisch, was auch verständlich ist. Aber er hat mich trotzdem immer unterstützt ... Er macht dann eben andere Sachen, spielt Tennis oder sonst etwas. Das ist sein Bereich, den er ausbaut ... Er kann kein Sabbatjahr machen, dann sind seine Kunden weg.
> *Angela, 43, Lehrerin*

Dieser emotionale Zwiespalt vieler Männer ist nachvollziehbar und harmlos, solange er auf die Haltung des Mannes gegenüber der Auszeit der Partnerin keinen Einfluss nimmt.

Wenn eine Frau sich von ihrem Mann unterstützt und bestärkt fühlt, ihr Vorhaben umzusetzen, muss sie keinen Anstoß daran nehmen, dass er auf ihre Pläne ein wenig neidisch ist, weil sich auf seinem Schreibtisch vielleicht die Arbeit stapelt. Mit Unterstützung und Beistand können Frauen auch dort rechnen, wo sich der Mann für die von seiner Frau betriebenen oder für ähnliche Hobbys interessiert. Auch in solchen Fällen sind auf seiner Seite mitunter Gefühle von Neid und Rivalität involviert, die seiner Einstellung gegenüber ihren Auszeiten jedoch keinen Abbruch tun müssen. Ein gutes Beispiel dafür ist der Mann der Bergsteigerin Carola, der wie seine Frau sportlich sehr aktiv ist, jedoch überwiegend in anderen Bereichen. Bei den schwierigen Klettertouren, die seine Frau unternimmt, kann er nicht mithalten, sodass er ihre Aktivitäten oft halb stolz, halb neidisch verfolgt, berichtet Carola. Dennoch fühlte sie sich von Anfang an von ihm unterstützt.

> Einerseits reagiert er mit Stolz und einer ganz positiven Bestärkung, ja eigentlich vorwiegend positiv. Aber das Negative ist so ein bisschen der Neid, der bei ihm mitspielt, weil er eben durch seinen Beruf sehr eingespannt ist und seinerseits solche Sachen nicht machen möchte. Das ist ihm zu steil, da hat er Angst davor, das sagt er auch, aber manchmal denke ich, er hat auch nicht den Dampf, wie ich ihn habe, zu trainieren und dann etwas anzugehen, sonst täte er es vielleicht … Einerseits möchte er und andererseits traut er sich nicht. Er hat inzwischen allerdings auch festgestellt, dass er nie so klettern kann wie ich, weil ich einfach eine große Bewegungsbegabung habe.

Mitunter ist es auch eine Mischung aus verschiedenen Aspekten, aus geteilten Interessen, starker beruflicher Anspannung, anders gelagerten Prioritäten und / oder Stolz auf das Engagement der Frau, die beim Mann zwiespältige Emotionen hervorruft, ohne dass seine grundsätzlich positive Haltung dadurch Schaden nimmt. Und wenn Ihr Partner mit seinen gemischten Gefühlen gut umzugehen weiß, dann sollten Sie sich davon erst recht nicht verunsichern lassen.

Passiv-tolerierende Reaktionen

Männer, die der Auszeit ihrer Partnerin eher indifferent gegenüberstehen, neigen dazu, ihre Pläne mehr oder weniger hinzunehmen und sich mit der Situation zu arrangieren. Hier wie in allen anderen Fällen spielt die Art der Auszeit keine Rolle. Vielmehr können hinter einem passiv-tolerierenden Verhalten Ängste und Unsicherheiten des Mannes stehen, ebenso wie die Befürchtung, die häuslichen Angelegenheiten oder die Kinderbetreuung könnten ihm in ihrer Abwesenheit über den Kopf wachsen. Die dreiundvierzigjährige Krankenschwester Birgit, Mutter von drei Kindern im Alter zwischen drei und zwölf Jahren, beschreibt die Reaktion ihres Mannes als »nicht ablehnend, aber auch nicht gerade erfreut«, weil er sich nicht sicher gewesen sei, ob zu Hause alles gut gehen würde, wenn sie für drei Wochen nach Thailand fährt.

Andere Männer hegen die Befürchtung, eine vorübergehende Trennung könne vielleicht das Ende der Ehe einläuten, und schaffen es aus diesem Grund nicht, sich für die Idee einer Auszeit zu erwärmen. So ging es auch dem Mann von Amelie, die nach über zwanzig Jahren Ehe beschloss, in eine andere Stadt zu ziehen, eine Umschulung zu machen und ein von ihrem Mann unabhängigeres Leben zu führen. Dass Amelie in diesem Schritt die letzte Chance sah, ihre Ehe zu retten, war eine Einsicht, die ihr Mann anfangs nicht teilte. Er betrachtete die Auszeit zunächst als eine vorübergehende Episode, die er nach Beendigung so schnell wie möglich vergessen wollte. Doch dazu ließ es Amelie nicht kommen. Da sich ihr eigenes Wohlbefinden und ihre Beziehung durch die getrennten Wohnsitze enorm verbesserten, beschloss sie nach einem Jahr Auszeit und einer kurzen Rückkehr in die gemeinsame Wohnung, daraus eine dauerhafte Einrichtung zu machen – mit Erfolg! Ihr Mann hingegen war trotz der spürbaren Verbesserungen hin und her gerissen:

> Mein Mann wusste nicht, ob er weinen sollte oder nicht. Er hatte nach dem Jahr das Gefühl, das ist ja alles schön und gut gewesen, sie hat ihre Freiheit gehabt, aber jetzt können wir wieder. Jetzt ist sie, Gott sei Dank, wieder zu Hause. Jetzt wollen wir das Experiment mal beenden. Ist nochmal alles gut gegangen, es hätte auch schief gehen können.
> Und dann kam die zweite Trennung. Das war für mich noch einmal ein wesentlich schwererer Schritt, weil wir uns besser verstanden haben. Aber ich habe gesagt, wenn ich hier bleibe, wird das nicht lange gut gehen. Dann wird keiner etwas davon haben, weil ich völlig abrutsche. Ich muss raus.

Eine weitere Angst, die Männer davon abhalten kann, die Auszeit ihrer Partnerin positiv zu sehen, ist die Befürchtung, sie könnte ihm in der Zwischenzeit untreu werden. Gelegentlich haben solche Ängste einen durchaus realen Kern, weil es in der Beziehung kriselt oder die Partnerschaft durch Familien- und Berufsalltag zu sehr in den Hintergrund getreten ist. Daran lässt sich etwas ändern, allerdings nicht dadurch, dass eine Frau auf ihre Auszeit verzichtet. Dies würde die ohnehin bestehenden Beziehungsprobleme nur verschärfen. Eine Auszeit hingegen kann einer Frau Gelegenheit geben, ihre Situation in Ruhe zu überdenken und die Probleme nach ihrer Rückkehr mit aufgeladenen Batterien anzugehen.
Männer, deren eigene Belange von der Auszeit ihrer Frau nicht berührt werden, neigen keineswegs dazu, diese zu begrüßen. Obwohl mit einer Auszeit für sie keinerlei zusätzliche Belastungen oder Beeinträchtigungen verbunden sind, können auch sie eine eher passiv-tolerierende Haltung an den Tag legen. Da ihr eigenes Leben und ihre persönlichen Interessen von der Auszeit nicht betroffen sind, sehen sie keinen Grund,

sich für das, was ihre Frau zu tun gedenkt, sonderlich zu interessieren.
Als die Lehrerin Sylvia ein Sabbatjahr einlegte, um einen Zusatzabschluss zu machen, reagierte ihr Mann eher gleichgültig. Sylvia ist die Hauptverdienerin der Familie und trägt die Hauptverantwortung für Haushalt und Familie. Da sie diese Aufgaben auch während des Sabbatjahres weiter wahrnahm, blieb das Leben ihres Mannes von ihrer Auszeit relativ unberührt. Dies spiegelt sich auch in seiner Reaktion:

> Ich habe meinen Mann davon in Kenntnis gesetzt. Er hatte nichts dagegen. Es war ihm eigentlich egal, da wir weiterhin finanziell abgesichert waren.
> *Sylvia, 39, Lehrerin, 3 Ki.*

Eine solche Einstellung mag für eine Frau nicht sonderlich ermutigend sein, sollte sie jedoch darin bestärken, seine Einstellung ebenso »leidenschaftslos« zur Kenntnis zu nehmen und ihre Auszeit anzugehen.

Negative Reaktionen

Nur eine Minderheit der von mir befragten Frauen berichtet von einer explizit negativen Reaktion ihres Mannes auf die Idee einer Auszeit. Im Umkehrschluss, dass positive Reaktionen von Männern auf die Auszeit ihrer Partnerin auf eine positive Beziehung zurückzuführen sind, lassen sich viele negative Reaktionsweisen mit der persönlichen Unzufriedenheit des Mannes erklären. Ursache dieser Unzufriedenheit ist häufig, dass sich gewisse Aspekte seines Lebens ganz anders entwickelt haben als ursprünglich vorgestellt.
Wer als Mann eher traditionelle Vorstellungen von Ehe und

Familie hegt, aber eine Frau heiratet, die entgegengesetzte Ansichten vertritt und mit Leidenschaft ihrem Beruf nachgeht, sich gern in der Öffentlichkeit und unter fremden Menschen bewegt, wird besonders anlässlich von Auszeiten auf diesen Widerspruch reagieren. Eifersucht und Verärgerung über solche vermeintlichen Rollenverstöße der Frau sind dann nahe liegende Reaktionen.
Der Mann einer meiner langjährigen Freundinnen hatte ursprünglich ein recht traditionelles Frauenbild, dem seine Frau ganz und gar nicht entsprechen wollte. Kein Wunder also, dass der Annäherungsprozess in der Beziehung nicht ohne Konflikte verlief:

> Ein bisschen studieren, ein bisschen Lehrerin sein und ansonsten hier schön häuslich, nicht so auffällig, nicht so laut lachen, nicht so schick anziehen – das war die Schiene, die er sich für mich vorstellte. Das habe ich sehr bald gemerkt und habe massiv dagegen gekämpft.

Vor allem Männer, die in Bezug auf ihre Beziehung unsicher sind, fürchten häufig, ihre Partnerin könne ihnen während der Abwesenheit untreu werden, und sträuben sich, sie allein ziehen zu lassen. Dahinter steht die Angst, verlassen zu werden, die in jedem Fall ernst genommen werden sollte. Daher besteht die Hauptvorbereitung einer Auszeit für manche Frauen darin, sich intensiv mit ihrem Mann auseinander zu setzen. Es kann die Situation merklich verbessern, über diese Ängste zu sprechen und ihm klar zu machen, dass ihre Auszeiten nicht dazu genutzt werden, nach einem neuen Bettgefährten Ausschau zu halten. Schließlich lassen sich angeknackste Beziehungen, wie ich im Kapitel »Formen von

Auszeiten« schon ausgeführt habe, nur dadurch verbessern, dass man innerhalb der Partnerschaft aktiv wird, und nicht dadurch, dass man aus ihr heraustritt.

> Am Anfang war alles mit Eifersucht belegt. Eine Auszeit war potenziell immer ein Liebhaber für ihn und selbst wenn es kein Liebhaber war, war er auch auf meine Freundinnen eifersüchtig, weil er glaubte, dass ich bei denen über ihn herziehe. Den Zahn musste ich ihm langsam ziehen ... Mein Mann hat mir viel Widerstand geboten, heftigen Widerstand, aber er ist ein Mensch, der sich verändern kann, und der letztendlich nicht auf seiner Position beharrt hat, weil er gar nicht an der Erkenntnis vorbeikam, dass diese Position eine Erbschaft aus seinem Elternhaus ist und nichts Eigenes.

Auch dort, wo eine Paarbeziehung seit Jahren vor sich hin dümpelt und der Mann sich hilflos und außerstande fühlt, daran etwas zu ändern, wäre eine positive Reaktion auf eine Auszeit der Frau eher erstaunlich. Wer sich einer Beziehung nicht sicher ist, fürchtet Konkurrenz und Veränderung und reagiert auf Auszeiten mit Eifersucht und Abwehr.
Das ist natürlich kein Grund, auf eine Auszeit zu verzichten. Sie kann, im Gegenteil, einer Frau helfen, Abstand zu gewinnen und neu aufzutanken, sodass sie die Beziehungsprobleme nach ihrer Rückkehr besser angehen kann. Oder die Auszeit wird, wie im Fall von Isabelle, zum Ausgangspunkt eines Neuanfangs. Isabelles Mann war alles andere als angetan von ihrem Wunsch nach einer räumlichen Trennung. »Depressiv und dauernd krank« sei er gewesen, berichtet sie. Letztendlich aber gelang es den beiden, mit Hilfe der neu gewonnenen Distanz ihre Ehe zu retten.

> Für mich ist klar, dass ich die guten Seiten [einer Beziehung] haben will, und was der Alltag an Zänkereien mit sich bringt, bei denen die Missachtung des anderen durchkommen kann und du nicht respektiert wirst, diesen ganzen Kleinkram will ich um nichts in der Welt mehr haben. Und das passiert auch nicht mehr, weil immer die Möglichkeit dahinter steht, »wenn du mich nicht ehrst und achtest – auch wenn ich ganz genau weiß, dass wir uns brauchen, dass wir abhängig sind voneinander und keiner ohne den anderen leben will –, dann gehe ich«. Bestimmte Sachen möchte ich nicht mehr und mache sie nicht mehr mit.
> *Isabelle, 62, Therapeutin, 1 Ki.*

Ein Mann, der ursprünglich keine Kinder wollte, aber dem Kinderwunsch seiner Frau nachgab, wird kaum jemals mit Feuereifer Vaterpflichten übernehmen. Es ist daher auch wenig wahrscheinlich, dass er gern bereit sein wird, neben dem Beruf noch zusätzliche Aufgaben bei der Kinderbetreuung und im Haushalt zu übernehmen, während seine Frau eine Auszeit nimmt. Im besten Falle wird er die zusätzlichen Aufgaben hinnehmen und sich im schlimmsten Fall dagegen wehren. Daraus folgt ganz banal, je größer die Arbeitsbelastung ist, desto stärker ist auch die Abwehrhaltung des Mannes.

Diese Erfahrung musste auch Maria machen, die als Außendienstmitarbeiterin nicht nur beruflich viel unterwegs ist, sondern sich auch hin und wieder Leseferien auf einer Insel gönnt, auf der sie sich auf ihre berufliche Tätigkeit vorbereiten und gleichzeitig erholen kann. Weil sie ihre Inselaufenthalte sehr intensiv vorbereitet und viel Hilfe von außen in Anspruch nimmt, reagiert ihr Mann auf diese Auszeiten wesentlich gelassener als auf ihre beruflichen Reisen. Diese bedeuten für ihn zusätzliche Arbeit im Haushalt und bei der Kinderbetreuung, Bereiche, mit denen er sonst wenig zu tun hat. Entsprechend heftiger sind auch seine Reaktionen, wenn Maria beruflich unterwegs ist:

> Ich habe ihm erklärt, dass ich in der Zeit [des Leseurlaubs] viel lesen kann und dann einfach mehr Zeit habe für andere Dinge, und das war okay ... Meine Berufsreisen hasst er, weil er da mehr Verantwortung hat. Er hasst nicht die Reisen an sich, sondern, dass ich dann wenig Zeit für ihn habe und er sich sein Essen mittags selbst kochen und er den Kleinen abholen muss. Also die Bequemlichkeit ist weg und ich denke, das ist es.

Da sie für ihn weniger Arbeitsbelastung bedeuten als die beruflichen Abwesenheiten seiner Frau, reagiert Marias Mann auf die Auszeiten gelassener. Männer reagieren also immer da mit Widerstand, wo sie gezwungen sind, sich zusätzlich zu engagieren, obwohl sie mit diesen Bereichen noch nie viel »am Hut« hatten.

Wenn Sie vorhaben, eine Auszeit zu nehmen und darauf bauen, dass Ihr Partner in der Zwischenzeit Aufgaben wahrnimmt, mit denen er sonst nichts zu tun und von denen er noch nie viel gehalten hat, dann sollten Sie sich darauf einstellen, einige Überzeugungsarbeit leisten zu müssen. Sie werden mit Ihren Plänen bei Ihrem Mann sicher keine offenen Türen einrennen.

Dies sind nur einige Beispiele dafür, wie sich negative Reaktionen von Männern auf die Auszeit ihrer Frau erklären lassen. Sie sind natürlich kein Grund, auf eine geplante Auszeit zu verzichten. Die Erfahrung zeigt hier wie in allen anderen Fällen, dass Auszeiten Veränderungen zum Positiven bewirken. Die Haltung des Partners zu einer geplanten Auszeit – ob er positiv reagiert und seine Frau selbstverständlich unterstützt oder ob er dem Ganzen eher passiv oder gar kritisch gegenübersteht – kann die Planung, Vorbereitung und Durchführung wesentlich erleichtern beziehungsweise erschweren. Eines jedoch sollte sie auf keinen Fall bewirken: dass Sie auf Ihre Auszeit verzichten!

Von den Frauen, die ich für dieses Buch interviewte, hat sich keine durch die Einstellung ihres Partners davon abhalten lassen, eine Auszeit zu nehmen. Und nicht wenige von denen, deren Mann sich von der Idee wenig begeistert zeigte, berichten, dass seine negative Haltung sich im Laufe der Zeit gebessert habe.

> Zu den kurzfristigen Ausflügen, die zwei Tage dauern, habe ich gar nicht viel gesagt, nur: »Ich hätte mal wieder Lust, nach Paris zu fahren.« Darauf kam von meinem Mann: »Dann fahr doch, ich passe schon auf die Kinder auf.« Also so ein Wochenende war kein großes Problem.
>
> Bei einer Woche war es dann schon ein längeres Gespräch, bei dem ich auch erklärt habe, wie viel ich für die Familie mache und dass ich das einfach brauche, mal wieder ein Gefühl der Unabhängigkeit – ohne treulos zu werden –, einfach eine Auszeit. Und das führte dann am Anfang zu Anrufen, hinter denen ganz viel Eifersucht steckte. Ich hatte dann schon manchmal Angst davor zu sagen, ich will dann und dann wieder wegfahren. Aber dadurch, dass ich es immer häufiger gemacht habe, ist es jetzt selbstverständlich.
>
> *Margret, 53, Lehrerin, 2 Ki.*

Margrets Erfahrung wird von vielen Frauen geteilt und sollte auch Sie darin bestärken, sich nicht entmutigen zu lassen, falls Ihr Mann von der Idee einer Auszeit nicht begeistert ist. Versuchen Sie seine Motive zu ergründen und gegebenenfalls mit ihm darüber zu sprechen. Denken Sie jedoch daran, dass eine gewisse Portion Hartnäckigkeit und Beharrlichkeit sich auf jeden Fall bezahlt macht.

Reaktionen in Bezug auf die Beziehungsform

Die Art der Beziehung, in der ein Paar lebt, lässt gewisse Rückschlüsse darauf zu, wie ein Mann auf eine Auszeit seiner Frau reagieren wird. So müssen Frauen in **partnerschaftlich orientierten Beziehungen** seltener mit Vorbehalten rechnen, wenn sie mit ihrem Mann über ihren Wunsch nach einer Auszeit sprechen, als Frauen in traditionell geprägten Beziehungen. Auch wenn negative Reaktionen grundsätzlich in allen Beziehungsformen auftreten können, reagieren partnerschaftlich orientierte Männer häufiger positiv auf die Idee einer Auszeit. Betrachtet man die verschiedenen Varianten der gerade erläuterten positiven Reaktionen, fällt die Erklärung nicht schwer. In vielen partnerschaftlich orientierten Beziehungen sind Auszeiten für *beide* ein selbstverständlicher Bestandteil des Beziehungslebens, sodass viele Frauen mit der Idee, eine längere Auszeit zu nehmen, bei ihrem Mann auf Verständnis treffen. Zudem legen längst nicht mehr alle Männer Wert darauf, der alleinige Versorger einer Familie zu sein, sondern begrüßen die Berufstätigkeit ihrer Frau. Insofern liegt es nahe, dass sie auf die Idee einer beruflichen Auszeit ausgesprochen positiv reagieren.

Als die Bildhauerin Anne, die als Hausfrau ihren kleinen Sohn betreute und mit dem zweiten Kind schwanger war, durch ein Stipendium die Möglichkeit erhielt, auf einem Künstlergut zwei Monate lang an einem großen bildhauerischen Projekt zu arbeiten, war ihr Mann Feuer und Flamme und unterstützte sie auch praktisch:

> Er fand das natürlich toll, weil ich dort *arbeiten* konnte. Also weniger deswegen, weil auch Ole untergebracht war, sondern deswegen, weil ich etwas machen konnte, was im Studium oder sonst nicht möglich war.
> Während ich an dem Projekt gearbeitet habe, war er eine Woche da und hat mir geholfen, weil ich es sonst nicht geschafft hätte.

Auch die bereits geschilderte Mischung aus Unterstützung und Neid ist in partnerschaftlich orientierten Beziehungen zu finden, vor allem dann, wenn der Partner aus beruflichen Gründen keine Möglichkeit hat, selbst eine vergleichbare Auszeit zu nehmen. So berichtet die Journalistin Britt, ihr Mann habe sie bei der Vorbereitung und Durchführung ihrer vierwöchigen Reise in die Vereinigten Staaten nach Kräften unterstützt, dabei aber vor allem den Urlaubsaspekt ihrer Reise hervorgehoben, obwohl diese hauptsächlich beruflichen Zwecken diente.

> Er war, glaube ich, über die Dauer meiner Reise schon leicht irritiert, hat sie aber nie in Zweifel gezogen. Es ging eher nach dem Motto: »Wenn du denkst, dass das so richtig ist, dann ist das auch okay, dann kriege ich das schon hin.« Und ich glaube, er hat das von Anfang an, und tut es bis heute, gänzlich als Urlaub betrachtet. Was natürlich unfair ist, den beruflichen Aspekt ganz abzutun. Er nimmt es als

> Urlaub, den er mir gönnt, und da schwingt natürlich auch ein bisschen Neid mit. Das ist schon auch darin enthalten.

In **traditionell geprägten Beziehungen** stehen die Chancen einer Frau auf eine positive Reaktion ihres Mannes fifty-fifty. Traditionell eingestellte Männer reagieren vor allem dann positiv, wenn sie selbst ebenfalls Auszeiten nehmen. So berichtet die Ingenieurin und Lyrikerin Gisela, von ihrem Mann unterstützt worden zu sein, als ihr ein einmonatiger Aufenthalt in einem Schriftstellerzentrum auf Rhodos angeboten wurde, weil er selbst begeisterter Hobbyfotograf ist und er in dieses Hobby viel Zeit und Geld investiert.

> Er hat, auch als die Kinder noch klein waren, schon oft gesagt: »Dann fahre doch mal eine Woche irgendwohin, in eine billige Pension im Schwarzwald«, von der hatten wir gehört, »und dann schreibst du dort.« Das habe ich aus Geldmangel nie wahrgenommen, was auch richtig war. Und mehr als eine oder höchstens zwei Wochen wären einfach nicht drin gewesen. Das heißt also, er hat eigentlich immer gesagt: »Nimm es dir.« Ich habe es mir nur nie genommen … Weil er sich in dieser Hinsicht immer sehr viel mehr genommen hat als ich, sagte er: »Nimm dir halt auch mal was.«

Die bereits erwähnte Mischung aus Stolz und Neid ist gelegentlich auch bei traditionell orientierten Männern anzutreffen, beispielsweise dann, wenn sie ähnlich gelagerte Interessen haben wie ihre Frau und sich zu ihr in Konkurrenz stellen oder wenn starke berufliche Anspannung beziehungsweise anders gelagerte Prioritäten sie davon abhalten, sich ähnliche

Auszeiten zu nehmen – also aus denselben Gründen wie bei partnerschaftlich orientierten Männern.
Häufiger als bei partnerschaftlich orientierten Paaren demonstrieren Männer in traditionellen Beziehungen eine eher passiv-hinnehmende Haltung, weil sie einerseits die ungewohnte Mehrbelastung durch Haushalt und Kinderbetreuung fürchten, andererseits aber einsehen, dass ihre Frau sich eine Auszeit verdient hat.
Die von Outdoorsportarten begeisterte Beate, die als Hausfrau drei Kinder betreut, beschreibt die erste Reaktion ihres Mannes auf den Beginn ihrer Kletterleidenschaft folgendermaßen:

> Ich habe angefangen zu sagen, ich brauche meinen Freiraum und ich gehe jetzt in die Berge oder ich gehe klettern, auch am Wochenende. Das war für ihn klar. Er hat es akzeptiert, weil er gemerkt hat, dass ich das brauche. Das hat er nie infrage gestellt … Also habe ich mich angemeldet und gesagt: »Ich will das jetzt, ich probiere es aus.« »Gut«, hat mein Mann gesagt, »mach das. Wenn du meinst, dann mach das.«

Eine solche Einstellung mag nicht gerade Begeisterung widerspiegeln; dennoch kann Beate sich darauf verlassen, dass ihr Mann sich in ihrer Abwesenheit gut um die Kinder kümmert, und ruhigen Gewissens ihre Auszeit genießen. Und nur das zählt!
Da bei traditionell orientierten Männern die Auffassung, eine Frau gehöre in erster Linie ins Haus und zu den Kindern, stark verankert ist, empfinden manche den Wunsch ihrer Frau nach einer Auszeit als Verstoß gegen ihr Rollenbild, den sie besten-

falls hinnehmen, mitunter aber auch explizit ablehnen, weil das Verhalten ihrer Frau sie verunsichert. Nicht wenige negative Reaktionen von traditionell denkenden Männern lassen sich dadurch erklären. So ist beispielsweise auch die Eifersucht vieler konservativ denkender Männer auf ihr traditionelles Rollenbild zurückführen. Wenn ein Mann der Überzeugung ist, eine Frau gehe nur dann ohne Gatten und Kinder auf Reisen, wenn sie auf amouröse Abenteuer aus ist, ist Eifersucht eine fast logische Konsequenz. Gerade in diesen Fällen sollten Frauen hartnäckig und beharrlich ihre Pläne verfolgen, weil viele Männer ihr Misstrauen erst durch positive Erfahrungen abbauen lernen. So entwickelte sich die Einstellung des Mannes von Margret gegenüber ihren regelmäßigen Reisen in südliche Gefilde und den Unternehmungen mit ihren Freundinnen von anfänglicher Eifersucht und Ablehnung zu einer passiv-tolerierenden Haltung, mit der sie gut leben kann.

> Er wollte ja nicht teilhaben in dem Sinne, dass er dabei ist. Aber dass da Frauen kommen und Frauenfeste abhalten oder sonst was, und er wird irgendwo hingeschickt, während die sich über wer-weiß-was unterhalten, das war ihm suspekt. Aber mit zunehmendem Alter hat sich das alles beruhigt. Er hat sich daran gewöhnt.
> *Margret, 53, Lehrerin, 2 Ki.*

Margrets Mann musste erst lernen zu akzeptieren, dass seine Frau sich nicht automatisch illoyal verhält oder ihm gar untreu wird, nur weil sie hin und wieder etwas mit ihren Freundinnen unternimmt und den Wunsch hat, eine oder zwei Wochen im Jahr für sich zu sein.

Wenn Sie zum ersten Mal eine Auszeit planen und nicht wis-

sen, wie Ihr Partner auf diese Idee reagieren wird, sollten Sie darauf vertrauen, dass Ihr Mann sicher zu den gut 50 Prozent der Männer gehört, die mehr oder weniger positiv auf eine Auszeit reagieren. Für Frauen in partnerschaftlich orientierten Beziehungen sind die Aussichten sogar noch besser. Und schließlich müssen Sie, selbst wenn Ihr Mann eher passiv und wenig begeistert reagiert, nicht mit Schwierigkeiten rechnen.
Wenn Ihr Mann sich explizit gegen eine Auszeit ausspricht, empfiehlt es sich, die Gründe dafür herauszufinden und gegebenenfalls darüber zu reden. Und Sie sollten bedenken, dass fast alle Frauen, deren Männer ursprünglich negativ reagieren, die Erfahrung machen, dass die Situation sich im Laufe der Zeit verbessert – selbst dann, wenn sie ihre Auszeiten zunächst gegen den Widerstand ihres Mannes realisieren.
Bauen Sie darauf, dass Sie es schon beim nächsten Mal leichter haben werden und beim übernächsten Mal noch leichter. Weder Neid noch Desinteresse, Eifersucht oder Unsicherheit muss Sie davon abhalten, eine Auszeit in die Tat umzusetzen. Erfahrungsgemäß wird die Einstellung eines Mannes immer besser, aber nie schlechter.

Die Kinder

Im Kapitel »Innere Vorbereitung« habe ich die herausragende Rolle beschrieben, die Kinder in Bezug auf die Schuldgefühle einnehmen, die Frauen entwickeln, wenn sie sich eine Auszeit nehmen wollen. Umso erstaunlicher ist die Tatsache, dass die realen Reaktionen der Kinder auf die Nachricht ihrer bevorstehenden Auszeit in keinem Verhältnis zum Ausmaß der

Besorgnis und der Schuldgefühle der Mutter stehen. Die Reaktionen der Kinder geben Müttern also keinen Anlass, sich derart um ihren Nachwuchs zu sorgen.

Positive Reaktionen

Soweit sie alt genug sind, um das Vorhaben ihrer Mutter beurteilen zu können, reagieren Kinder überwiegend positiv auf eine geplante Auszeit. Die Gründe dafür sind unterschiedlich. Manche Sprösslinge bewundern und respektieren das Vorhaben ihrer Mutter. Sie ist ihnen ein Vorbild und es entsteht ein hohes Maß an Identifikation. Nicht selten unterstützen sie die Mutter dann auch aktiv, indem sie ihr moralisch den Rücken stärken und sie ermutigen, ihre Pläne in die Tat umzusetzen.

> Sie haben immer gesagt: »Mach das, Mama, beeil dich nicht, fahr doch. Du brauchst nicht morgen wiederzukommen, komm doch übermorgen wieder.« Das lag vielleicht auch daran, dass es sehr früh damit losging … und dass sie sahen, wenn ich ein gutes Konzert gesungen hatte oder eine Produktion gemacht hatte, wie ich strahlte, wenn ich wiederkam. Es war ja auch schön für sie, dass ich nicht verbittert oder verkrampft und mürrisch den Haushalt machte … Und das haben die Kinder ganz früh empfunden und sehr positiv darauf reagiert. Sie haben sich mit mir gefreut.
> *Mechthild Georg, 49, Konzert- und Opernsängerin, 2 Ki.*

Nicht auszuschließen ist natürlich auch, dass die Freude der Kinder mitunter durch die Aussicht erhöht wird, in der Abwesenheit der Mutter deutlich mehr Freiheiten zu genießen.

Gerade Teenager fühlen sich weniger kontrolliert, wenn die Mutter verreist ist, und schätzen diesen Aspekt natürlich sehr, wie beispielsweise Beate von ihren beiden Jugendlichen berichtet:

> Die beiden Großen … haben sich sogar gefreut, weil sie dann nicht mehr so unter Kontrolle stehen. Jugendliche in der Pubertät haben sowieso ewig das Gefühl, sie werden beobachtet.

Um Ihre Teenager und noch älteren Kinder brauchen Sie sich also keine Sorgen zu machen, wenn Sie mit dem Gedanken spielen, eine Auszeit zu nehmen. Sie sind alt genug, um einige Zeit ohne die Mutter auszukommen, und werden diesen Zustand vermutlich sogar genießen. Außerdem stehen die Chancen, dass Sie mit Ihrem Vorhaben bei Ihren Sprösslingen auf offene oder unausgesprochene Anerkennung stoßen, ziemlich gut.
Auch für jüngere Kinder stellt die vorübergehende Abwesenheit der Mutter kein Problem dar, wenn sie einen guten Draht zum Vater (oder anderen Betreuungspersonen) haben und sie sich auf die Zeit mit ihm freuen können, während die Mutter fort ist. Die Erzieherin Swenja berichtet, ihr kleiner Sohn freue sich darauf, den Papa für sich allein zu haben, weil sie zusammen Dinge unternehmen, die bei ihr nicht auf dem Programm stehen.

> Mein Sohn macht immer fleißig Pläne. Er genießt es, den Papa ganz für sich zu haben und ist hinterher immer müde, glücklich und verdreckt.

Andere Kinder reagieren auf geplante Auszeiten positiv, jedoch ohne weitere Kommentare. Gerade dort, wo Kinder von klein auf daran gewöhnt sind, dass Mutter und Vater hin und wieder wegfahren, werden solche Abwesenheiten als normal und zu ihrem Leben dazugehörig angesehen.

Ambivalente Reaktionen

Ambivalente Reaktionen sind oft gekennzeichnet durch eine Haltung, die mit »nicht ablehnend, aber auch nicht erfreut« am besten beschrieben ist. Sie ist vor allem bei Jugendlichen und angehenden Erwachsenen zu beobachten. Meist finden die Kinder das Weggehen und auch das Vorhaben der Mutter grundsätzlich in Ordnung, sind aber darauf bedacht, zu ihren Aktivitäten Distanz zu wahren. So wird ein pubertierender Junge vielleicht versuchen, sich von einem beeindruckenden sportlichen Vorhaben der Mutter abzugrenzen, um nicht selbst unter Leistungsdruck zu geraten. Indem er sich von den Leistungen der Mutter distanziert, kann er stolz auf sie sein, ohne sich selbst infrage stellen oder ihr nacheifern zu müssen. Diese Erfahrung machte die Bergsteigerin Carola vor einigen Jahren mit ihrem ältesten Sohn (der inzwischen als Fünfundzwanzigjähriger gern mit ihr gemeinsame Touren unternimmt) und nun ist ihr Junior dabei, auf Abstand zu gehen, um seinen eigenen Weg zu finden.

> Mein Jüngster ist jetzt fünfzehn und sagt seit einiger Zeit: »Na ja, Weiber über fünfzig spinnen!« Da schwingt aber immer auch ein bisschen Stolz mit, obwohl er im Moment das Bergsteigen und Klettern total ablehnt.

Als ratsam hat sich erwiesen, die Zwiespältigkeit der Kinder zu akzeptieren und darauf zu vertrauen, dass sie irgendwann genug Selbstvertrauen und Selbstsicherheit gewonnen haben, um die Erfolge der Mutter würdigen zu können.
Auch in Fällen, in denen die Auszeit einer Frau gravierende Folgen für die Beziehung zu ihrem Partner hat, kann es Kindern ratsam erscheinen, zum Vorhaben der Mutter auf Distanz zu gehen, um nicht in Loyalitätskonflikte zu geraten. Allerdings handelt es sich in diesen Fällen fast immer um bereits erwachsene Kinder, da Mütter sich meistens erst dann zu Auszeiten mit weit reichenden Konsequenzen entschließen, wenn ihr Nachwuchs auf eigenen Füßen steht.
Als die ehemalige Lehrerin Amelie beschloss, in eine andere Stadt zu ziehen, um ein von ihrem Mann unabhängigeres Leben zu führen, wurde sie von ihrem Sohn ausdrücklich unterstützt. Gleichzeitig aber wusste der Sohn genügend Abstand zu halten, um nicht in die familiären Umwälzungen hineingezogen zu werden.

> Als er sich von mir verabschiedete, hat er gesagt: »Du musst wissen, ich werde jede Entscheidung respektieren, egal, wie sie ausfallen wird, aber ich möchte aus dem Ganzen völlig rausgelassen werden.« Das hat mir sehr zu denken gegeben. Trotzdem hat er mich unterstützt, weil er gemerkt hat, dass seine Mutter etwas für sich tun musste.

Andere ambivalente Reaktionen ergeben sich aus zwiespältigen Alltagserfahrungen. So können Kinder es einerseits genießen, sich weniger beobachtet zu fühlen, wenn die Mutter fort ist, oder engeren Kontakt mit dem Vater oder den Großeltern zu haben, sich aber andererseits daran stören, dass gewisse Dinge im täglichen Ablauf weniger reibungslos funktionieren als gewohnt. So berichtet die Professorin Isolde von ihrer Familie:

> Die Kinder waren schon froh, als ich wieder da war, nachdem ich die erste Gastprofessur hatte, weil der Papa oder das Mädchen unter der Woche manchmal genervt waren. Andererseits fanden sie es natürlich auch ganz schön, dass sie nicht immer so beobachtet wurden. Das war für sie schon klar, dass Mama mehr beobachtet als Papa.

Trivial oder nicht, auch solche Erfahrungen tragen dazu bei, die Leistungen einer Frau und Mutter besser zu würdigen und ihr Ansehen bei den Kindern zu steigern. Vertrauen Sie ruhig darauf, dass Ihr Nachwuchs mit Ihren vorübergehenden Abwesenheiten zurechtkommt, vielleicht gewisse Freiheiten genießt, andere Dinge vermisst und Sie am Ende mehr zu schätzen weiß.

Negative Reaktionen

Negative Reaktionen von Kindern auf eine Auszeit der Mutter sind selten. Wenn die Kinder noch sehr klein sind und die Mutter für mehrere Wochen fort ist, können Trennungen vereinzelt als belastend erlebt werden. Diese Erfahrung machte beispielsweise die Journalistin Britt, als sie ihren zweieinhalb Jahre alten Sohn zum ersten Mal in der Obhut seines Vaters und der Großeltern ließ, um für vier Wochen ins Ausland zu gehen. Sie spürte die Sehnsucht ihres Sohnes, wenn sie aus der Ferne mit ihm telefonierte, sodass die Schuldgefühle nicht lange auf sich warten ließen. Trotzdem vertraut Britt darauf, dass es ihrem Sohn beim Vater und den Großeltern gut geht, während sie fort ist. Sie weiß aus eigenen Kindheitserfahrungen, dass Heimweh und Sehnsucht zum Leben dazugehören und dazu beitragen, die Bindung an die Familie zu stärken. Mit jeder weiteren Auszeit sei eine vorübergehende Abwesenheit für den Sohn selbstverständlicher geworden, berichtet sie, sodass sie insgesamt eine positive Bilanz ziehen kann.

> Nach meiner Rückkehr habe ich gemerkt, dass es für ihn völlig in Ordnung war. Er geht nach wie vor gern zu meinen Eltern in die Ferien, findet es okay, wenn wir beide [Mutter und Vater] auch mal ohne ihn verreisen und hat damit, abgesehen vom akuten Abschiedsschmerz oder ein wenig Heimweh, keinen Stress. Aber so ganz lässt sich das schlechte mütterliche Gewissen nicht abstellen. Damit muss ich leben und eigentlich komme ich auch ganz gut damit zurecht. Ich glaube, was mir bei diesen Trennungen solches Vertrauen gibt, sind meine eigenen Reiseerfahrungen als Kind. Ich bin, genau wie Noah, schon sehr früh allein verreist, zu meiner Oma, zu meinen Cousins und Cousinen, immer über mehrere Wochen. Und ich weiß, dass ich manchmal auch Heimweh hatte und mich nach meiner Mutter gesehnt habe, aber dass es gleichzeitig auch toll war und ich immer wieder gern dort hingefahren bin.

Auch bei kleinen Kindern tritt durch die Wiederholung von Auszeiten ein Gewöhnungseffekt ein und die Einstellung der Kinder wird durch die hinzugewonnenen Erfahrungen zunehmend positiver. Bedenken Sie, dass Ihre Kinder nur lernen können, loszulassen und darauf zu vertrauen, dass Sie wiederkommen, wenn Sie hin und wieder auch fortgehen. Vielleicht sollten sich alle Frauen, die ein schlechtes Gewissen haben, wenn sie ihre Lieben für eine Weile sich selbst überlassen, wie Britt die eigenen Reiseerfahrungen vor Augen halten. Heimweh und Sehnsucht geben Kindern wie Erwachsenen Gelegenheit zu spüren, wie wichtig ihnen die anderen sind.

Keine Reaktionen

Häufiger als von negativen Reaktionen berichten Frauen von keinen nennenswerten Reaktionen kleinerer Kinder auf eine Auszeit. Dies erklärt sich zum einen durch die relativ kurze Dauer der Auszeiten von Müttern mit Kindern unter zehn Jahren, die eine Woche nur verhältnismäßig selten überschreiten, zum anderen durch den schnell eintretenden Gewöhnungseffekt, wenn Mutter (und Vater) regelmäßig für einige Zeit fortfahren und die Kinder in der Zwischenzeit gut versorgt werden. Hinzu kommt, dass Kinder, deren Vater, Großeltern oder andere Betreuungspersonen generell stark an der Kindererziehung mitwirken, die zeitweilige Abwesenheit der Mutter nicht als starken oder gar traumatischen Bruch erleben, weil es für sie normal ist, abwechselnd von vertrauten Menschen betreut zu werden.

> Da mein Mann von Anfang an fast genauso viel mit den Kindern zusammen war wie ich, waren wir austauschbar und es war ganz selbstverständlich, dass die Mutter oder der Vater nicht immer zu Hause, sondern zum Beispiel auch mal ein Wochenende verreist waren.
> *Karin, 44, MTA, 2 Ki.*

Keine Auswirkungen auf die Kinder haben Auszeiten natürlich auch dann, wenn diese gar nicht erfahren, dass die Mutter verreist ist, während sie sich beispielsweise bei den Großeltern aufhalten. Ich habe bereits im Kapitel »Praktische Vorbereitungen« vor dieser Vorgehensweise gewarnt, da Kinder sonst nicht lernen können, dass ihre Mutter auch eigene Bedürfnisse hat und wichtig nimmt und dass es in ihrem Leben, neben den Kindern, noch andere wichtige Dinge gibt. Wie bedeutend diese Vorbildfunktion für Kinder ist, kann ich Ihnen an einem eigenen, paarbezogenen Beispiel aufzeigen. Mein Mann und ich fahren seit Jahren im Winter für eine Woche zum Skilaufen. Diese Tradition haben wir auch nach der Geburt unserer Tochter beibehalten, daher verbringt sie diese Zeit regelmäßig in der Obhut ihrer Großmutter. Von klein auf (das erste Mal mit elf Monaten) haben wir ihr erzählt, dass Mama und Papa Ski laufen, während sie bei der Oma ist, mit dem Resultat, dass sie schon als Zweijährige verkündete: »Meine Eltern fahren Ski und ich mache Ferien bei der Oma!«, wenn Bekannte meiner Mutter sie fragten, wo denn ihre Eltern seien. Natürlich hatte sie damals noch keine Ahnung, was Skilaufen eigentlich bedeutet. Dennoch war dieses Wissen für Lea in zweierlei Hinsicht wichtig: Zum einen war sie stolz, die Frage nach dem Verbleib ihrer Eltern beantworten zu können. Zum anderen war sie ganz versessen darauf, ebenfalls Skilaufen zu lernen. Und sie war mehr als stolz, als wir sie mit vier Jahren zum ersten Mal auf die Bretter stellten, und hat das Skilaufen mit Feuereifer gelernt!

Halten Sie mit Ihren Auszeiten nicht hinter dem Berg. Wenn Sie Ihre Kinder gut versorgt wissen, können Sie mit Ihren Aktivitäten nur gewinnen, weil Sie bei Ihren Kindern Neugierde wecken und Anerkennung ernten werden.

Das Umfeld

Vor kurzem erzählten mir zwei Freundinnen von ihren geplanten Auszeiten. Die eine möchte im Austausch mit einer französischen Lehrerin für ein halbes Jahr nach Frankreich gehen, die andere überlegt, in den Herbstferien für zwei Wochen zur Erholung nach Griechenland zu fliegen. Zwei völlig verschiedene Pläne mit einer, leider gar nicht so seltenen Gemeinsamkeit: Beide Frauen berichten von massiven Protesten der Schwiegermutter, die nicht verstehen kann oder will, wie die Schwiegertochter es fertig bringt, dem (damit einverstandenen) Vater die Verantwortung für die Kinder »aufzubrummen«.

Da es mir nicht darum geht, Vorurteile über Schwiegermütter aufzuwärmen, gleich noch einige Beispiele aus anderen Richtungen. So berichtet die Hausfrau Ute von einer Freundin, die meinte, sie würde ebenfalls gern eine Auszeit nehmen, »aber sie würde nie ihren Mann mit den Kindern alleine lassen«.

Oder wie wäre es mit der immer wieder gern vorgebrachten Frage, wie eine Mutter es fertig bringe, »ihre Kinder zu Hause allein zu lassen«? Vor solchen Anwürfen sind auch prominente Frauen nicht gefeit. Genau diesen Satz durfte sich beispielsweise die berühmte englische Bergsteigerin Alison Hargreaves anhören, die bis zu ihrem tragischen Tod beim Abstieg vom K2 im Jahr 1995 mit ihrer Bergsteigerei die Familie ernährte, während ihr Mann James Ballard den Haushalt führte und die beiden Kinder erzog. Alison erwiderte dem Journalisten damals: »Meine Kinder sind nicht allein, sie haben einen Vater.«[26] Allerdings bezweifle ich, dass der Mann, der diese Frage stellte, wirklich glaubte, Alison sperre ihre Kinder zu

Hause mit einigen Tüten Chips und einem Nachttopf in den Wandschrank, bevor sie zum nächsten Achttausender aufbrach, und lasse sie wirklich *allein*. Ebenso wenig müssen wir darüber spekulieren, was der Mann von Utes Freundin wohl mit seinen Kindern anstellt, würden diese mit ihm »allein gelassen«. Worum es in Wirklichkeit geht, ist die tief verankerte Vorstellung, dass der einzig rechtmäßige Platz einer Mutter bei ihren Kindern ist, und umgekehrt, dass Kinder allein sind, wenn sich »nur« der Vater um sie kümmert. Verstößt eine Frau gegen dieses traditionelle Rollenbild, entlarvt sie sich selbst als »Rabenmutter«, die ihre Kinder nicht genug liebt. Sehen wir uns also die Reaktionen auf diesen Rollenverstoß einmal genauer an.

Verstoss gegen traditionelle Rollenerwartungen

Der Vorwurf, eine Frau vernachlässige mit einer Auszeit ihre **Pflichten als Frau und Mutter**, wird besonders gern und häufig von Schwiegereltern und Eltern geäußert (allen voran den Müttern), aber auch von älteren Geschwistern und anderen Verwandten. Sie alle vertreten mit ihrer Kritik die Ansicht, eine Mutter gehöre zu ihren Kindern und wenn sie wegfahre, habe sie dies gefälligst mit Mann und Kindern zu tun.

> Meine Mutter hat ein wenig die Nase gerümpft und mit Unverständnis reagiert, weil sie es absolut unmöglich findet, dass ich meinen Mann mit den Kindern alleine lasse. Das hätte sie nie getan.
> *Ute, 38, Hausfrau, 3 Ki.*

Meist ist es nicht einmal erforderlich, den Vorwurf explizit auszusprechen. Die betroffenen Frauen wissen auch so, wie die anderen über sie denken.

> Sie [die Schwiegermutter] hat nichts gesagt, aber vom Gefühl her, denke ich, dass sie das absolut unmöglich fand.
> *Beate, 41, Hausfrau, 3 Ki.*

Dabei musste Beate feststellen, dass sowohl ihre Eltern als auch die Schwiegereltern an ihren Mann längst nicht die gleichen strengen Maßstäbe anlegen wie an sie, denn diesem würden sie eine Auszeit jederzeit zugestehen. Beachten Sie bitte die Begründung!

> Meine Mutter hat das, was ich tue, genau wie meine Schwiegereltern, immer irgendwo abgelehnt ... Wenn mein Mann das in dieser Form gemacht hätte wie ich, dann hätte nie irgendjemand etwas gesagt. Da wäre klar, der Mann braucht seinen Ausgleich, der arbeitet ja den ganzen Tag.

Was erneut eindrucksvoll belegt, wie unterschiedlich die Erwartungen sind, die an Männer und Frauen und ihre jeweilige Verantwortung innerhalb der Familie gestellt werden. Wenn zwei das Gleiche tun, hat es noch lange nicht das Gleiche zu bedeuten. Dem einen wird die Auszeit zugestanden (weil *er* den ganzen Tag arbeitet!) und niemand käme auf die Idee, eine solche Pause könne der Familie Schaden zufügen oder disqualifiziere den Pausierenden als Familienvater oder (Ehe)Partner. Die andere hat kein Recht auf eine Auszeit, sondern versäumt damit ihre Pflichten (weil die Führung eines Haushaltes und die Erziehung von Kindern keine wirklich anerkannte Arbeit ist, weil sie schließlich »jede(r)« kann) und outet sich als schlechte Mutter und Partnerin.

Vor allem Mütter und Schwiegermütter spielen beim Thema Auszeiten häufig eine sehr zwiespältige Rolle. Einerseits sind sie oft und gern als »Babysitterinnen« aktiv und erfüllen diese Aufgabe wunderbar und mit Freude. Andererseits zeigen sie, trotz des großelterlichen Liebesdienstes, für die Aktivitäten der Tochter bzw. Schwiegertochter oftmals nur wenig Verständnis. In vielen Fällen steckt hinter den geäußerten Vorwürfen die Überzeugung, es gehöre sich nicht für eine Frau und Mutter, die Familie einfach »im Stich zu lassen«, um sich selbst zu vergnügen. Doch es gibt auch noch andere Erklärungen dafür. Wenn Mütter und Schwiegermütter »sehen, wie die jüngere Generation Heim und Ehemann verlässt, um sich einen Traum zu erfüllen, kann das gefühlsmäßig eine Büchse der Pandora öffnen: Bedauern, den eigenen Traum nicht verwirklicht zu haben; Neid, dass die Tochter das tut, was man selbst tun wollte, aber nie getan hat; Sorge, wenn der Traum körperliche Gefahren einbezieht; Angst, wenn die Mutter von der Tochter pflegerisch abhängig ist; Angst, die Tochter könnte ihren Mann verlieren oder davor – und vielleicht ist diese Angst noch größer –, in welchem Licht die eigenen Lebensentscheidungen erscheinen, wenn die Tochter ihren Mann *nicht* verliert. Jedes dieser Gefühle oder alle zusammen können im Gewand der Ablehnung erscheinen und Ablehnung ist eines der Risiken, die Frauen in solchen Situationen eingehen«, schreibt Cheryl Jarvis in »Urlaub von der Ehe«.[27]

Die Ablehnung seitens einer Mutter oder Schwiegermutter kann also sehr komplexe Ursachen haben, die, wie immer sie zusammengesetzt sein mögen, weder mit der Tochter noch mit ihrer Auszeit zusammenhängen.

Auch im Freundes- und Bekanntenkreis wird mit Kritik am Verstoß gegen traditionelle Rollenbilder nicht gespart. Wenn es ausnahmsweise einmal nicht um die Kinder geht, richtet sich die Kritik häufig dagegen, dass eine Frau ihren **Platz an der Seite des Mannes** verlässt, und die Verwunderung ist groß, dass der Partner dazu auch noch die *Erlaubnis* gibt. So beschreibt die Außendienstmitarbeiterin Maria die Reaktionen einiger weiblicher Bekannter auf ihre Auszeiten vor der Geburt des ersten Kindes:

> Ja, dass du das kannst? Dass du das machst? Hast du kein schlechtes Gewissen? Dass Conrad das zulässt? Was sagt denn Conrad dazu, solche Fragen eben.

Wieder andere Frauen sind ihrer Rolle als treue Ehefrau derart verhaftet, dass sie es gar nicht erst wagen würden, ohne ihren Mann eigene Wege zu beschreiten, und in vorauseilendem Gehorsam brav zu Hause bleiben.

> Da sind viele Frauen, … die sich nicht trauen würden, das zu machen, weil sie sagen: »Oh, mein Mann würde mir was erzählen.«
> *Margret, 53, Lehrerin, 2 Ki.*

Mitunter entspringt Kritik an einer Auszeit auch **Geschlechterrivalitäten**, die sich sowohl zwischen den Geschlechtern als auch innerhalb eines Geschlechts bemerkbar machen können. Wenn eine Frau sich beispielsweise viel unter Männern bewegt, weil sie ein eher von Männern bevorzugtes Hobby betreibt, kann das bei Freundinnen und weiblichen Bekannten zu Spannungen und Neid führen. Diese

Erfahrung machte die Bergsteigerin Carola, die nur selten mit Frauen unterwegs ist, weil nur wenige von ihnen auf Carolas Schwierigkeitsniveau klettern:

> Der Neid von Freundinnen kommt auch oft hinzu, weil ich natürlich automatisch viel mit Männern unterwegs bin. Auf größeren Touren bleiben die Frauen oder die Ehefrauen meist daheim. Sie trauen es sich nicht zu oder sie trainieren nicht darauf. Sie wollen solche Anstrengungen vielleicht auch gar nicht.

Umgekehrt wissen manche männliche Arbeitskollegen beruflich begründete Auszeiten einer Frau wenig zu schätzen, weil diese damit in ihren Augen zu viel beruflichen Ehrgeiz an den Tag legt. In Extremfällen versteigt man(n) sich sogar dazu, die Kollegin zu bitten, einem Mann den Vortritt zu lassen, weil sie schließlich noch ein anderes Gebiet habe, auf dem sie sich verwirklichen könne. Manchen Männern, berichtet die Professorin Isolde aus ihrem Berufsleben, geht es immer noch mächtig gegen den Strich, wenn es einer Frau gelingt, in die beruflichen Sphären vorzudringen, die bis vor kurzem ausschließlich den eigenen Geschlechtsgenossen vorbehalten waren.

> Dass eine Frau a. habilitiert und b. Professorin wird, das passte manchen Männern nicht in den Kram. Da habe ich öfter Widerstand erfahren von Leuten, die es nicht so weit gebracht haben.

Auch Frauen können es mitunter schwer ertragen, wenn eine andere »zu viel« beruflichen Ehrgeiz entwickelt und dabei auch noch Mutter ist. So berichtet die Konzert- und Opern-

sängerin Mechthild Georg von einer ehemaligen Kommilitonin, die ihr vorwarf, verantwortungslos und mit ihrem Ehrgeiz doch »so eine Rabenmutter« zu sein, weil sie noch ein zweites Kind bekam. Auch für dieses Verhalten gibt es mehrere Erklärungen, die nichts mit der konkreten Lebens- und Betreuungssituation von Mechthild zu tun haben. Einerseits kann sich dahinter der Neid auf einen Menschen verbergen, der sowohl im Beruf als auch in seinem Familienleben aufgeht. Andererseits kann es aber auch die »gute« alte Ansicht sein, eine Frau müsse sich entscheiden und habe, wenn sie sich entschließt, Kinder zu bekommen, gefälligst zu Hause zu bleiben.
Im Kollegenkreis des Mannes wird es richtig interessant, wenn der **Karriere der Frau Vorrang eingeräumt** wird und diese die beruflichen Entscheidungen des Mannes zu beeinflussen beginnt. Neben der Empörung über die Selbstsucht einer Frau, die die Karriere ihres Mannes behindert, dominiert das vermeintliche Mitleid, in Wirklichkeit aber die Verachtung gegenüber einem Mann, der »unter dem Pantoffel« seiner Frau steht. Schließlich steht bei einem solchen Paar die Welt Kopf.

> Alle an der Schule sagten zu ihm: »Mein Gott, in Ihrem Alter (er war damals fünfzig) will man Sie noch verpflanzen, und Sie ziehen Ihrer Frau hinterher!«
> *Isolde, 60, Professorin, 3 Ki.*

Und noch ein weiteres Vorurteil wird aus der Mottenkiste gezogen – die Annahme nämlich, Frauen und Männer gingen nur dann Vorhaben ohne den Partner an, wenn sie beabsichtigen, fremdzugehen. Schließlich kann es um eine Beziehung nicht gut bestellt sein, wenn eine Frau (oder ein Mann) etwas ohne die »bessere Hälfte« unternimmt. **Entfremdung und Ehekrise** sind die gängigen Vokabeln, mit denen dieser Verdacht geäußert wird, und zwar mitunter schon dann, wenn eine Frau allein übers Wochenende wegfährt! Interessant daran ist, dass die Untreue meist ausschließlich dem Mann zugeschrieben wird und die Schuld daran in jedem Fall der Frau. Nimmt *er* eine Auszeit, ist sowieso klar, dass er fremdgehen will, aber *sie* ist selbst schuld, weil sie ihn gewähren lässt:

> Ansonsten reagieren einige, mir aber nicht nahe stehende Personen damit, dass wohl in der Ehe etwas nicht stimmen kann, und ob ich keine Angst vor Abenteuern habe, die mein Mann mit Sicherheit sucht (kein Mann geht anscheinend ohne diesen Grund allein aus dem Haus). Ich höre auch oft das Wort Entfremdung, die sich in meiner Ehe breit macht, wegen einem Wochenende!
> *Swenja, 38, Erzieherin, 1 Ki.*

Nimmt *sie* eine Auszeit, lässt sie ihn »unbewacht« zurück und muss sich nicht wundern, wenn *er* sich »Ersatz« sucht:

> Einen Nachbar von uns – eigentlich ganz nette Leute, aber auch sehr konservativ – habe ich, kurz bevor ich nach Nepal bin, beim Einkaufen getroffen. Wir haben uns vor dem Laden unterhalten und da meinte er: »Sie sind ja viel auf Reisen.« Darauf sagte ich: »So viel ist das gar nicht. Ich war im Frühjahr in Marokko und fahre in zwei Wochen nach Nepal.« »Aha«, meinte er, »aber passen Sie mal auf, dass Ihr Mann nicht mal was Junges, Frisches mit nach Hause bringt.« Ich habe ihn nur angesehen und gesagt: »Ach, wissen Sie, dann mache ich das genauso.« Und dann sagte er:

»Dann wünsche ich Ihnen einen schönen Urlaub«, drehte sich um und ging. Das ist hier die Denkweise.
Beate, 41, Hausfrau, 3 Ki.

Sie können es drehen und wenden, wie Sie wollen. Wer es darauf anlegt, wird alles, was Sie in einer Auszeit tun, missverstehen und missbilligen, weil der eigentliche Stein des Anstoßes die Tatsache ist, *dass* Sie eine Auszeit nehmen. Viele Frauen berichten auch, dass sich daran im Laufe der Zeit wenig ändert. Menschen, die grundsätzlich der Ansicht sind, Frauen, die eine Auszeit nehmen, verstießen gegen ihre Pflichten als Frau und Mutter, rücken von dieser Einstellung nur selten ab und behalten sie auch dann bei, wenn die Auszeit häufiger vorkommt. Sie gewöhnen sich also nicht daran.

Vom Bruder meines Mannes bekam ich diese und andere Auszeiten noch zwei Jahre später genauestens aufgezählt. In der Familie meines Mannes heißt das: Sie ist nicht belastbar.
Anke, 42, Übersetzerin, 2 Ki.

Bei manchen vermag eine Auszeit Neugierde zu wecken oder eine gewisse Nachdenklichkeit in Bezug auf das eigene Tun. Doch das bedeutet nicht, dass dadurch automatisch mehr Verständnis oder gar eine bessere Akzeptanz entsteht. Es ist viel einfacher, die aus der Reihe tanzende Frau zur Exotin zu erklären, weil sich die eigene Ordnung dadurch beibehalten lässt. Die Frau von Beates Nachbarn (der Herr mit dem charmanten Hinweis auf den »jungen, frischen« Ersatz), war selbst einmal in Marokko und zeigte sich an Beates Plänen diskret interessiert:

> Seine Frau, sie ist ebenfalls um die fünfzig, eine sehr nette Person, war vor vielen Jahren in Marokko. Als sie erfahren hat, dass ich nach Marokko gehe, hat sie geklingelt und gesagt: »Wenn Sie wiederkommen, möchte ich gern die Bilder sehen. Ich war auch einmal da.« Aber alles hinter vorgehaltener Hand: Es interessiert mich zwar, aber eigentlich darf es mich nicht interessieren, obwohl ich selbst schon dort war. Also einerseits ist da Begeisterung oder Anerkennung, andererseits wollen sie nicht zu laut darüber reden.

Wenn Ihre Auszeitpläne bei Menschen mit sehr konservativen Ansichten auf massive Ablehnung stoßen, können Sie nur auf Abstand gehen und sich klar machen, dass Sie es anderen ohnehin *nie* recht machen können. Sparen Sie sich die Mühe gleich und beschränken Sie sich darauf, mit Ihrer eigenen Familie in Einklang zu leben. Nur darauf kommt es an!

Reaktionen aus Neid und Bewunderung

Neidischen Reaktionen auf eine Auszeit werden Sie überall dort begegnen, wo andere Menschen mit ihrem eigenen Leben unzufrieden sind. Das kann in der Verwandtschaft sein, aber auch unter KollegInnen und FreundInnen. Vor allem Menschen, die im Leben andere Ziele verfolgen als Sie, damit aber nicht unbedingt glücklich sind, oder Ihre Situation schlichtweg nicht verstehen, zeigen häufig Neid oder Missgunst.

> Natürlich sind die Reaktionen [auf die Auszeit] heftiger seit dem Kind, viel heftiger. Allerdings kommen manche Kommentare wie »dass du das kannst?« gerade von Freun-

dinnen, die keine Kinder haben. Meine Freundinnen, die Kinder haben, arbeiten bis auf eine alle, und die wissen einfach, wie gut einem das tut.
Maria, 42, Außendienstmitarbeiterin, 1 Ki.

Unabhängig davon, ob es sich um eine berufliche, sportliche oder andere Art von Auszeit handelt, sind Reaktionen nach dem Motto »du hast es gut!« sowohl im Kollegen- wie im Freundeskreis keine Seltenheit. Die Lehrerin Margret weiß solche Kommentare gut einzuschätzen, wenn sie sagt:

Neid kam eher von entfernten Bekannten. Es sind keine Menschen, die mich kennen, sondern Leute, die nur den einen Punkt sehen, mehr auch nicht sehen wollen, und dann urteilen.

Die Situation ist immer die gleiche. Wer Ihr Tun negativ sehen will, der tut es, egal, welche Argumente Sie anführen oder wie sehr Sie um Verständnis ringen mögen.
Noch häufiger als blanker Neid wird in Kommentaren über eine Auszeit ein Gemisch aus Bewunderung und Neid deutlich. Gerade unter den ArbeitskollegInnen der Frau ist dies die häufigste Reaktion. Offenbar wagen es viele Leute eher, ihrem Neid Ausdruck zu geben, wenn sie vorher ein wenig Bewunderung beigemischt haben. Im Originalton hört sich das dann beispielsweise so an.

Viele [Kollegen] sagen: »Ja, das finde ich toll, aber das könnte ich nie ... Du hast es vielleicht gut.«
Angela, 43, Lehrerin

Angst vor dem, was der Partner oder das Umfeld sagen könnte; Angst, dass ein Kind oder man selbst vielleicht unter der Trennung leidet; Angst, seinen Aufgaben als Frau und Mutter nicht gerecht zu werden; Angst, ohne die Arbeit nicht leben zu können, oder einfach Angst vor der geforderten Selbständigkeit und Eigeninitiative … Unter diese und andere Ängste mischt sich, allem zum Trotz, das Wissen, dass man auch selbst eine solche Auszeit gut gebrauchen könnte – so entsteht das Gemisch aus Bewunderung und Neid. Je mehr die Ängste überwiegen, je stärker das Gefühl: »Ich kann / darf so etwas nicht«, desto mehr tritt der Neid in den Vorder- und die Bewunderung in den Hintergrund. Was bleibt, ist der Wunsch, diejenige, die es wagt, den eigenen Bedürfnissen nachzugeben, zu verurteilen oder ihr Schuldgefühle einzureden.

> Teilweise kam Bewunderung, dass ich meine Wünsche durchsetze, aber auch Neid, der sich dann in Nachfragen wie »Hast du kein schlechtes Gewissen deinem Kind gegenüber?« äußerte.
> *Swenja, 38, Erzieherin, 1 Ki.*

Ehrlicher und ohne den Impuls, eine Frau für ihre Auszeit abstrafen zu wollen, sind Reaktionen, wie Carla sie schildert, die in einem Kloster ihre Doktorarbeit beendete:

> Vor allem Freundinnen mit Familie waren neidisch und wünschten sich auch so eine Auszeit. »Oh, das wäre genau das, was ich auch bräuchte. Eine Woche ohne Familie, nur Zeit zum Lesen und für mich.« Und ich habe gesagt: »Na, dann mach das doch einfach. Es gibt viele Klöster, die Zimmer vermieten.« Bisher hat es aber niemand gemacht.

Noch aufrichtiger war ein Kollege von Angela, der, bei aller Bewunderung für ihren Entschluss, ein Sabbatjahr zu nehmen, gestand:

> »Nein, um Gottes willen, dann muss ich zu Hause den Staubsauger schwingen, wenn ich nachmittags da bin. Das mache ich auf keinen Fall. Da gehe ich lieber in die Schule.« Außerdem meinte er, was ich sehr ehrlich fand: »Mein einziges Hobby ist der Sport. Aber ich kann doch nicht den ganzen Tag Sport treiben, was soll ich denn die restliche Zeit machen?« Das gibt ja sonst keiner zu. Er gibt es eben zu: »Eigentlich weiß ich die Zeit nicht zu füllen, wenn ich nicht arbeite.« Das war aber wirklich der Einzige, der es so deutlich sagte.

Alle diese Reaktionen kommen von Menschen, die eine Auszeit zwar toll finden, es aber aus den verschiedensten Gründen nicht wagen würden, so etwas zu verwirklichen. Mit der Frau, die eine Auszeit nimmt, haben diese Reaktionen nicht das Geringste zu tun.

Positive Reaktionen

Nicht nur positive, sondern auch aktive Unterstützung für ihre Auszeit finden Frauen am ehesten im Freundeskreis, und zwar dort, wo Menschen ähnliche Vorstellungen vertreten wie sie. Dies gilt gegebenenfalls auch für Schwestern und Mütter, Bekannte und Arbeitskolleginnen, kommt allerdings deutlich seltener vor als im Freundeskreis. Die von mir befragten Frauen fanden bei Freundinnen und Bekannten, die ebenfalls Kinder haben und ähnliche Lebensvorstellungen vertreten, am häufigsten Verständnis und Hilfe.

> Positiv reagiert haben Leute wie [die Freundin] K., die auch ein Kind hat und irgendwie mit beiden Beinen auf der Erde steht. Sie hat ihren Freiraum in der Arbeit, denke ich mal. Von den Leuten um mich herum, die Kinder haben, gab es unterschiedliche Reaktionen. Aber auch einige, die absolut positiv reagiert und gesagt haben: »Ich fahre das nächste Mal mit.« Das letzte Mal war ich mit einer Freundin weg, die ihre Kinder auch zu Hause gelassen hat. Nachahmungstäter!
> *Ute, 38, Hausfrau, 3 Ki.*

Gelegentlich tritt selbst bei Freunden und Bekannten, die einer Auszeit ursprünglich kritisch gegenüberstanden, nach einiger Zeit ein Gewöhnungseffekt ein, der dazu führen kann, dass diese die Auszeiten zu tolerieren beginnen. Und was bei Freundinnen funktioniert, hat hin und wieder auch bei weiblichen Verwandten Erfolg: Sie lassen sich vom guten Beispiel motivieren und beginnen selbst Auszeiten zu nehmen.

> Meine Schwester und meine Mutter ließen sich davon anstecken und nehmen sich seit einiger Zeit auch immer wieder ein paar Tage Auszeit.
> *Swenja, 38, Erzieherin, 1 Ki.*

Neue positive Kontakte können sich auch in den Auszeiten selbst ergeben, zum Beispiel dort, wo Frauen mit ihrem Tun zum Vorbild für andere werden, wie die Hochschullehrerin Isolde, deren Engagement für ihren Beruf und für ihre Familie vielen ihrer Studentinnen ein Beispiel war.
Auch Menschen, die Frauen während der Auszeit kennen lernen, reagieren meist positiv auf ihre Aktivitäten, weil sie oft

ähnliche Ansichten und Vorstellungen vertreten. Diese Erfahrung machte auch Amelie, die heute mit ihrem Mann eine Wochenendbeziehung führt und sich an ihrem neuen Wohnort einen völlig anderen Freundeskreis aufgebaut hat.

> Die Leute hier können mich und auch diese Wochenendbeziehung viel besser verstehen. Da gibt es sicher so eine Art Stadt-Land-Gefälle. Hier gibt es ganz andere Lebensformen, die selbstverständlich sind ... Die Menschen sind hier offen und denken anders. Sie werden eher so toleriert, wie sie sind. Es gibt natürlich auch andere, aber ich habe die Erfahrung gemacht, dass ich hier mehr Leute kennen lerne, die mir liegen.

Resümee

Nicht alle, aber die meisten **Partner** reagieren positiv auf eine geplante Auszeit ihrer Frau, vor allem dann, wenn sie mit dem Vorhaben eigene Interessen verknüpfen, was in vielen Beziehungen der Fall ist. Auch bei Männern, die eine Auszeit eher passiv hinnehmen, ist nichts verloren. Es hat sich gezeigt, dass selbst Männer, die sich anfänglich gegen eine Auszeit sträuben, durch Erfahrung dazulernen und sich im Laufe der Zeit an die Soloaktivitäten ihrer Frau gewöhnen und diese respektieren. Deshalb sollten Sie sich von lauwarmen bis kühlen Reaktionen keinesfalls entmutigen lassen.
Erfreuliches ist auch von den Reaktionen der **Kinder** auf mütterliche Auszeiten zu berichten, die, wenn sie nicht ohnehin von Anfang an positiv ausfallen, diese zumindest bereit-

willig tolerieren. Selbst kleine Kinder kommen mit der Abwesenheit der Mutter gut zurecht und lernen, die Auszeit als selbstverständlich zu betrachten, wenn sie regelmäßig durchgeführt und die Kinder in der Zwischenzeit liebevoll betreut und versorgt werden. Teenager und noch ältere Kinder haben in der Regel keine Probleme damit, wenn die Mutter für einige Zeit fort ist. Im Gegenteil. Sie wissen die häufig entstehenden Freiräume durchaus für eine Weile zu schätzen. Manche Kinder neigen dazu, eine gewisse Distanz zu den Aktivitäten ihrer Mutter zu wahren, vor allem dann, wenn diese sehr erfolgreich oder ungewöhnlich sind. Das sollte Sie nicht beunruhigen. Mit ihrem Verhalten beugen die Kinder eigenem Leistungsdruck vor und gewinnen Zeit und Raum, ihren eigenen Weg zu gehen. Lassen Sie sie gewähren. Es lohnt sich abzuwarten, bis sie von selbst mehr Interesse zeigen!
Bei **Verwandten, Bekannten und Kollegen** sind negative Reaktionen auf eine geplante Auszeit leider keine Seltenheit, sondern die Regel. Und selbst unter Freunden und guten Bekannten halten sich positive und negative Reaktionen bestenfalls die Waage. Gründe dafür gibt es wie Sand am Meer; mit Ihnen oder der Form Ihrer Auszeit haben sie allerdings so gut wie nie etwas zu tun. Schrauben Sie Ihre Erwartungen an die Reaktionen Ihres Umfeldes daher lieber nicht zu hoch. Die größten Chancen auf eine positive Resonanz haben Sie bei Menschen, die ähnliche Lebensumstände und Vorstellungen vertreten wie Sie selbst. Häufig sind das gute Freundinnen, die aufgrund eigener Erfahrungen oder ihres Einfühlungsvermögens verstehen, worum es Ihnen geht.

8. »Am besten nicht darauf eingehen« – Umgang mit Kritik

Ist der Ruf erst ruiniert,
lebt der Mensch ganz ungeniert.
Sprichwort

Ob mit oder ohne Partner und Kinder, Hund und Auto, Hobbys oder Auszeiten – wer mit seinem Leben zufrieden ist, hat keinen Grund, am Leben anderer herumzumäkeln. Wer selbst glücklich ist mit dem, was er hat und tut, empfindet das Glück anderer nicht als Bedrohung. Oftmals stören sich Menschen dann an den Handlungsweisen anderer, wenn sie diese als Schwachpunkte in ihrem eigenen Leben empfinden, sie unterdrücken oder auch vermissen. In diesem Fall werden die Handlungen anderer als Kritik am eigenen Tun empfunden.
Mehr Zeit für sich und die eigenen Interessen zu haben, ist einer der am häufigsten geäußerten Wünsche von Frauen und Männern. Daher legen Frauen, die sich eine Auszeit nehmen, unbewusst den Finger in die »Wunde« vieler anderer Menschen. Und getreu dem alten Sprichwort »Der getroffene Hund bellt«, reagieren diese Menschen mit Kritik. Dahinter steckt oft nichts anderes als der Wunsch, dass es anderen auch nicht besser gehen möge als ihnen selbst. Und wenn sich das schon nicht verhindern lässt, dann wird wenigstens versucht, den Genuss mit Vorwürfen zu schmälern.

Da es nicht in Ihrer Hand liegt, das Leben anderer Menschen zu verändern, können Sie auch nicht verhindern, dass Ihre Auszeiten andere stören, weil diese neidisch oder eifersüchtig werden oder eigene Entscheidungen infrage gestellt sehen. Stellt sich die Frage, wie Sie mit Kritik an Ihren Auszeiten umgehen können.

Die einzige wirklich erfolgreiche Verfahrensweise, von der Frauen mir berichteten, besteht darin, Kritik gar nicht erst an sich heranzulassen. Denn wer sich mit Kritik sachlich auseinander setzen will, wird sich innerhalb kürzester Zeit in aussichtslosen Rechtfertigungsversuchen verstricken. Es ist zwecklos zu versuchen, es allen recht zu machen. Irgendjemand wird sich immer an Ihrer Auszeit stören und wer Ihre Pläne nicht gutheißen *will*, der findet auch etwas zu bemäkeln. Das musste auch die Bildhauerin Anne feststellen, die zwei Monate auf einem Künstlergut verbrachte und dort ein großes Projekt verwirklichte. Während viele Frauen dafür kritisiert werden, dass sie ihre Kinder zu Hause lassen, wenn sie eine Auszeit nehmen, schloss Annes Stipendium die Möglichkeit ein, ihren Sohn mitzunehmen, denn es wurde eine Kinderbetreuung gestellt. Damit war Anne fein raus, könnte man meinen. Doch weit gefehlt! Da man ihr nun nicht vorwerfen konnte, ihr Kind »im Stich« zu lassen, wurde der Spieß einfach umgedreht und man hielt ihr vor, das Kind »mitzuschleifen«.

> Im anthroposophischen Kindergarten war gerade Bewerbungszeit und mein Sohn sollte in die Vorgruppe kommen. Deshalb hatte ich das Gefühl, ich müsse erklären, dass ich arbeiten gehe und dass ich den Jungen mitnehme. »Na, muss das denn sein?«, sagte eine Leiterin in etwa. Als ob ich

nur an mich denke und das Kind einfach mitschleife. Dann habe ich versucht ihr klar zu machen, dass es für mein Kind wunderbar ist. Er liebt die Kinderfrau, er freut sich, dass er zu den Schweinen gehen kann. Es ist für ihn wie Ferien auf dem Lande. Aber geholfen hat es nicht, glaube ich.

Es ist besser, Sie nehmen Kritik gar nicht erst an. Wenn jemand sich nicht überzeugen lassen will, nützen die besten Argumente nichts. Was die anthroposophische Erzieherin bemängelte, war nicht die Gefahr, Annes Sohn könnte auf dem Künstlergut tatsächlich vernachlässigt werden, sondern die Tatsache, dass Anne nicht bereit ist, sich ausschließlich der Betreuung ihres Sohnes zu widmen (wie es sich für eine »gute Mutter« gehört). Annes Rechtfertigung konnte nicht fruchten, weil sie am eigentlichen Thema vorbeiging: dem Ärger der Erzieherin darüber, dass Anne mit ihrem Tun gegen das gängige Mutterbild verstößt, eine Mutter habe sich ausschließlich auf ihre Kinder zu konzentrieren (was natürlich sämtliche Erzieherinnen arbeitslos machen würde, aber das ist ein anderes Thema!). Hätte Anne den Jungen zu Hause gelassen, wäre es ihr auch nicht besser ergangen, denn man hätte sie eine Rabenmutter gescholten. Die einzige Möglichkeit, wirklich unbeschadet davonzukommen, ist, auf die Vorwürfe gar nicht erst einzugehen. Das können Sie auf drei verschiedene Arten anpacken. Sie können:

- Kritik durchschauen,
- Kritik ignorieren,
- Kritiker in die Wüste schicken.

Kritik durchschauen

Sich klar zu machen, welche Beweggründe hinter der Kritik an einer Auszeit stecken, ist die am häufigsten praktizierte Umgangsweise. Indem Frauen sich bewusst machen, dass hinter einem direkt oder indirekt geäußerten Vorwurf oftmals nichts als Unsicherheit, Neid oder Eifersucht steckt, können sie innerlich auf Distanz gehen und verhindern, dass ihnen die Kritik unter die Haut geht. Wenn Sie die wahren Ursachen der Kritik an Ihrer Auszeit erkannt haben, ist es oft unerheblich, ob Sie Ihrem Gegenüber die Wahrheit ins Gesicht sagen oder schweigend darüber hinweggehen.

Dass gerade viele Mütter und Schwiegermütter die Auszeiten der Töchter missbilligen, hat nur zweitrangig etwas mit Neid und Eifersucht zu tun. Wenn jüngere Frauen ihnen vormachen, dass eine Familie auch gedeihen kann, wenn eine Mutter sich nicht restlos aufopfert, fühlen viele ältere Frauen ihre eigene Lebensweise als Hausfrau und die oftmals damit verbundenen Entbehrungen infrage gestellt. Sie sind verunsichert und fragen sich, ob sie sich vielleicht umsonst abgerackert haben. Den Weg der anderen für falsch zu erklären und abzulehnen ist leichter, als sich selbst einzugestehen, möglicherweise gewisse Alternativen übersehen zu haben, oder neidlos zu akzeptieren, dass Hausfrauen heute mehr Möglichkeiten haben, weil sich die gesellschaftlichen Verhältnisse verändert haben. Die Rundfunk- und Fernsehmoderatorin Susanne Fröhlich hat mit diesem Thema eine sehr entspannte Umgangsweise gefunden und weiß die Kritik aus der Müttergeneration gut einzuordnen und auf Distanz zu halten:

Ich glaube, das ist einfach eine Generation …, die ihr eigenes Lebensmodell propagiert, um es vor sich zu rechtfertigen. Sonst müssten sich die Frauen ja eingestehen, dass sie es vielleicht auch hätten anders machen können. So sagen sie halt, es ist am besten so und für die Kinder ist es auch am besten, was immer zu Diskussionen führt. Aber das interessiert mich nicht besonders. Insgeheim weiß ich, dass meine Mutter es eigentlich ganz gut findet, was ich tue. Sie sagt dann: »Ach, du warst schon wieder da und da? Das war bestimmt toll, oder?« Und dann sage ich: »Klar war das toll. Das macht doch Spaß.«

Wenn gleichaltrige FreundInnen, Bekannte oder KollegInnen Kritik an einer Auszeit üben, liegen Neid und Missgunst als Motiv deutlich näher. Oftmals haben diese Frauen die gleichen Möglichkeiten, würden aus Angst, Pflichtgefühl, Bequemlichkeit oder anderen Gründen aber nie den Mut aufbringen, selbst eine Auszeit zu nehmen. Fordern Sie sie auf, Ihrem Beispiel zu folgen, haben Sie meist schnell Ihre Ruhe wie Carla, die ihre Doktorarbeit in einem Kloster zu Ende schrieb. Mit dem Hinweis »Es gibt viele Klöster, die Zimmer vermieten« spielte sie den Ball geschickt in die Hände derer zurück, die ihn geworfen hatten.
So unangenehm es sein mag zu wissen, dass andere Sie beneiden, so hilfreich ist dieses Wissen, wenn es darum geht, Vorwürfe richtig einzuschätzen und darauf zu reagieren. Die Bergsteigerin Carola hat darin ausreichend Erfahrung gesammelt und einen konsequenten Umgang entwickelt :

Nehmen wir mal die Freundinnen. Da weiß ich einige, die ein bisschen neidisch sind. Aber ich kann mit Neid schlecht

umgehen, denn Neid heißt immer, dass sie spüren, dass ihnen etwas fehlt. Und wenn einem etwas fehlt, dann meine ich, sollte man überlegen, was einem fehlt und schauen, dass man es ausgleicht. Ich bin in dieser Beziehung vielleicht ein bisschen hart in meinem Urteil, weil ich finde, jeder Mensch sollte sich im Klaren sein, dass jeder Tag der letzte sein kann. Also sollten wir jeden Tag so leben, als wäre es der letzte. Wenn ich immer nur sage: »Ich möchte gern, ich würde gern, ich hätte gern«, dann lebe ich meine Tage nicht so, dass sie die letzten sein können.
Ich lebe anders. Und aus dem Blickwinkel heraus kann ich mit Neid eigentlich überhaupt nicht umgehen. Wenn ich bei Freundinnen oder Bekannten Neid spüre, gehe ich innerlich gleich einen Schritt zurück und denke mir: »Du dumme Gans.«

Besonders heikel ist der Umgang mit Kritik, die Frauen in ihrer Rolle als Mutter infrage stellt. Sich klar zu machen, dass beispielsweise hinter dem Vorwurf »du Rabenmutter, hast du denn gar kein schlechtes Gewissen?« oftmals nichts als blanker Neid steckt, ist für eine Mutter keine leichte Aufgabe. Nach wie vor bietet der Appell an die Mutterliebe beziehungsweise an das weibliche Verantwortungsgefühl Kritikern die besten Erfolgsaussichten, und das wissen sie. Gerade Frauen, die mit Auszeiten noch keine Erfahrungen haben, sind in Bezug auf ihre Verantwortung als Mutter leicht verwundbar.
Die Erzieherin Swenja sah sich während ihrer ersten Auszeit genau diesem Vorwurf ausgesetzt. Obwohl man ihr gleichzeitig auch Eheprobleme unterstellte, war es die Rabenmutterschelte, die ihr am meisten zusetzte.

Kritik an meiner Ehe prallte an mir ab, da habe ich Sicherheit ... Die Kritik mit der Rabenmutter hat mir zugesetzt. Ich wusste nicht, wie ich reagieren sollte und zog mich deshalb zurück. Bei weiterem Überlegen merkte ich, dass dieser Punkt bei mir damals noch eine Schwachstelle war. Ich war das erste Mal ohne Kind aus dem Haus und kam mir selber ein bisschen leer vor. Wahrscheinlich hatte ich selbst dieses Denken noch im Hinterkopf, dass es wohl nicht ganz okay ist, was ich mache. Mittlerweile habe ich da Stärke gewonnen und seither auch keine Kritik mehr erhalten.

Auch der Appell an übliche Konventionen wird immer wieder gern eingesetzt, um Mütter zur Ordnung zu rufen. Ein schönes Beispiel dafür ist das Erlebnis der Lehrerin Margret, der eine Freundin klar zu machen versuchte, wie wichtig es für einen Ehemann doch sei, an Ostern gemeinsam Ostereier zu suchen.

Einmal war ich zufällig über Ostern weg. Ich wusste das gar nicht, hatte einfach für April gebucht und dann war es zufällig Ostern. Darauf wies mich eine Freundin hin, als ich ihr am Telefon erzählte, dann und dann bin ich wieder auf Fuerteventura. Sie meinte: »Ja, aber da ist Ostern. Das macht man doch nicht, dass man über Ostern wegfährt und die Familie allein lässt.« Ich habe gesagt: »Sie können die Ostereier doch auch ohne mich suchen.« Das war eine gleichaltrige Freundin, die [eine Auszeit], denke ich, auch gerne machen würde. Sie ist zwar kinderlos, aber der Mann würde es nicht akzeptieren. Im Prinzip war es Neid, mir zu sagen: »Wie kannst du über Ostern wegfliegen!«

Bleiben Sie auf Abstand, wenn andere Menschen versuchen, Ihnen wegen einer Auszeit Schuldgefühle einzureden, die weder für Sie selbst noch für Ihre Familie ein Problem darstellt. Sehen Sie genau hin, woher die Vorwürfe kommen und wie es um das Leben und die Zufriedenheit Ihrer Kritiker bestellt ist. Der Neid anderer Menschen ist nicht Ihr Problem! Hilfreich ist es auch, sich klar zu machen, dass Menschen mit Vorliebe jene Frauen kritisieren, die sich in ihrem Tun noch unsicher zeigen. Frauen, die von ihrer Sache überzeugt sind, schrecken Kritiker ab, wie Swenja in ihrem obigen Zitat berichtet. Auch diese Erkenntnis sollte Ihnen Mut machen, zu Ihren Auszeiten zu stehen und Kritik von Anfang an abzuweisen.

Kritik ignorieren

Eine weitere effektive Methode, sich Kritik vom Leibe zu halten, besteht darin, sie einfach zu ignorieren. Die Wirkung der Ignoranz resultiert aus dem eben erwähnten Effekt, dass meist nur jene Frauen kritisiert werden, die sich unsicher zeigen. Wer Vorwürfen hingegen keine Beachtung schenkt, verunsichert seine Kritiker, die sich tunlichst überlegen werden, ob sie ihre offensichtlich wirkungslosen Kritteleien nicht lieber einstellen.

> Ich habe [Kritik] weitestgehend ignoriert. Es war mir auch egal, denn es hat keinerlei Auswirkungen auf mich, ob die Leute das, was ich mache, gut finden oder nicht. Ich denke, bei vielen anderen Müttern war es weniger Kritik als der Wunsch, das auch zu tun.
> *Ute, 38, Hausfrau, 3 Ki.*

Sie können den Spieß auch umdrehen und sich über Ihre Neider lustig machen. Auch das bereitet Mäkeleien häufig ein schnelles und effektives Ende, weil Ihre Kritiker merken, dass sie mit ihren Anspielungen gegen Windmühlen reiten.
Die Lehrerin Angela begegnet neidischen Bemerkungen über die viele freie Zeit, die sie in ihrem Sabbatjahr hat, mit einer Portion Ironie:

> Ich begegne denen eher humorvoll, indem ich sage: »Ja genau, ich habe den ganzen Tag Zeit und mache alle meine Salzstreuer sauber.« Das löst zwar immer Befremden aus, aber ich finde das mit den Salzstreuern ein gutes Beispiel.

Wie immer Sie es anstellen, direkte oder indirekte Kritik an sich abprallen zu lassen – ob Sie sie schlicht überhören und so tun, als wäre nichts geschehen, ob Sie mit einem freundlichen Lächeln das Thema wechseln oder die Spitze auffangen und ins Lächerliche ziehen –, alle Varianten haben die gleichen Erfolgsaussichten. Vorausgesetzt, Sie lassen die Kritik nicht an sich heran. Sobald Sie inhaltlich einsteigen, stehen Sie ruckzuck mit dem Rücken zur Wand und fangen an, sich gegen etwas zu verteidigen, was weder einer Verteidigung bedarf, noch verteidigt werden kann, weil auf der anderen Seite niemand Verständnis haben *will*. Zeigen Sie Ihren Kritikern die kalte Schulter, dann werden diese bald erkennen, dass sie sich an Ihnen die Zähne ausbeißen.

Kritiker in die Wüste schicken

Lassen sich Ihre Kritiker weder dadurch zum Schweigen bringen, dass Sie ihnen die wahren Motive auf den Kopf zusagen, noch dadurch, dass Sie die Anwürfe ignorieren, wird es Zeit, die Notbremse zu ziehen. Wenn Bekannte, Freunde oder Verwandte nicht ablassen, Sie auf massive und feindselige Art für Ihr Vorhaben zu kritisieren, bleibt Ihnen als letztes Mittel der Distanzschaffung nur die Möglichkeit, sich von diesen Menschen zu trennen beziehungsweise das Verhältnis auf ein Minimum zu reduzieren. Wer sich anmaßt, aus Unsicherheit, Neid oder Eifersucht Ihre Entscheidungen fortdauernd in Zweifel zu ziehen, hat kein ehrliches Interesse an Ihrem Wohlergehen und verwirkt das Recht, Ihr Tun überhaupt zu beurteilen. Zum Glück sind solche drastischen Maßnahmen nur äußerst selten erforderlich, schützen Sie im Notfall jedoch davor, sich weiter infrage stellen und verunsichern zu lassen.

Als die Therapeutin Isabelle nach zwanzigjähriger Ehe beschloss, dass sie und ihr Mann in Zukunft in getrennten Wohnungen leben müssten, um weiter ein Paar zu bleiben, sah sie sich massiver Kritik ausgesetzt. Die räumliche Trennung von ihrem Mann fiel ihr nicht leicht, deshalb wollte und konnte sie die Angriffe aus dem Umfeld irgendwann nicht länger hinnehmen. Sie beschloss, sich feindseliger Kritik nicht länger auszusetzen.

> Ambivalenz, das heißt, Feindseligkeit und Liebevolles vermischt, kann ich aushalten. Ich sehe es, aber ich fahre nicht darauf ab und reagiere nicht auf die feindseligen Impulse … Aber mit anderen, die mir eine sehr große Belastung waren, habe ich gebrochen. Ich habe gedacht, ihr könnt mir alle

den Buckel runterrutschen. Mit Leuten, von denen zu viel Negatives kam, habe ich radikal gebrochen.

Eine Beziehung abzubrechen, um Kritik an einer Auszeit abzustellen, ist sicherlich eine extreme Maßnahme. Eine Trennung ist in diesem Fall ein Mittel zum Selbstschutz, das glücklicherweise nur selten eingesetzt werden muss. Zeigen Sie, wenn sich eine Situation zuspitzen sollte, Ihre Bereitschaft zu diesem Schritt, dann lässt sich der Bruch unter Umständen verhindern. Normalerweise ist es völlig ausreichend, Kritik zu ignorieren oder den Spieß umzudrehen und Ihren Kritikern ihre wahren Beweggründe vor Augen zu halten, um ihnen den Wind aus den Segeln zu nehmen.
Je mehr Erfahrungen Sie mit Auszeiten sammeln, desto sicherer werden Sie wissen, dass Ihre Abwesenheiten sich weder auf Ihre Kinder noch auf Ihre Beziehung negativ auswirken. Wenn es Ihnen gelingt, Ihre Auszeiten mit Selbstverständlichkeit zu vertreten, wird Ihnen Kritik zum einen nichts mehr anhaben und zum anderen immer seltener oder gar nicht mehr begegnen.

Resümee

In den meisten Fällen hat Kritik wenig bis gar nichts mit der / dem Kritisierten zu tun, aber dafür viel mit dem Kritiker / der Kritikerin selbst. Sie kommt vorwiegend von Menschen, die mit ihrem eigenen Leben unzufrieden sind und sich nicht trauen, daran etwas zu ändern. Sich mit einem solchen Menschen sachlich auseinander zu setzen, hat wenig

Sinn. Wer will sich schon darüber unterhalten, was im eigenen Leben schief läuft oder gar unabänderlich schief gelaufen ist? Sie tun daher gut daran, Kritik gar nicht erst an sich heranzulassen. Wenn Sie es tun, fangen Sie innerhalb kürzester Zeit an, sich zu rechtfertigen, und das ist zwecklos. Hinter Kritik an Ihren Auszeiten steckt nicht die Sorge über eventuelle negative Folgen für Ihre Angehörigen, sondern hauptsächlich der Neid Ihrer Kritiker. Folgende Möglichkeiten haben sich als wirkungsvolle Abschreckungsmaßnahmen erwiesen:

Durchschauen Sie Kritik. Machen Sie sich klar, was dahinter steckt. Wenn Sie sich vor Augen führen, dass andere neidisch auf Sie sind oder dass im Leben Ihrer Kritiker vielleicht etwas schief gelaufen ist, können Sie besser auf Distanz gehen und sich die Angriffe vom Leibe halten.

Ignorieren Sie Kritik. Gehen Sie, wenn es möglich ist, einfach darüber hinweg oder versuchen Sie, den Vorwurf ins Lächerliche zu ziehen. Hauptsache, Sie gehen nicht darauf ein.

Schicken Sie Ihren Kritiker in die Wüste. Wenn jemand gar nicht lockerlassen will, bleibt Ihnen nichts anderes übrig, als konsequent auf Distanz zu gehen. Ziehen Sie eine deutliche Grenze. Häufig reicht die Absichtserklärung, um andere zur Besinnung zu bringen. Aber betrachten Sie eine Trennung als das, was sie ist: ein Mittel zum Selbstschutz, das zum Glück nicht häufig eingesetzt werden muss.

Erfahrungsgemäß wird Kritik immer seltener, je sicherer Sie auftreten.

9. Auswirkungen von Auszeiten auf die Frau

Es gibt nichts Gutes,
außer man tut es.
Erich Kästner (1899–1974)

Schon manche Frau mag vor ihrer ersten Auszeit gedacht haben: »Was ist denn schon dabei? Ich fliege für eine Woche auf die Kanaren, Mann und Kinder sind versorgt und wenn ich wiederkomme, bin ich fit, aber ansonsten bleibt alles beim Alten.« *Irrtum!* Auszeiten haben immer Folgen, egal, ob Sie für ein Wochenende die nächste Großstadt unsicher machen oder sechs Wochen lang durch Indien trampen. Die Auswirkungen mögen unterschiedlich stark sein, spürbar jedoch sind sie alle, und das im positiven Sinne.

Für die meisten Frauen ist das Entscheidende an einer Auszeit das Gefühl, etwas unabhängig von anderen getan zu haben, nur für sich, weil sie es sich leisten wollten, weil sie es verdient haben, weil sie es so wollten oder brauchten, weil es an der Zeit war. Ein solcher Akt der Verselbständigung kann nicht folgenlos bleiben, weder für die Frau, die ihn vollzieht, noch für die Menschen, die von diesem Akt in irgendeiner Form betroffen sind. In diesem Kapitel erfahren Sie, welche Auswirkungen Frauen bei sich selbst beobachten, während sich die nachfolgenden beiden Kapitel mit den Auswirkungen auf den

Partner und die Beziehung sowie auf die Kinder beschäftigen werden.
Nach dem, was Sie bisher über Auszeiten erfahren haben, dürfte Sie die Feststellung, dass Auszeiten keine negativen, dafür aber viele positive Auswirkungen nach sich ziehen, kaum noch überraschen. Doch die Veränderungen gehen oft weit über das hinaus, was eine Frau ursprünglich mit ihrer Auszeit beabsichtigte. Denn gerade langfristige Veränderungen lassen sich selten vorhersehen. Dauerhafte positive Auswirkungen sind vor allem in drei Bereichen erkennbar:

- persönliche Weiterentwicklung,
- Wertschätzung innerhalb von Partnerschaft und Familie,
- berufliche Weiterentwicklung.

Neben diesen langfristigen Veränderungen benennen viele Frauen zwei weitere positive Effekte von Auszeiten, die unterschiedlich starke Wirkung zeigen können:

- Kontakt zu anderen Menschen,
- Erholung.

Persönliche Weiterentwicklung

Die positive Auswirkung auf die Persönlichkeitsentwicklung ist der am häufigsten festgestellte Effekt von Auszeiten auf Frauen. Allen voran wird in diesem Zusammenhang die **Steigerung des Selbstbewusstseins und der eigenen Selbstachtung** als die Veränderung genannt, die am meisten geschätzt wird. Hausfrauen wie Berufstätige berichten übereinstimmend, dass es ihrem Selbstvertrauen ungemein gut tue, hin und wieder ganz auf sich gestellt zu sein und eigene Wünsche und Bedürfnisse in die Tat umzusetzen.

> Ich traue mich viel mehr, es stärkt mein Selbstbewusstsein und ich bin neugierig auf viele Dinge. Früher habe ich mir oft selbst im Wege gestanden. Gut, vieles gab es in W. gar nicht, aber selbst wenn, hätte ich mir im Wege gestanden und es nicht gemacht, weil ich mich nicht getraut hätte. Und jetzt bin ich so weit gekommen, dass ich mich traue. Das ist schön ... Ich bin dadurch wirklich ein anderer Mensch geworden.
> *Amelie, 57, Lehrerin, 1 Ki.*

Dabei ist die Art der Auszeit meist nicht ausschlaggebend dafür, dass eine Frau mehr Selbstvertrauen gewinnt. Ein größeres Selbstbewusstsein lässt sich aus beruflich veranlassten Auszeiten ebenso ziehen wie aus rein privaten Auszeiten, vorausgesetzt, das Vorhaben entspricht den eigenen Wünschen und Bedürfnissen. *Was* eine Frau tut, ist daher weit weniger wichtig als die Tatsache, *dass* sie es tut (auch wenn manch eine durchaus stolz darauf ist, etwas zu wagen, was andere sich nicht trauen).
Manchen Frauen verhilft ihr gesteigertes Selbstbewusstsein zu einem sichereren Auftreten gegenüber anderen Menschen, andere entwickeln mehr Vertrauen in ihre beruflichen Fähigkeiten und wieder andere bringen von ihren Unternehmungen ein anhaltendes Glücksgefühl mit zurück in den Alltag. Die Art und Weise, in der sich ein verbessertes Selbstvertrauen äußert, ist also ganz verschieden.

> Ich gehöre zu den ganz reichen Menschen, weil ich so schöne Erlebnisse gehabt habe. Von denen kann ich erzählen und sagen: »Schau, dort sind wir gewesen und das haben wir gemacht und da habe ich mich auch schon ein bisschen umgeschaut.«
> *Carola, 53, Hauswirtschaftslehrerin, 2 Ki.*

Leicht nachvollziehbar ist auch, dass sich ein gesteigertes Selbstbewusstsein in großer persönlicher Zufriedenheit ausdrückt, die, wie die Konzert- und Opernsängerin Mechthild Georg beschreibt, nicht nur ihr selbst, sondern auch ihrer Familie zugute kommt.

> Ich habe immer wieder gesehen, je mehr man für sich selber tut, desto mehr kann man auch geben. Je besser es mir persönlich geht, desto liebevoller kann ich zu meiner Umgebung sein. Sonst bin ich bitterböse. Und in dem Zusammenhang habe ich die Bereiche, die für mich Freiräume sind, immer besser zulassen können und davon immer bewusster profitiert.

Auch wenn es von Frau zu Frau verschieden ist, wie viel persönlichen Gewinn sie aus ihren Solounternehmungen zieht, haben doch alle Frauen das Gefühl, innerlich gestärkt aus ihrer Auszeit zurückzukommen und im positiven Sinne nicht mehr ganz die zu sein, die sie vor der Auszeit waren.
Andere Frauen ziehen aus ihrer Auszeit vor allem das **Gefühl größerer Eigenständigkeit**. Sie genießen es, für sich zu sein und Zeit zu haben, sich wieder selbst zu spüren und sich bewusst machen zu können, wer sie sind und was sie ausmacht. Gerade dieser Effekt unterscheidet Auszeiten stark von Ur-

lauben mit Partner und Familie, in denen Frauen ihr Augenmerk überwiegend auf die Belange aller und weniger auf sich selbst richten (können).
Die gleiche Problematik, um ein Vielfaches verstärkt, prägt natürlich auch den Alltag vieler Frauen mit Familie, sodass manche ihre Auszeiten vor allem dazu nutzen, ihr altes Ich wieder aufleben zu lassen und sich klar zu machen, dass sie nicht nur als Teil einer Familie existieren, sondern auch als die eigenständige Person, die sie vor der Beziehung und der Familiengründung waren.

> Es war für mich ein ganz wichtiger Schritt zu merken, dass auch mein altes Leben und mein altes Ich sich weiterhin seine Freiheiten nehmen kann. Das ist mir unheimlich wichtig. Ich kann es gar nicht genug wertschätzen, dieses Gefühl, eben nicht das eine Leben aufgegeben zu haben, weil ich das andere angenommen habe, sondern dass sich das durchaus kombinieren lässt. [Die Auszeit] hat mir für das Leben zu Hause, in der Familie, ein Freiheitsgefühl wiedergegeben, das ich nach der Geburt meines Sohnes erst einmal verloren geglaubt hatte.
> *Britt, 39, Journalistin, 1 Ki.*

Eng verwandt mit dem Wunsch nach größerer Eigenständigkeit ist auch das Bedürfnis nach – zumindest zeitweiliger – **Unabhängigkeit**, das sich die Lehrerin Margret beispielsweise mit ihren alljährlichen Urlaubsreisen ohne Familie erfüllt. Sie genießt es, für eine begrenzte Zeit nur für sich selbst Verantwortung zu tragen; ein Gefühl, das sie zu Hause nie hat, wie sie sagt.

Zu Hause ist ständig irgendetwas los. Kaum denkt man, es ist alles in Ordnung, kommt bestimmt wieder irgendetwas von einem Kind oder aus der Verwandtschaft, das einen belastet ... Ein bisschen Egoismus ist schon dabei, aber ich denke, den muss man auch haben, weil man sonst von allen vereinnahmt wird, die große Anlaufstelle für Probleme ist. Da muss ich einfach eine gewisse Zeit an mich denken, mich als Einzelmensch fühlen, um dann gerne wieder in den Schoß der Familie oder in die Zweisamkeit zurückzukehren.

Wieder andere Frauen lernen durch die in der Auszeit gewonnene Eigenständigkeit und Unabhängigkeit, sich besser gegen negative Einflüsse zu schützen, indem sie sich **abgrenzen**. Auch dies kann im Alltag nachhaltige Konsequenzen haben, wie die ehemalige Therapeutin Isabelle bestätigt. Sie und ihr Mann leben seit über zehn Jahren in getrennten Wohnungen, was ihrer Ehe sehr gut getan hat. Gut getan hat es Isabelle aber auch, sich von Kritikern ihres Lebensmodells zu trennen und bei den Menschen auf Abstand zu achten, die sie verletzen können. Diese Erfahrung sei sehr wichtig für ihr persönliches Wohlergehen, sagt sie.

Als weitere, dauerhaft positive Auswirkung von Auszeiten berichten Frauen vom Gewinn einer größeren **Klarheit über die eigenen Bedürfnisse**. Wer die eigenen Bedürfnisse erkennt und berücksichtigt, muss sich nicht hinter einer allgemeinen Unzufriedenheit verschanzen, denn dort, wo die eigenen Bedürfnisse angemeldet werden und auf sie Rücksicht genommen wird, besteht wenig Grund zur Unzufriedenheit.

Ich will Rückmeldungen haben, ich will mich mit anderen darüber auseinander setzen, was ich hier eigentlich mache,

ich will Anregungen kriegen und das auch mal diskutieren können. Ich will sehen, was andere machen und was dahinter steckt und nicht immer nur allein für mich arbeiten. Da wieder mehr zu fühlen, zu schauen und mich selbst ernster zu nehmen, das finde ich enorm wichtig. Und ich merke, dass das jetzt kommt, wo ich mehr Ruhe und Zeit habe, dass ich mich selber wieder höre.
Angela, 43, Lehrerin

Wie diese Klarheit aussieht, ist von Frau zu Frau verschieden. Manche entwickeln konkrete Vorstellungen, wie sie ihren Tagesablauf verändern müssen, um mit ihren Kräften besser haushalten zu können, wie die neununddreißigjährige Gisela nach ihrem Aufenthalt im Schriftstellerzentrum von Rhodos. Zu Hause auf Teilzeitbasis als Landespflegerin und Lyrikerin tätig, war sie außerdem mehr oder weniger allein verantwortlich für die Erziehung der Kinder und den Haushalt. Das änderte sich nach ihrer Auszeit.

Rhodos war der Aufhänger, wo ich mir die Freiheit nahm, einen Monat zu »verschwinden«. Als ich zurückkam, war mir klar, dass sich etwas geändert hat und dass sich noch viel mehr ändern wird. Das war eine ganz tolle Erfahrung, die ich machen konnte, mit vielen positiven Auswirkungen. Ich habe daraufhin etliches geändert, zum Beispiel dass ich gesagt habe, wenn es zu Hause mit Mann und Kindern einen Monat lang ohne mich gut ging, wieso muss ich mich dann weiterhin hundertprozentig einspannen lassen? Und so habe ich Aufgaben auf meinen Partner abgewälzt, die er vorher nicht übernommen hat.

Andere Frauen erkennen beispielsweise, dass sie im Alltag mehr Rückzugsraum brauchen und richten sich ein eigenes Zimmer ein. Und wieder andere kommen zu der generellen Erkenntnis, dass sie in ihrem Leben ein besseres Gleichgewicht zwischen intensiver Arbeit und Ruhezeiten brauchen.
Der Journalistin Britt wurde, wie vielen anderen Frauen auch, erst während ihrer ersten Auszeit klar, wie wichtig es für sie ist, einen persönlichen Freiraum zu haben und immer wieder in Anspruch zu nehmen.

> Eine andere Erfahrung ist, wie gut mir [die Auszeit] tut und auch meiner Familie. Das finde ich total wichtig, und die Tatsache, dass ich sie brauche. Dass sich in dieser Beziehung überhaupt nichts verändert hat – Mann hin, Kind her –, ich *brauche* solche Zeiten für mich und ich denke, dass sie für mich gut sind und für die anderen auch. Das ist eine ganz wichtige Erfahrung.

Und damit kommt Britt, wie die meisten Frauen, zu dem Schluss, dass Auszeiten nicht nur ihr selbst, sondern auch ihrer Familie zugute kommen.
Frauen, die in ihrer Auszeit Aktivitäten nachgehen, die ihre persönliche Leistungsfähigkeit und Tapferkeit auf die Probe stellen, berichten, durch diese Erfahrungen mehr **Durchhaltevermögen und Mut** gewonnen zu haben. Die eigenen Leistungsgrenzen zu erfahren und auszuweiten, den eigenen Mut immer wieder neu zu erkunden kann einer Frau Erfahrungen vermitteln, die sich im Alltagsleben mitunter sehr bezahlt machen. Die Bergsteigerin Carola beispielsweise ist der Ansicht, dass ihr alpines Hobby sie befähigte, schwere Zeiten mit Kraft und Zuversicht zu überstehen.

> Vielleicht bin ich auch robuster geworden im Hinnehmen von manchen Dingen. Ich denke da an den Tod meines Vaters. Wo sich das Bergsteigen in meinem Leben vor allem ausgewirkt hat, war beim Lernen für Prüfungen und ganz besonders in der Schwangerschaft mit dem jüngsten Kind. Ich hatte nämlich eine sehr schwierige Schwangerschaft und es ist ein Wunder, dass das Kind überhaupt auf die Welt gekommen ist … Durch die Bergsteigerei habe ich gewusst, dass ich das durchstehen kann.

Auch Carola ist überzeugt, dass nicht nur sie selbst, sondern auch ihre Familie von den Eigenschaften profitiert, die sie in ihren Auszeiten erst richtig entfaltet hat. Diese Erfahrung ist typisch für die »Langzeitfolgen« von Auszeiten.
Ein nicht zu unterschätzender Aspekt in der persönlichen Weiterentwicklung von Frauen ist auch die Tatsache, dass Auszeiten einer Frau helfen können, **Schuldgefühle gegenüber der Familie abzubauen**. Auch wenn ich an anderer Stelle ausgeführt habe, dass der Gedanke an eine Auszeit nicht wenigen Frauen ein schlechtes Gewissen *verursacht*, steht dieser Umstand nicht im Widerspruch zu der Erfahrung, dass sie ebenso dazu beitragen können, Schuldgefühle *abzubauen*. Erfahrungsgemäß haben Frauen, denen es moralische Probleme bereitet, sich eine Auszeit zu nehmen, auch auf anderen Gebieten Schuldgefühle, nämlich immer dann, wenn sie glauben, dem traditionellen Bild der »guten Mutter« nicht zu entsprechen. Und dazu gibt es unzählige Gelegenheiten! Die eigene Berufstätigkeit eignet sich dafür ebenso wie der Kinoabend mit einer Freundin und in Extremfällen sogar ein Friseurbesuch ohne Kind. Potenzielle Schuldgefühle lauern überall dort, wo Frauen die eigenen Interessen vorüberge-

hend vor die der Kinder und / oder des Partners stellen. Eine Auszeit ist da nur ein Anlass unter vielen.
Auf den folgenden Seiten werden Sie jedoch sehen, dass Auszeiten Frauen häufig vor Augen führen, wie überflüssig ihre Schuldgefühle sind und dass nicht nur sie selbst, sondern auch ihre Familie davon profitieren kann. Auch wenn es manchen anfangs nicht ganz leicht fallen mag, eine Auszeit zu genießen, ohne sich gleichzeitig dafür schuldig zu fühlen, machen die meisten Frauen die Erfahrung, dass es ihnen von Mal zu Mal leichter fällt, sich ohne Reue auf ein eigenes Vorhaben einzulassen.

> Dieses Jahr wird es mir nicht mehr passieren, dass ich mich um alles im Vorhinein kümmere, damit nur nichts schief läuft und es dann nicht heißt: »Sie verschwindet und die Kinder können sehen, wie sie zurechtkommen.« Das war mein schlechtes Gewissen: »Ich nehme einen Monat für mich und die anderen leiden!« Heute weiß ich, dass es nicht so ist. Sie haben nicht gelitten und sie werden auch nicht leiden!
> *Gisela, 39, Lyrikerin, 2 Ki.*

Ob eine Auszeit nun dazu beiträgt, Ihr Selbstbewusstsein zu heben, Ihre Eigenständigkeit zu stärken, sich über Ihre eigenen Bedürfnisse klarer zu werden, mehr Durchhaltevermögen und Mut zu entwickeln oder Ihre Schuldgefühle abzubauen – eine oder gar mehrere dieser Auswirkungen werden auch Sie aus Ihrer Auszeit mit nach Hause nehmen. Und dass solche gravierenden Veränderungen keine einseitige Angelegenheit sind, zeigt der nächste Lebensbereich, in dem Frauen weitere Auswirkungen von Auszeiten feststellen.

Wertschätzung innerhalb von Partnerschaft und Familie

Ich habe bereits verschiedentlich erwähnt, dass Frauen nach einer Auszeit sowohl bei sich selbst als auch bei ihren Lieben oft eine gesteigerte gegenseitige Wertschätzung wahrnehmen. Dieser Effekt kann nach einem verlängerten Wochenende ebenso eintreten wie nach einer mehrwöchigen Reise, er ist also nicht abhängig von der Art oder Dauer einer Auszeit. Gleichzeitig kann es durchaus sein (und ist auch häufig der Fall), dass Kinder und Partner sich während der Auszeit nach der Mutter beziehungsweise der Gefährtin sehnen. Das Ergebnis dieser Sehnsucht sind jedoch meist weder verstörte Kinder noch vergrätzte (Ehe)Partner, sondern glückliche Familienangehörige, die einmal mehr erfahren haben, wie wertvoll ihnen die Mutter beziehungsweise die Partnerin ist. Nicht zuletzt deshalb sollten Sie Ihre Auszeiten als Zeiten der Besinnung ansehen, nicht nur für sich selbst, sondern auch für jene, die zurückbleiben und Sie vermissen.

> Diese Bitter-Süße gehört, finde ich, zum Reisen und Trennen dazu. Hinterher ist es dann für alle umso schöner, wieder zusammen zu sein. Das letzte Mal hat Noah [nach der Rückkehr] zwei Tage mit uns gefeiert. Bei jeder Mahlzeit hat er gesagt: »Jetzt wollen wir mal feiern, dass wir wieder zusammen sind.« Gleichzeitig fand er die Ferien bei der Oma ganz toll. Durch diese Trennungen steigt, meiner Erfahrung nach, die gegenseitige Wertschätzung und man erkennt einfach wieder, wie lieb man sich hat und wie schön es ist, einander zu haben. Wenn wir immer nur zusammenglucken würden, könnten wir diese Erfahrung nie machen.

> Daher wäre Noahs oder mein Heimweh kein Anlass, solche Trennungen zu vermeiden.
> *Britt, 39, Journalistin, 1 Ki.*

Frauen können in den meisten Fällen nach ihrer Rückkehr die häufigeren Zeichen von Liebe genießen, die ihnen vom Partner und den Kindern entgegengebracht werden. Mitunter geht die gestiegene Wertschätzung des Partners noch über die emotionale Ebene hinaus und führt zu einem ausgewogeneren Verhältnis innerhalb der Beziehung. So schildert die ehemalige Lehrerin Amelie, dass ihr Mann, bei allen Zweifeln und Ängsten angesichts ihrer Entscheidung, in eine andere Stadt zu ziehen, ihr neu gewonnenes Selbstbewusstsein durchaus zu schätzen wusste. Sie berichtet:

> Er war sehr stolz darauf, dass ich anders geworden bin, dass ich Selbstbewusstsein gewonnen habe … Ich bin dadurch wirklich ein anderer Mensch geworden. Und das fand er sehr, sehr schön und war stolz darauf. Ihm war auch eine Last genommen und er kommt freitags immer gerne zu mir. Dieses Wochenende bei mir ist für ihn eine richtige Erholung.

Amelie erntete, trotz aller Schwierigkeiten, bei ihrem Mann Respekt und Anerkennung für ihren mutigen Schritt. Ihre Beziehung verbesserte sich zusehends und die Partnerschaft ist heute so ausgewogen wie nie zuvor.

Berufliche Weiterentwicklung

Unabhängig davon, ob eine Frau am Anfang einer beruflichen Laufbahn steht oder bereits erfolgreich etabliert ist, können sich beruflich veranlasste Auszeiten äußerst positiv auf die berufliche Entwicklung und das berufliche Selbstverständnis auswirken.
Als die neununddreißigjährige Anne ein Stipendium für einen Aufenthalt auf einem Künstlergut für Bildhauerinnen erhielt, war es für sie *die* Gelegenheit, wieder in ihrem Beruf tätig zu sein, da sie sich sonst um ihren kleinen Sohn kümmerte. Für ihr berufliches Selbstverständnis war diese Auszeit ungemein wichtig.

> Ich hatte einen Professionalitätsschub ... Ich bin Bildhauerin und arbeite gerade nicht, weil ich ein kleines Kind habe. Das ist mein Berufsbild. Das hat sich dadurch noch einmal verfestigt.

Im Gegensatz zu Anne stand die Hochschullehrerin Isolde fest im Berufsleben, als ihr das Angebot einer Gastprofessur die Möglichkeit eröffnete, auf der akademischen Leiter eine weitere Stufe zu erklimmen. Auch für sie war diese Auszeit, in der sie sich ihrem Beruf widmen konnte, ein wichtiger Meilenstein in ihrer beruflichen Entwicklung.

> Ich meine, ich bin dadurch gewachsen. Ich habe es als eine totale Bereicherung auf der ganzen Ebene angesehen und bin der Meinung, dass dies wirklich ein ganz wunderbarer Beruf ist. Weil er einem die Möglichkeit gibt, selbst zu wachsen und nie alt zu werden im Geist, sondern sich im-

mer wieder klar zu machen, dass es ganz viel gibt, was man nicht weiß und was man alles noch erfahren muss.

Frauen können beruflich veranlasste Auszeiten ebenso dazu nutzen, eine berufliche Basis zu legen, wie dazu, bereits erworbene Kenntnisse aufzufrischen und zu professionalisieren oder auch berufliche Ambitionen für einige Zeit intensiver zu verfolgen, als ihnen das sonst möglich ist. Egal, wo Sie beruflich stehen, ob Sie Voll- oder Teilzeit arbeiten oder wegen der Kinder zu Hause sind, eine beruflich veranlasste Auszeit wird sich auf jeden Fall positiv auf ihr berufliches Selbstverständnis auswirken.

Kontakt zu anderen Menschen

Wenn Sie sich nicht gerade zum Meditieren in eine Eremitenklause zurückziehen, bietet Ihnen jede Art von Auszeit die Möglichkeit, mit neuen Leuten in Kontakt zu kommen. Ob am Strand oder in den Bergen, auf einer Schönheitsfarm oder in einem Hotel, im Café einer sehenswerten Stadt oder im Plenum eines Weiterbildungsseminars, überall bietet sich Frauen die Gelegenheit, interessanten Menschen zu begegnen, sich von ihnen beflügeln und anregen zu lassen.
Der Kontakt zu anderen Menschen ist für viele Frauen ein wesentliches Element ihrer Auszeiten. Nicht immer halten die Kontakte ein Leben lang; dennoch ist die positive Wirkung solcher Bekanntschaften nicht zu unterschätzen. Für die Bergsteigerin Carola verschob sich die Bedeutung ihres Hobbys durch die in den Bergen gemachten Bekanntschaften

drastisch. Sie beschreibt die Entwicklung ihrer Einstellung zum Bergsport als etwas, das sie anfänglich ausschließlich mit sich selbst ausgemacht habe. Im Laufe der Zeit verschloss sie ihre Erfahrungen immer weniger in ihrem Inneren und war schließlich in der Lage, sie mit anderen zu teilen.

> Am Anfang habe ich zum Beispiel gar nicht fotografiert, weil ich gesagt habe, das sind meine Erlebnisse, die muss ich in meinem Inneren mit mir nehmen, die sind nur für mich. Aber inzwischen trage ich es auch raus. Ich schreibe unheimlich viel auf, führe ein ausführliches Tagebuch über meine Bergerlebnisse und lese die Geschichten mit Begeisterung. Wobei für mich eigentlich fast immer die Menschen das Wichtigste sind, wenn ich in den Bergen unterwegs bin. Ich habe immer schöne Begegnungen und Erlebnisse... Und so gibt es einfach viele Menschen in meinem Umfeld, zu denen ich positive Beziehungen habe und pflegen kann und ich suche sie auch.

Die während einer Auszeit geknüpften Kontakte können für Frauen ganz unterschiedliche Bedeutung haben. Die Outdoor-Sportlerin Beate zum Beispiel fühlt sich an ihrem jetzigen Wohnort, in den sie ihrem Mann mit den drei Kindern gefolgt ist, nicht wohl. Sie leidet unter dem vorherrschenden konservativen Weltbild und der traditionellen Denkweise ihrer Nachbarn. Mit ihrer Leidenschaft für ambitioniertes Klettern, Bergsteigen oder Mountainbikefahren findet sie bei ihren Mitmenschen kaum Verständnis, weil deren Ansicht nach solche Dinge für eine Mutter von drei Kindern ungehörig sind. Deshalb ist es Beate sehr wichtig, während ihrer Auszeiten Menschen zu begegnen, die ihre

Vorlieben verstehen und teilen und die sie so akzeptieren, wie sie ist.

> Für mich bedeutet das Reisen auch, dass ich mich von meiner Familie distanzieren kann. Ich bin einfach nur ich. Niemand kennt meine Familie, niemand kennt meine Vergangenheit, da trete ich auf und werde angenommen und lerne viele nette und interessante Leute kennen. Das gibt mir unheimlich viel. Mir war der Kontakt zu Menschen immer sehr wichtig. In F. war es nie Thema, was ich mache oder wie ich etwas mache. Das wurde rundweg akzeptiert. Niemand hat sich darüber ausgelassen, dass es blöd ist, was ich mache, oder gesagt: »Du musst doch bei den Kindern bleiben.« ... Ich kannte dort viele Frauen, die mit mir in die Berge oder klettern gegangen sind. Das war einfach selbstverständlich ... Das Problem hier ist, dass die Frauen sehr traditionsbewusst, sehr konservativ und sehr familienbezogen sind und ich häufig zu hören bekomme – das ist so ein Standardsatz: »Was? Du gehst alleine, ohne Familie? Und was macht dein Mann dann?« »Der kümmert sich um die Kinder«, sage ich dann. »Ganz alleine, kann der das?«

»Eine Umgebung, die unseren Empfindungen zuwiderläuft, unseren Ehrgeiz behindert oder unsere Energiereserven strapaziert, behindert unsere Entwicklung und gibt uns das Gefühl, dass wir im Leben zu kurz kommen«.[28] Beate lebt in einer solchen Umgebung. Und genau aus diesem Grund ist es ihr wichtig, während ihrer Auszeiten mit Menschen zusammenzutreffen, die sie akzeptieren und ihr einen Platz in ihrer Mitte geben.

Anderen Frauen ist es ebenfalls wichtig, Gleichgesinnte zu

treffen, allerdings nicht, weil sie sich zu Hause mit ihren Aktivitäten abgelehnt fühlen, sondern weil sie Anregungen und Inspiration suchen.
Die Lyrikerin Gisela genoss während ihres vierwöchigen Aufenthaltes im Schriftstellerzentrum auf Rhodos den Kontakt zu anderen Kunstschaffenden vor allem deshalb, weil ihr die Gespräche mit den Kollegen Ansporn für die eigene Arbeit waren.

> Ich habe auf Rhodos sehr viele Kontakte geknüpft und mich mit einigen Leuten angefreundet, mit denen ich bis heute in Briefkontakt stehe ... Wichtig ist mir, dass man dort »Gleichgesinnte« trifft. Alle arbeiten in irgendeiner Form literarisch, man tauscht sich aus, alle wissen, von was man redet. Und es ist sehr anregend, dass man abends darüber reden kann, was man tagsüber gearbeitet hat.

Für viele Frauen ist die Begegnung mit neuen Leuten sehr inspirierend und aufbauend. Und viele stellen fest, dass sie von den neu gewonnenen Impulsen, alternativen Sichtweisen, dem Verständnis und der erhaltenen Bestätigung noch lange nach der Auszeit zehren können.

Erholung

Erholung in einer Auszeit finden längst nicht nur die Anhängerinnen des *dolce far niente*, die mit der erklärten Absicht wegfahren, im Liegestuhl am Pool festzuwachsen oder sich auf andere Weise dem Müßiggang hinzugeben. Auch Frauen, die

während ihrer Auszeit mehr oder weniger schweißtreibende sportliche Aktivitäten pflegen oder beruflich veranlasste Unternehmungen auf dem Plan haben, berichten, sich in dieser Zeit wunderbar erholt und entspannt zu haben.
Wer weniger das Bedürfnis nach körperlicher Ruhe hat als nach einem Ausgleich zum Alltag, dem kommt es vermutlich nicht so sehr entgegen, sich mit einem Stapel Bücher zurückzuziehen, als interessante Städte zu erkunden oder ausgedehnte Wanderungen zu unternehmen. Dennoch wird der Erholungseffekt genau der gleiche sein.
Selbst Frauen, die sich wie die Lehrerin Sylvia in ihrem Sabbatjahr ein recht anstrengendes Auszeit-Programm vornehmen, äußern sich begeistert darüber, wie gut sie sich körperlich und seelisch erholen konnten.

> Ich fand es toll. Ich habe die Zeit sehr genossen, war sehr aktiv und habe eine Menge geschafft (Zusatzstudium abgeschlossen, Umzug, Kind bekommen, Führerschein gemacht). Es war für mich eine Auszeit von der Arbeit. Ich finde es einfach schön, ein Jahr lang nicht zu arbeiten. Man kann sich körperlich und seelisch erholen und ist ein Jahr lang weniger Stress ausgesetzt.

Auch in der Frage des Erholungswertes bestätigt sich die Regel, dass es weniger darauf ankommt, *was* eine Frau tut, als darauf, *dass* sie es tut. Entscheidend ist, dass eine Frau das *Richtige für sich* tut, unabhängig davon, ob es sich um einen Relax-Urlaub, eine Trekkingtour oder eine Weiterbildung handelt. Jede Form von Auszeit kann einer Frau Genuss bereiten, sodass sie mit dem Gefühl nach Hause kommt, ihre Batterien bis zum Anschlag wieder aufgeladen zu haben. Sie muss le-

diglich darauf achten, dass ihr Vorhaben auch wirklich das ist, was sie sich wünscht.
Zum Schluss muss ich Sie vor einer weit verbreiteten Folgeerscheinung warnen, der auch Sie zum Opfer fallen könnten: Auszeiten sind erstens ansteckend und zweitens machen sie Lust auf mehr!
Wenn Sie also glauben, Ihren Wunsch nach einer Auszeit mit einer einzigen Unternehmung ein für alle Mal befriedigen zu können, muss ich Sie enttäuschen. Sie werden höchstwahrscheinlich entspannt und glücklich zurückkommen und wie die meisten anderen Frauen feststellen, dass Sie hoffnungslos »infiziert« sind. Die Chancen, dass eine Auszeit wirklich spurlos an Ihnen vorübergeht, sind denkbar gering. Das haben schon viele andere Frauen vor Ihnen feststellen können, die eine Auszeit nahmen und folgenlos daraus hervorgegangen zu sein glaubten:

> Außer dass ich mich gut erholt habe, hat es eigentlich keine Auswirkungen gehabt, nur den Wunsch, dass ich es wieder mache.
> *Ute, 38, Hausfrau, 3 Ki.*

Wenn das keine Auswirkung ist!

Resümee

Einerlei, wie lange eine Auszeit dauert, welche Form sie hat oder aus welchem Grund sie genommen wird – Auszeiten bleiben niemals folgenlos. Zumindest nicht, wenn eine Frau die wichtigste aller Auszeitregeln beherzigt und ihr Vorhaben *ohne* Mann und Kind(er) verwirklicht. Ein Großteil der beobachteten Auswirkungen besteht aus grundlegenden, langfristigen Veränderungen; andere halten zwar nicht ewig vor, sind aber nicht minder wichtig.

Am häufigsten berichten Frauen, sie hätten sich durch ihre Auszeit(en) persönlich weiterentwickelt. Für manche besteht diese Weiterentwicklung in einem gesteigerten Selbstbewusstsein und einer größeren Zufriedenheit mit sich und der Welt, andere genießen die gewachsene Eigenständigkeit und Unabhängigkeit, wieder andere haben nach ihrer Auszeit ein besseres Gespür für die eigenen Bedürfnisse. Manche Auszeiten stellen Frauen vor große Herausforderungen, sodass sie mit einem größeren Durchhaltevermögen und mehr Mut daraus hervorgehen, andere sehen den Erfolg darin, ihre Schuldgefühle abgebaut zu haben.

Eine weitere, sehr häufig beobachtete Auswirkung von Auszeiten ist die gesteigerte Wertschätzung innerhalb der Familie. Dies gilt sowohl für die Gefühle der Frau gegenüber Mann und Kindern als auch umgekehrt. Bei manchen Paaren führt eine solche emotionale Aufwertung sogar zu einem ausgewogeneren Verhältnis in der Beziehung.

Auch auf beruflichem Gebiet können Frauen durch Auszeiten erhebliche Fortschritte erzielen. Ob Sie eine berufliche Basis legen, bereits vorhandene Kenntnisse auffrischen oder berufliche Ambitionen für eine gewisse Zeit intensiv verfolgen wollen – in beruflich veranlassten Auszeiten ist all das möglich.

Eine große Rolle spielen für Frauen die in der Auszeit geknüpften Kontakte. Viele erleben die Begegnung mit anderen Menschen als äußerst inspirierend und nehmen neue Impulse mit nach Hause. Andere genießen das Verständnis und die Bestätigung, die sie von neuen Bekannten erhalten.

Erholung finden Auszeit-Frauen nicht nur im Nichtstun. Weniger wichtig als die Frage, *was* eine Frau tut, ist die Tatsache, *dass* sie es tut. Wenn sie für sich das Richtige tut, kann eine körperlich oder geistig anstrengende Auszeit ebenso erholsam sein wie ein expliziter Relax-Urlaub.

Die wohl grundlegendste Auswirkung von Auszeiten jedoch ist die Tatsache, dass sie »Lust auf mehr« machen. Ich kenne keine Frau, die nach der ersten Auszeit gesagt hätte, eine zweite werde es nicht geben. Art, Dauer und die dazwischen liegenden Zeiträume mögen variieren, aber freiwillig damit aufhören würde keine Frau.

10. Auswirkungen auf den Partner und die Beziehung

Die Liebe besteht zu drei
Vierteln aus Neugier.
Giacomo Girolamo Casanova
(1725–1798)

Wissen Sie noch? Die meisten Männer reagieren schon *vor* einer geplanten Auszeit positiv auf das Vorhaben ihrer Frau. Gut ein Viertel verhält sich eher passiv-tolerierend und nur eine Minderheit steht der Idee explizit negativ gegenüber (Genaueres steht im Kapitel »Reaktionen«). Bei den von mir befragten Frauen war *nach* der ersten Auszeit selbst von dieser Minderheit niemand mehr übrig. Die Erklärung dafür ist, dass so gut wie alle Männer durch die Auszeiten ihrer Frau selbst positive Veränderungen erfahren. Zu den wichtigsten zählen:

- gesteigerte Wertschätzung gegenüber der Partnerin,
- persönliche Weiterentwicklung,
- Verbesserung der persönlichen Lebensumstände.

Neben diesen positiven Auswirkungen gibt es aber auch

- ambivalenten Auswirkungen,

die sie dennoch insgesamt positiv bewerten.

Viele Frauen beschränken sich bei der Nennung von durch eine Auszeit erreichten positiven Veränderungen nicht auf einzelne Aspekte, sondern nennen gleich mehrere Faktoren. Und wenn beide, Frau und Mann, von der Auszeit der Frau profitieren, müssen sich die positiven Effekte logischerweise auch auf die Beziehung auswirken. Und das tun sie, wie folgende Beispiele belegen.

Gesteigerte Wertschätzung

Viele Frauen genießen nach ihrer Rückkehr das Gefühl, in der Achtung ihres Mannes gestiegen zu sein. Die gesteigerte Wertschätzung ist der am häufigsten genannte positive Effekt, den Frauen nach einer Auszeit bei ihrem Partner (und bei sich selbst) registrieren. Auf welchem Gebiet diese gesteigerte Wertschätzung zum Ausdruck kommt, hängt von der Beziehung und der Art der Auszeit ab.
Wenn Männer während der Abwesenheit ihrer Frau ganz oder teilweise die Verantwortung für die Kinder und den Haushalt übernehmen, ändert das häufig ihre Sicht auf das Leben der Partnerin – und zwar mit ausgesprochen positiven Folgen. Sie gewinnen ein viel klareres Bild von den täglichen Leistungen ihrer Frau, sodass es nicht verwundert, wenn diese nach ihrer Rückkehr feststellt, dass der Partner in der Zwischenzeit nicht nur gelernt hat, das Spektrum ihrer vielfältigen Aufgaben besser zu erfassen, sondern auch deutlich **mehr Respekt vor ihren täglichen Leistungen** empfindet.

> Er schätzt meine Leistungen wahrscheinlich mehr. Nicht nur, dass er sie wahrnimmt, sondern dass er sie auch besser einschätzen kann. Außerdem sieht er mich doch mehr als eigenständige Person und nicht nur als dazugehörendes Familienmitglied. Er hat gesehen, dass ich meinen eigenen Weg gehe, wenn ich das will, oder ihn zumindest gehen könnte.
> *Margret, 53, Lehrerin, 2 Ki.*

Schon um dieser Auswirkung willen sollten Frauen sich gut überlegen, ob es wirklich immer angebracht ist, den Partner während ihrer Abwesenheit vollständig zu entlasten und ihm keine zusätzlichen Aufgaben aufzubürden. Allem Gemurre zum Trotz kann es für manchen Mann eine heilsame und erhellende Erfahrung sein zu erleben, welche Aufgaben seine Partnerin – meist neben ihrem Beruf – Tag für Tag meistert.
Im obigen Zitat nennt Margret neben dem gestiegenen Respekt vor ihrer Familienarbeit noch eine zweite positive Veränderung, die auch von vielen anderen Frauen registriert wird: die **gestiegene Achtung vor ihrer Selbständigkeit**. Manchen Männern wird durch eine Auszeit zum ersten Mal vor Augen geführt, dass ihre Frau auch dann gut bestehen kann, wenn sie nicht in seinem Windschatten segelt. Für andere ist es eine Bestätigung dessen, was sie bereits wissen. In beiden Fällen tragen Auszeiten dazu bei, die Achtung des Mannes vor der Unabhängigkeit seiner Frau zu steigern. Und was unabhängige, eigenständige Frauen Männern zu bieten haben, hat die kluge Radio- und Fernsehmoderatorin Susanne Fröhlich so beschrieben:

> Natürlich sind Frauen wie ich, die sagen, sie sind »egoistisch« oder sie wollen ihre Freiräume, anstrengender für

> Männer. Auf den ersten Blick jedenfalls. Andererseits sind es aber auch keine Frauen, die abends auf die Uhr schauen und sagen: »Wie, du bist um elf noch nicht zu Hause? Du warst bestimmt noch was-weiß-ich-wo.« Das ist die andere Seite. Insofern weiß ich nicht, ob sie nicht vielleicht nur auf den ersten Blick anstrengender sind und eigentlich auf Dauer sogar besser genießbar – und auch spannender, weil sie eben auch eigene Sachen machen.

Wer sich darüber im Klaren ist, dass die Partnerin durchaus eigene Wege gehen kann, dem wird die Verbundenheit mit ihr doppelt wertvoll erscheinen. Daher ist das **Bewusstwerden der emotionalen Verbundenheit** ein weiterer positiver Effekt von Auszeiten auf den Partner. Die Gefährtin hin und wieder zu vermissen mag einerseits schmerzlich sein, ist aber gleichzeitig auch eine Gelegenheit zu spüren, wie viel sie einem bedeutet.

> Er hat sich total gefreut, als ich wiederkam, und ich denke, dass [die Auszeit] bei ihm genau das Gleiche ausgelöst hat wie bei mir, wenn er weg ist, nämlich eine Besinnung darauf, wie es ist, wenn der andere nicht da ist. Nicht nur im Hinblick auf »Ich-muss-mich-jetzt-allein-um-alles-kümmern«, sondern auch darauf, dass einem der Partner fehlt. Und ich denke, dass ihm daraus klar geworden ist, dass ich so etwas jederzeit wieder tun würde und auch brauche.
> *Britt, 39, Journalistin, 1 Ki.*

Natürlich findet die Rückbesinnung auf das, was einen verbindet, nicht nur zu Hause, sondern auch in der Auszeit statt. Im vorhergehenden Kapitel beschrieben viele Frauen als eine schöne Seite ihrer Auszeit, sie hätten es sehr genossen, sich ihrer Gefühle für den Partner wieder bewusst geworden zu sein. In diesem Sinne könnte man Auszeiten durchaus als Beziehungsarbeit der angenehmen Art bezeichnen. Zumindest, wenn das Ergebnis dem ähnelt, was Britt in Bezug auf die Auswirkungen auf ihre Beziehung beschreibt:

> Ich denke, mal eine Trennung zu haben hat uns beiden total gut getan, gerade der Beziehung. Es war die längste Trennung, die wir je hatten. Irgendwie ist es auch schön, eine Zeit der Besinnung zu haben und dann wieder zueinander zu finden und zu sehen, dass alles wunderbar ist und genau wie vorher, nur beflügelt durch die Trennung.

Frauen, die beruflich veranlasste Auszeiten nehmen, erleben die gesteigerte Wertschätzung ihres Mannes meist im Hinblick auf ihr berufliches Engagement. So bemerken viele nach ihrer Rückkehr mit Freude, dass der Partner ihren beruflichen Aktivitäten deutlich **mehr Respekt** entgegenbringt oder sie für ihr Tun sogar bewundert.
Der Theologin Carla gelang es, neben einer halben Stelle und der Betreuung ihrer kleinen Tochter ihre Doktorarbeit zu beenden. Sie nahm dafür mehrmals Auszeiten und ging zur Fertigstellung in ein Kloster, das Frauen speziell für solche Vorhaben offen steht. Die Haltung ihres Mannes gegenüber ihrer Arbeit veränderte sich dadurch:

> Mir ist es in dieser Zeit gelungen, meine Dissertation zu beenden. Das hat bei meinem Mann Respekt gegenüber meiner Arbeit hervorgerufen, der mir gut tut. Und bei mir ist das Gefühl gewachsen, dass ich mich in allem sehr auf

meinen Mann verlassen kann, weil er Mühe auf sich nimmt, um mir Freiräume zu ermöglichen. Dadurch ist auch auf meiner Seite die Bereitschaft gewachsen, ihm Vorhaben zu ermöglichen, die nicht unmittelbar dem Beruf dienen, sondern in erster Linie seiner persönlichen Verwirklichung.

Dass die positiven Auswirkungen auf den Partner auch wieder auf die Frau und damit automatisch auf die Beziehung zurückstrahlen, wird in Carlas Beispiel besonders deutlich. Je mehr der Respekt ihres Mannes vor ihrem beruflichen Engagement wächst, desto mehr steigt auch seine generelle Achtung vor ihr und damit die Zufriedenheit mit seiner Beziehung. (Schließlich ist es für einen Mann nicht angenehm, mit einer Partnerin zusammenzuleben, für die er keine Achtung empfindet, weil er sie ständig unterschätzt. Er läuft dadurch Gefahr, sich seiner Beziehung und seinem Heim zu entfremden und womöglich beschleicht ihn irgendwann das Gefühl, mit der Wahl seiner Partnerin unter seinen Möglichkeiten geblieben zu sein.)
Im Gegenzug steigt bei Carla die Bereitschaft, ihrem Mann eigene Freiräume zu ermöglichen, sodass beide das Gefühl haben, sich sowohl individuell als auch als Paar entfalten zu können, was das Fundament ihrer Beziehung weiter festigt.

Persönliche Weiterentwicklung

Den Aspekt der persönlichen Weiterentwicklung kennen Sie bereits aus dem letzten Kapitel. Allerdings hieß es dort, positive Auswirkungen auf die Persönlichkeitsentwicklung seien der am häufigsten festgestellte Effekt von Auszeiten auf *Frauen*. Nun, bei Männern ist es »nur« die zweithäufigste Auswirkung. Dennoch ein beachtliches Resultat, wie ich finde. Schließlich sind es die Auszeiten von Frauen, von denen Männer auf so erfreuliche Weise profitieren.

Wenn der Mensch an unserer Seite beginnt, den eigenen Wünschen und Bedürfnissen zu folgen und sich mit einer Auszeit einen Traum zu verwirklichen, ist es fast unmöglich, sich dagegen abzuschotten und weiterzuleben, als wäre nichts geschehen. Das mag weniger für eine Wochenend-Auszeit gelten; größer angelegte, längere Auszeiten jedoch werden nicht selten auch zum Auslöser für eine **Selbstbesinnung** des Mannes. Angeregt durch das Tun seiner Partnerin beginnt er über das eigene Leben nachzudenken, es zu überprüfen und sich beispielsweise zu fragen, ob er mit dem, was er tut, zufrieden ist, welche Freiräume er sich wünscht und was seine Ziele sind.

> [Die Auszeit] bewirkt bei ihm natürlich, dass er sich auch fragt: Will ich eigentlich so weitermachen, wie ich arbeite? Er kann zwar kein Sabbatjahr nehmen, dann sind seine Kunden weg, aber er macht sich grundsätzlich Gedanken darüber, was wichtig ist in seinem Leben und welche Bereiche zu kurz kommen. Also schlichtweg die Sinnfrage ist für ihn stärker in den Vordergrund gerückt.
> *Angela, 43, Lehrerin*

Das Ergebnis muss längst nicht immer sein, dass auch er beschließt, ähnliche Auszeiten zu nehmen. Dies ist nur eine denkbare Möglichkeit. Vielleicht kommt er zu dem Ergebnis, dass er mit seinem Leben ganz zufrieden ist und nur ein be-

stimmtes Hobby mehr ausbauen möchte. In jedem Fall hat ein Mann am Ende dieses Denkprozesses größere Klarheit über sein Leben und über seine Ziele.
Andere Männer ziehen aus den Auszeiten ihrer Frau **Impulse und Anregungen**, die sie persönlich weiterbringen. Für einige sind es Anregungen geistiger Art, sich beispielsweise mit einem bestimmten Thema auseinander zu setzen oder politisch aktiv zu werden; andere fühlen sich angeregt, sich mehr mit Kunst und Kultur zu beschäftigen oder sich sportlich zu engagieren …
Der Mann der Hochschullehrerin Isolde unterstützte die Karriere seiner Frau nicht nur jahrzehntelang, er war ihr auch stets ein intellektueller Begleiter, Kritiker und Ratgeber. Ihr Schaffen lieferte ihm geistige Impulse und den Genuss einer intellektuell anregenden Beziehung, so wie er sie sich immer gewünscht hatte. Daher lag es für ihn auf der Hand, ihren Wunsch nach einer Auszeit in Form einer einjährigen Gastprofessur zu unterstützen.

> Ich denke, auch er ist zum Teil damit gewachsen, weil er an allem immer stark Anteil genommen hat. Er ist seinem Beruf nachgegangen, aber er hat die anderen Dinge mit mir geteilt. Er hat die gleichen Texte gelesen wie ich, hat meine Aufsätze und Bücher gegengelesen, und ich denke, dass er auch davon profitiert hat.

Wieder andere Männer nehmen die Auszeit der Partnerin zum Anlass, selbst »in die Puschen zu kommen« und sich eigene Auszeiten zu nehmen oder Freiräume einzurichten.

> Wir sind dann übereingekommen, dass Peter, der irgendwann seine Liebe zu den Alpen entdeckt hat, ebenfalls die eine oder andere Hochtour macht. Außerdem hat er angefangen, im Winter und speziell im Frühjahr Skitouren zu gehen. So haben wir einen Ausgleich gefunden: Er geht im Winter und im Frühjahr weg und ich im Sommer... Es hat unserer Beziehung eher gut getan, dass ich raus wollte und dass ich die Dinge auch durchgesetzt habe.
> *Beate, 42, Hausfrau, 3 Ki.*

Dass sich solche gegenseitigen Freiräume auch positiv auf die Beziehung auswirken, liegt auf der Hand. Denn dort, wo beide Partner eigene Interessen verfolgen können, verstärkt sich häufig auch der **Wunsch, gemeinsame Interessen zu pflegen**. Daher stellen viele Paare fest, dass die von einer Auszeit der Frau ausgehenden positiven Impulse auch ihrer Beziehung zugute kommen. So wie Isoldes Mann von den intellektuellen Impulsen ihrer beruflichen Tätigkeit profitiert, brachten diese auch die Beziehung voran, die, wie Isolde feststellt, »insbesondere im kommunikativen und intellektuellen Bereich sehr gewonnen hat«.

In anderen Fällen liefern Auszeiten konkrete Ideen für gemeinsame Unternehmungen, an die ein Paar vorher nie gedacht hat, oder sie wecken Interesse für Aktivitäten, die noch nie ausprobiert wurden.

Die Lehrerin Angela, die seit vielen Jahren malt, nahm während ihres Sabbatjahres an verschiedenen künstlerischen Workshops teil und weckte damit die Neugier ihres Mannes. Außerdem wuchs das Interesse des Paares, gemeinsam kulturelle Angebote wahrzunehmen, was Angela ebenfalls auf ihre Auszeit zurückführt.

Ich habe schon den Eindruck, dass sich etwas geändert hat, wahrscheinlich in Verbindung mit dem Sabbatjahr. Mit einem Mal tun sich Räume auf, zum Beispiel gemeinsam ins Museum zu gehen, was sonst eher weggefallen ist, weil wir beide zu kaputt waren. Das kommt mir im Moment anders vor. Ich glaube schon, dass [das Sabbatjahr] da etwas bewirkt. Ein Punkt war zum Beispiel auch, dass er mit einem Mal sagte: »So einen Steinbildhauerkurs würde ich auch sehr gern mal ausprobieren.« Und das macht er beileibe nicht, um mir einen Gefallen zu tun, ganz bestimmt nicht. Ich hätte das auch alleine gemacht.

Es gibt noch viele andere Beispiele, die zeigen, wie die von Auszeiten ausgehenden Impulse Beziehungen beflügeln können. Für die einen werden sie zum festen Bestandteil der Beziehung, anderen Paaren öffnen sie Türen, die ihnen bis dato verschlossen waren, sodass sich beide aufmachen, gemeinsam Neues zu entdecken.
Die Herausforderungen, die manche Auszeiten von Frauen darstellen, beflügeln nicht nur die **Persönlichkeitsentwicklung** der Frau, sondern können das Gleiche auch bei ihrem Partner bewirken. Diese Erfahrung machte beispielsweise die Konzert- und Opernsängerin Mechthild Georg, deren zahlreiche berufliche Auszeiten in Form von Konzertreisen, Plattenaufnahmen oder Auftritten auch für ihren Mann große Herausforderungen darstellten. Da Mechthilds Zukunftsträume sich anfangs so gar nicht mit seinen konservativen Vorstellungen von Ehe und Familienleben deckten, mussten beide in die Welt der darstellenden Kunst hineinwachsen, je mehr sich ihre Gesangskarriere entwickelte.

> Er ist sehr konfliktfreudig und verbal geschickt geworden. Er ist selbstbewusst und sehr männlich geworden. Er ist selbst in diese Welt des darstellenden Musizierens hineingewachsen und hat nicht mehr die Vorstellung, dass jemand, der sich solistisch präsentiert, eine Macke hat.

Auch der häusliche Bereich hält für Männer Entwicklungspotenzial bereit. Allen im Vorfeld (von Männern) geäußerten Zweifeln und Vorbehalten zum Trotz stellen manche Frauen nach ihrer Rückkehr überrascht fest, wie stolz ihr Mann darauf ist, seine beruflichen Verpflichtungen und die Mehrarbeit im Haushalt und bei der Organisation der Kinderbetreuung so gut bewältigt zu haben. So mancher besitzt wesentlich konkretere Vorstellungen von den täglich anfallenden Arbeiten und ein deutlich **größeres Selbstvertrauen** im Hinblick auf die Regelung familiärer Aufgaben. Schließlich ist die Auszeit der Partnerin für manche Männer die erste Gelegenheit, in ihrem Zuhause einmal nach eigenem Gutdünken schalten und walten zu können (ohne den kritischen Blick einer vielleicht wesentlich routinierteren Gefährtin).
So berichtet die dreiundvierzigjährige Krankenschwester Birgit, ihr Mann habe sich vor ihrer ersten Reise nach Thailand vor allem gesorgt, ob er während ihrer dreiwöchigen Abwesenheit seine Arbeit, den Haushalt und die Versorgung der drei Kinder zwischen drei und zwölf Jahren in den Griff bekommen würde. Es überrascht nur wenig, dass sie auf die Frage nach den Auswirkungen auf den Mann als Erstes antwortet:

> Mein Partner war froh, dass zu Hause in dieser Zeit alles gut ging und er alles gut hingekriegt hat.

Manche Männer bemühen sich über die täglichen Aufgaben hinaus lange aufgeschobene Projekte zu erledigen, damit sie die Partnerin nach ihrer Rückkehr damit überraschen können. So verpasste mein eigener Mann während meiner letzten Auszeit unserem undichten Gartenhaus eine neue Dachabdeckung. Bei anderen Frauen war das Treppenhaus frisch gestrichen oder der Keller gefliest. Meist sind es Arbeiten, die schon lange anstanden, aber aus Zeitmangel immer wieder verschoben wurden. Nun wird ein Mann während der Auszeit seiner Frau sicher nicht von akuter Langeweile geplagt. Daher speist sich sein Arbeitseifer eher aus seinem **gestiegenen Verantwortungsgefühl für die in der Familie anfallenden Arbeiten** und natürlich auch aus dem Bedürfnis, der Partnerin die Freude über ihre Rückkehr an einem bestimmten Projekt sichtbar zu machen.

Ich selbst ertappe mich nach längeren Abwesenheiten leider immer wieder bei dem Versuch, mir den Haushalt durch eine Putzaktion förmlich wieder anzueignen. Davor kann ich nur warnen! Zum einen muss es ein Mann als glatte Misstrauenserklärung verstehen, wenn Sie nach Ihrer Rückkehr als erste Amtshandlung den Putzeimer schwingen, zum anderen wird er sein neu entdecktes Verantwortungsgefühl und sein verstärktes Engagement schnell wieder aufgeben, wenn Sie den Anspruch auf Ihre alte Position so massiv anmelden. Wenn Ihnen daran liegt, Verantwortung für Kinder und Haushalt abzugeben, ist die Zeit danach die ideale Gelegenheit für eine neue Aufteilung. Dazu müssen Sie allerdings bereit sein, sich an Weichenstellungen anzupassen, die während Ihrer Auszeit vorgenommen wurden, beziehungsweise dürfen sich nicht wieder in die alte Arbeitseinteilung einspannen lassen.

Mit dem gestiegenen Verantwortungsgefühl des Mannes ge-

genüber Kindern und Haushalt geht häufig auch ein **verbessertes Verhältnis zu den Kindern** einher. So mancher Vater genießt es, beim Nachwuchs einmal uneingeschränkt die erste Geige zu spielen und mit ihm einen eigenen Rhythmus zu finden. Außerdem hat er Gelegenheit, die Kinder in allen Facetten zu erleben, eine Erfahrung, die für das Verständnis der Eltern untereinander unendlich wertvoll ist. Ein Mann, der seine Kinder nur am Wochenende sieht, kann mitunter gar nicht nachvollziehen, welchen Problemen seine Frau gerade gegenübersteht. Kommentare wie: »Ich weiß gar nicht, was du hast?! Bei mir macht sie das nicht«, sind die Folge solcher väterlichen Ahnungslosigkeit. Mit unguten Nachwehen, wie man sich denken kann.
Wer als Vater seine Kinder über einen gewissen Zeitraum für sich hat (und die Zeit vom Kindergartenschluss bis zum nächsten Morgen ist dafür völlig ausreichend), hat Gelegenheit, diese in allen Situationen und Stimmungslagen zu erleben und ein wesentlich intensiveres Verhältnis zu ihnen aufzubauen.

> Mein Kind hatte noch nie Trennungsprobleme oder Verlustängste, wenn die Mama mal nicht greifbar ist. Und mein Mann hat immer viele Ideen und Gedanken für Dinge, die er mit seinem Sohn allein erleben will, und nützt die Zeit dafür, wenn ich weg bin.
> *Swenja, 38, Erzieherin, 1 Ki.*

Eine persönliche Weiterentwicklung des Mannes kann auf vielen Ebenen stattfinden. Sie ist weder an eine bestimmte Form von Auszeit noch an eine bestimmte zeitliche Länge gebunden. Ich möchte jedoch noch einmal darauf hinweisen, wie wichtig es ist, dass Sie (und natürlich Ihr Partner) gerade im familiären Bereich bestimmte Erfahrungen überhaupt zulassen. Seien Sie also nicht gleich entmutigt, wenn er angesichts bevorstehender Strapazen zu murren beginnt. Der Gedanke an eine vielleicht wochenlange Mehrarbeit (und die Trennung von der Partnerin) ist nun einmal nicht sonderlich angenehm. Freudentänze sind da kaum zu erwarten. Dennoch sind solche Zeiten wichtig und wertvoll. *Wie* wertvoll manche Erfahrungen sein können, erkennen die meisten Menschen ohnehin erst im Nachhinein.

Verbesserung der persönlichen Lebensumstände

Einigen Frauen ist es gelungen, ihre Beziehungsprobleme zu lösen, indem sie sich dauerhafte Auszeiten nehmen. Und auch wenn die Partner von ihrem Vorhaben anfangs ganz und gar nicht begeistert waren, haben natürlich auch sie davon profitiert. Für Isabelle lag die Lösung ihrer Eheprobleme darin, von ihrem Mann getrennt zu wohnen. Dadurch verbesserten sich nicht nur ihre eigenen Lebensumstände, sondern auch die ihres Mannes, der heute wesentlich zufriedener mit seinem Leben, der Beziehung und mit sich selbst ist, wie Isabelle berichtet.

> Ich habe kein so geregeltes Leben [wie er]. Das wollte ich auch nie. Er steht zu einer bestimmten Zeit auf, er hat seine Rituale, das war schon immer so und das bleibt auch so, ob er jetzt mit mir zusammen ist oder nicht. Er hat alles für sich geregelt – eigentlich vernünftig, aber so bin ich nicht. Ich muss auch mal über die Stränge schlagen und ein biss-

> chen Blödsinn machen und ich freue mich, dass ich mir das alles leisten kann.

Auch Amelies Mann war lange Zeit unsicher, ob ihre Auszeit nicht in Wirklichkeit das Aus für ihre Ehe bedeuten würde. Heute weiß er es besser und ist sich auch im Klaren darüber, dass die Auszeit seiner Frau ihn in einer Weise entlastet hat, wie er es selbst wohl nie geschafft hätte.

> Von ihm ist eine große Last abgefallen. Er hatte immer starke Rückenschmerzen, aber seit ich weg bin, ist sein Rücken total in Ordnung … Er spürte, dass ich nicht glücklich war und hatte den Anspruch, mich glücklich zu machen. Er wusste aber nicht, wie. Er war völlig hilflos mir gegenüber. Er hätte gar nicht gewusst, wie er das anfangen soll. Außerdem war er völlig überfordert mit der Verantwortung. Das war zu viel für ihn … Deshalb kann er es sehr gut genießen, die Woche für sich zu sein und am Wochenende bei mir.

Die Notwendigkeit eines gewissen **Abstands** wird nicht nur von Frauen geschätzt, die mit einer dauerhaften Auszeit ihre Beziehungsprobleme zu lösen versuchen. Auch in intakten Partnerschaften betonen Frauen gern, wie sehr ihre Beziehung von dem Abstand profitiere, den die Auszeit der Frau mit sich bringt.
Besonders wichtig wird dieser Abstand für Paare mit kleinen Kindern. Während sich vor der Ankunft von Kindern gelegentliche Trennungen praktisch von selbst ergeben, stellen viele Paare nach der Geburt ihres Erstlings irgendwann überrascht fest, dass sie seit was-weiß-ich-wie-langer Zeit Tag und

Nacht zusammen sind – von den Arbeitszeiten einmal abgesehen. Eine Auszeit ist für solche Paare wie ein Erfrischungsbad für ihre Beziehung, weil beide Partner Gelegenheit haben, sich auf sich selbst zu besinnen und die Gefühle für den anderen wieder anwachsen zu lassen.
Der Lehrerin Margret, die seit vielen Jahren alljährlich eine Auszeit nimmt, ist die Bedeutung von Abstand für ihre Beziehung wohl bewusst. Deshalb legt sie großen Wert darauf,

> … dass man sich nicht zu nahe kommt, ein bisschen Abstand hält, den man braucht und auch genießt. Ich hatte mal eine Freundin, die gesagt hat, wenn sie mit ihrem Mann ins Bett gehe, habe sie das Gefühl, sie betreibe Inzest. Und vielleicht ist genau das der Grund, warum immer ein bisschen Abstand da sein sollte.

Deutlicher kann man es kaum ausdrücken. Der Wunsch nach Abstand ist also keine Kapitulationserklärung, sondern ein Liebesdienst an der Beziehung.

Ambivalente Auswirkungen

»Wo Licht ist, ist auch Schatten« lautet ein bekanntes Sprichwort, und so gibt es auch wenige Aspekte von Auszeiten, die von manchen Partnern nicht als uneingeschränkt positiv empfunden werden.
Obwohl nur wenige Frauen davon berichten, verspürt vermutlich eine ganze Reihe von Männern ein gewisses Gefühl von Neid, wenn sie miterleben, wie ihre Partnerin sich eine

Auszeit nimmt. Dennoch machen nur die wenigsten dieses Gefühl zum Thema, was bereits viel über die Bedeutung aussagt, die Männer ihm beimessen.
Carola und ihr Mann sind begeisterte Bergsteiger, die sich jedoch in unterschiedlichen Leistungskategorien bewegen. Carola hat das größere Bewegungstalent und auch den größeren Ehrgeiz bei der Vorbereitung, daher ist sie in der Lage, deutlich schwierigere Touren zu gehen als ihr Mann. Diese Tatsache ist für ihn nicht immer leicht zu verdauen, deshalb versucht er auf gemeinsamen Touren hin und wieder, sie zu einem kleinen Wettrennen zu animieren.

> Es bedeutet bestimmt auch ein Stück Stress für ihn, obwohl er es auch gern sieht. Das ist wieder ambivalent. Da ist einerseits der Stolz, dass er eine so aktive Frau hat, und es würde ihm nicht einfallen, mich bewusst zu bremsen. Aber wenn wir miteinander gehen, dann muss er irgendwann das Sausen anfangen, damit er wenigstens ein bisschen schneller auf dem Gipfel sitzt als ich. Und das lasse ich ihm dann auch. Ich renne grundsätzlich mit niemandem um die Wette.

Trotz dieses unterschwelligen Konkurrenzverhältnisses sieht Carola diese Auswirkung ihrer Auszeiten auf ihren Mann gelassen. Er habe sie immer unterstützt, sagt sie, und sein Stolz auf ihre Aktivitäten sei ihr eindeutig wichtiger als der Neid. Und das mit Recht. Da Neid so gut wie nie zu ernsthaften Verstimmungen oder anderen Beeinträchtigungen führt, können auch Sie gelassen bleiben, wenn Sie bei Ihrem Mann ein wenig Neid verspüren. Solange er Ihre Absichten nicht zu behindern versucht, können Sie seinen Neid hinnehmen und

– wenn möglich – darüber hinwegsehen, weil er keineswegs bedeutet, dass Ihr Mann Ihnen eine Auszeit missgönnt.
Das oben genannte Sprichwort passt auch auf die zweite ambivalente Auswirkung von Auszeiten auf Männer, die in Wirklichkeit nur die praktische Konsequenz einer insgesamt positiven Erkenntnis ist. So berichtet die Lyrikerin Gisela von ihrem Mann:

> ... dass er auf der einen Seite sagt, er findet es gut, wenn ich glücklich und gelöst von irgendwoher zurückkomme und dann viel friedlicher bin. Aber auf der anderen Seite hat es für ihn die negative Folge, dass er vieles selbst machen und auch in Bereichen Verantwortung übernehmen muss, in denen er das vorher nicht musste.

Es fällt mir schwer, die Ambivalenz der hier geschilderten Erfahrung überhaupt nachzuvollziehen. Schon kleine Kinder lernen, dass sie, wenn sie etwas haben wollen, dafür auch etwas tun müssen. Nicht anders ergeht es auch Männern, die wie Giselas Mann von den positiven Auswirkungen der Auszeiten ihrer Frau profitieren, dafür aber eine Gegenleistung erbringen müssen. Die meisten wissen die Vorteile der Auszeiten ohnehin höher zu schätzen als den dafür erforderlichen Einsatz.
Es bleibt also dabei: Auszeiten von Frauen haben sowohl auf die Frau als auch auf ihren Partner und die Beziehung durchweg positive Auswirkungen. Viele davon wirken sich auf die Einzelnen ebenso aus wie auf das »Gesamtwerk« der beiden – die Partnerschaft.

Resümee

Wenn Sie befürchten, dass Ihr Partner Ihrer Idee, eine Auszeit zu nehmen, wenig wohlwollend gegenüberstehen wird, können Sie aus den Erfahrungen anderer Frauen Mut schöpfen. Die Auswirkungen der Auszeiten von Frauen haben sowohl auf den Partner als auch auf die Beziehung *immer* eine positive Wirkung. Und das nicht nur in Einzelaspekten, sondern häufig gleich im Doppel- oder Mehrfachpack:

Auszeiten führen bei Männern häufig zu einer Steigerung der Wertschätzung ihrer Partnerin, die durch das gewonnene Selbstbewusstsein, ihren Mut oder ihre Leistung in den Augen des Mannes enorm an Ansehen gewinnt. Und je mehr der Respekt des Mannes vor dem Engagement seiner Frau wächst, desto mehr steigt auch seine Achtung vor und die Zufriedenheit mit seiner Beziehung.

Außerdem kommen Männer durch die Auszeiten ihrer Partnerin in den Genuss neuer Impulse, Ideen und Anregungen, die sie persönlich weiterbringen können und die nicht wenige veranlassen, sich ebenfalls Auszeiten zu nehmen (was sich natürlich wiederum positiv auswirkt).

Auch die Tatsache, dass ein Mann während der Abwesenheit seiner Frau durch Kinderbetreuung und Haushalt mehr belastet wird, hat für viele durchaus positive Folgen. Sie entwickeln mehr Selbstvertrauen in ihre häuslichen Fähigkeiten, ein stärkeres Verantwortungsgefühl für die Familienarbeit und häufig auch eine innigere Beziehung zu den Kindern.

Dass Auszeiten von Frauen auch dazu beitragen können, Beziehungsprobleme zu lösen, kommt dem Mann an ihrer Seite natürlich ebenfalls zugute. Und selbst dort, wo keine Probleme vorliegen, können Auszeiten den Partnern den notwendigen Abstand verschaffen, den die Beziehung für ihr Gedeihen braucht.

Ambivalent werden die Folgen von Auswirkungen mitunter auf der praktischen Seite gesehen. Wer zusieht, wie die Partnerin fröhlich Abschied nimmt, um es sich für einige Zeit gut gehen zu lassen, mag durchaus ein wenig Stress oder Neid verspüren, weil in der nächsten Zeit gehörige Mehrarbeit ansteht. All das hindert Männer jedoch nicht daran, ihrer Partnerin eine Auszeit zu gönnen. Deshalb sollte es auch Frauen nicht daran hindern, sich genussvoll auf ihr Vorhaben einzulassen. »Wo Licht ist, ist auch Schatten« ist eine Erkenntnis, die noch niemanden auf die Idee gebracht hat, das Licht auszumachen, um den Schatten nicht zu sehen.

11. Auswirkungen auf die Familie

Wenn die Augen lang
dasselbe betrachten
sehen sie nichts mehr!
B. Traven (1882–1969)

Ähnlich wie schon bei den *Reaktionen* der Familie und speziell der Kinder auf die Auszeiten der Frau ist auch bei den *Auswirkungen* auf ganzer Linie Entwarnung angesagt. Gewissensbisse sind unangebracht, weil sich Auszeiten erfahrungsgemäß auch auf die Familie ausgesprochen positiv auswirken. Ob Sie für ein Wochenende oder für einen ganzen Monat wegfahren, ein Fortbildungsseminar besuchen oder sich eine neue Sportart aneignen, die Wahrscheinlichkeit, dass sich nach Ihrer Rückkehr bei Ihren Lieben eine oder auch mehrere der folgenden Nachwirkungen bemerkbar machen, ist sehr hoch:

- Von einer gut gelaunten Frau und Mutter haben alle etwas.
- Kinder profitieren vom Vorbild der Mutter.
- Aktive Mütter genießen mehr Respekt.
- »Wenn der Vater mit dem Sohne …«.
- Kinder werden entlastet.

Von einer gut gelaunten Frau und Mutter haben alle etwas

Auszeiten müssen weder besonders lang sein, noch in ferne Länder führen, damit eine Frau erholt, zufrieden und in bester Laune zurückkommt. Übereinstimmend berichten die meisten, jedes Mal voller Schwung, Tatkraft und guter Laune heimzukehren, was sich automatisch auf die Familie übertrage.

> Wenn es dem emotionalen Motor der Familie wieder besser geht, hängt auch der Rest nicht mehr so durch!

Das meint die Übersetzerin Anke und trifft damit den Nagel auf den Kopf. Gute Laune, Erholung und Zufriedenheit sind die am häufigsten beschriebenen Auswirkungen, die Frauen als Andenken von ihren Unternehmungen mit nach Hause bringen und an ihre Familie weitergeben. Da die meisten von ihnen der emotionale und organisatorische Mittelpunkt der Familie sind, überträgt sich ihr Befinden unweigerlich auf die anderen. Wenn also eine Frau (und Mutter) mit »aufgeladenen Akkus« aus einer Auszeit zurückkehrt, profitieren alle davon. Umgekehrt gilt dies natürlich genauso: Der Stress und die Niedergeschlagenheit einer Frau übertragen sich auch auf den Rest der Familie. Ein Grund mehr, nicht aus falsch verstandenem Pflichtgefühl zu Hause auszuharren, wenn es Zeit ist für eine Unterbrechung in eigener Sache.

Wie die beiden vorigen Kapitel im Einzelnen deutlich gezeigt haben, gilt auch hier, dass Sie mit einer Auszeit nicht nur für sich selbst sorgen, sondern auch für Ihre Lieben, die noch lange davon profitieren werden, wenn Sie erholt und zufrieden zurückkommen. Gute Laune ist nämlich ansteckend!

Kinder profitieren vom Vorbild der Mutter

Bereits im Kapitel »Reaktionen« habe ich ausgeführt, dass nicht wenige Kinder auf die Auszeit der Mutter positiv reagieren, weil sie deren Vorhaben achten und bewundern und sie ihnen dadurch zum Vorbild wird. Tatsächlich ist der Vorbild-Aspekt, nach der »Ansteckungsgefahr« der mitgebrachten Hochstimmung, die zweithäufigste positive Auswirkung auf Kinder. Gerade Töchter neigen dazu, sich mit Aktivitäten der Mutter, die sie bewundern, zu identifizieren, was beispielsweise im Fall der Konzert- und Opernsängerin Mechthild Georg zur Folge hatte, dass ihre beiden Töchter die Musik ebenfalls zu ihrem Beruf machten.

> Die Älteste ist auch Opernsängerin. Sie ist richtig am Theater angestellt und hat gerade ihr erstes Baby bekommen. Ich bin stolz, dass das funktioniert, dass sie sich da überhaupt nicht beirren lässt … Es ist völlig klar, dass sie ihren Weg weitergeht … Ich interpretiere das auch als Kompliment an uns als ihre Eltern, die ihr vorgelebt haben, dass es funktioniert. Sonst hätte sie es vielleicht nicht gewagt.
> Meine Jüngste ist einundzwanzig, hat gerade ihr Abitur gemacht und bereitet sich auf das Schulmusikstudium vor. Sie hatte Klavier- und Geigenunterricht, ist also auch ein musischer Mensch.

Manche Frauen sind, wie Mechthild Georg, ihren Töchtern ein berufliches Vorbild. Andere leben ihren Kindern vor, wie wichtig es ist, eigenen Bedürfnissen und Wünschen nachzugehen, um entspannt ins Familienleben zurückzukehren, und wieder andere erkennen ihre Vorbildfunktion darin, den Kindern vorzuleben, wie eine Paarbeziehung gut funktionieren kann:

> Ich finde [Auszeiten], auch was das Frauenbild angeht, für meine Tochter ganz wichtig. Kleine Mädchen schauen sich doch an, wie andere Frauen leben, und da ist es schon entscheidend, glaube ich, dass sie sehen, wie so etwas funktionieren kann. *Das* Patentrezept, wie Paare wirklich gut miteinander auskommen können, gibt es wohl nicht, aber Freiraum ist sicherlich ein wichtiger Punkt.
> *Susanne Fröhlich, 39, Funk- und Fernsehmoderatorin, 2 Ki.*

Auch auf Söhne haben die Auszeiten der Mutter eine positive Wirkung. Im Unterschied zu Mädchen legen sie allerdings häufiger eine abgrenzende Haltung an den Tag, wenn sie das Gefühl haben, durch die Aktivitäten der Mutter selbst unter Leistungsdruck zu geraten. Die Bergsteigerin Carola hat mit ihren beiden Söhnen in dieser Hinsicht entsprechende Erfahrungen gesammelt. Beide sind stolz auf das, was die Mutter tut und kann, andererseits hat gerade der Jüngere als Teenager das Bedürfnis, auf sichere Distanz zu gehen.

Die Distanz der Söhne gegenüber den Aktivitäten der Mutter schwindet meist mit zunehmendem Alter. Je mehr sich ihre eigene Persönlichkeit festigt, desto weniger erscheint ihnen das Tun der Mutter als Bedrohung oder Infragestellung ihrer eigenen Kompetenzen. Sie können Interesse, Stolz und auch den Vorbildcharakter der Mutter zulassen. Diese Erfahrung macht auch die Germanistikprofessorin Isolde mit ihren drei Söhnen. Sie staunte nicht wenig, als ihr Ältester eines Tages bei einer wichtigen Vorlesung auftauchte, obwohl er sich vorher nie für ihre Arbeit interessiert hatte.

> Ich glaube, mein Beruf hat [die Kinder] stark gemacht, dass sie alle das Gefühl haben, das kann man. Mama kann das und das können wir auch. Nicht, dass sie alle Professoren werden wollten, das nicht. Es hatte sogar zur Folge, dass sie alle dezidiert *nicht* Geisteswissenschaftler geworden sind. Durch meinen Feminismus fühlten sie sich in ihrer Männlichkeit natürlich etwas bedroht und ich habe mich sehr bemüht, sie damit nicht zu verfolgen. Sie haben sich bis jetzt auch sehr damit zurückgehalten, Sachen von mir zu lesen. Ich glaube, sie finden das bedrohlich. Das war sehr auffallend, wie lange das anhält, obwohl alle drei starke Jungs sind. Offenbar müssen sie ihre Stärke auch gegen mich ausbauen. Eines Tages ist das sicher vorbei. Ich denke, sie brauchen noch eine Weile, bis sie selbst als Personen ganz ausgereift sind, ihren Weg gefunden haben, und es ist nicht zufällig, dass das ein ganz anderer Weg ist. Wenn man so eine starke Mutter hat, dann muss man sich behaupten. Jeder von ihnen ist eine ganz starke Persönlichkeit und jeder glaubt, dass er der Allerbeste ist, was nicht ganz leicht ist bei mehreren Söhnen. Aber sie sind auch ein bisschen stolz auf mich, das weiß ich.

Eine weitere wichtige Vorbildfunktion nehmen Mütter natürlich in Bezug auf das Frauenbild ein, das ihre Söhne entwi-

ckeln. Es ist für Jungen ein großer Unterschied, ob sie mit einer Mutter aufwachsen, die ausschließlich darin aufgeht, für ihren Mann und die Kinder da zu sein, oder ob eine Mutter auch als eigenständiger Mensch wahrgenommen wird, der eigene Interessen hat und diesen nachgeht.
Bei Carolas ältestem Sohn ist der Einfluss seiner selbstbewussten und sportlich ambitionierten Mutter jedenfalls unverkennbar:

> Es ist natürlich nicht ganz leicht, wenn man eine Mutter hat, die in hohem Alter – ich bin ja mit dreiundfünfzig schon im hohen Alter – noch Sachen macht, mit denen junge Frauen in seinem Alter noch nicht mal angefangen haben und es eigentlich auch nie machen können. Er sucht schon eine Frau, mit der er so etwas machen kann, aber er hat bisher keine gefunden. Denn er hat auch den Anspruch, dass sie gut aussehen, tanzen können und sportlich sein sollte. Sie muss [die Bergsteigerei] nicht unbedingt mitmachen, sollte aber offen sein dafür. Und gescheit soll sie auch noch sein. Da tut er sich offenbar recht schwer, eine passende Freundin zu finden.

Unabhängig davon, ob Kinder sich mit den Aktivitäten der Mutter voll und ganz identifizieren oder in bestimmten Lebensabschnitten auf vorsichtige Distanz gehen, zeigen die hier aufgeführten Beispiele, dass Auszeiten der Mutter für die Entwicklung von Töchtern und Söhnen wichtig und lehrreich sind. Diesen Aspekt sollten Sie keinesfalls außer Acht lassen, wenn Sie Skrupel haben, ihren Wunsch nach einer Auszeit in die Tat umzusetzen.

Aktive Mütter genießen mehr Respekt

Der eben beschriebene Vorbildcharakter von Müttern für ihre Kinder spiegelt sich unter anderem darin, dass so manche nach ihrer Rückkehr feststellt, in der Achtung ihrer Sprösslinge erheblich gestiegen zu sein.
Auch die Tatsache, dass Kinder nur selten in Jubel ausbrechen, wenn die nächste Auszeit ansteht, steht nicht im Widerspruch dazu, dass sie grundsätzlich Respekt, mitunter sogar Bewunderung für die Aktivitäten der Mutter empfinden. Eine aktive Mutter macht eben mehr her! Oftmals ist es nur eine Frage der Zeit (oder der Art und Weise), wann (und wie) diese Gefühle offenbart werden. Einige Sprösslinge halten mit ihrer Bewunderung sehr hinter dem Berg, sie finden die Unternehmungen der Mutter zwar »cool«, würden das aber nie direkt aussprechen. Hier sind Mütter schon auf Dritte und manchmal sogar auf die Zeitung angewiesen!

> Ich weiß von Christopher, der ab und zu mal ganz stolz verlauten lässt: »Meine Mutter war in Nepal« oder »Sie ist gerade in Nepal.« Er würde das aber nie offen zugeben. Trotzdem gefällt es ihnen, weil andere so etwas eben nicht machen. Außerdem haben wir hier eine Dorfzeitung, darin ist eine Rubrik, in der Kinder oder Jugendliche eine Anzeige aufgeben können: Ich grüße usw… Das macht meine Tochter Heike mit Vorliebe… Kürzlich war sie wieder bei der Redaktion und dann stand tatsächlich in der Zeitung: »Ich grüße meine coolen Eltern.« Da war schon klar, so ganz hinterm Mond und so ganz negativ sieht sie einen dann doch nicht.
> *Beate, 41, Hausfrau, 3 Ki.*

Unabhängig davon, ob sie es durch »die Blume« oder direkt erfahren, steigen Mütter, die Auszeiten nehmen, in der Achtung und der Wertschätzung ihrer Kinder, weil diese lernen, dass die Mama ihnen nicht jederzeit zur freien Verfügung steht, sondern auch eigenen Interessen und Bedürfnissen nachgeht, mit denen man sich arrangieren muss. Außerdem geben mütterliche Auszeiten Kindern Gelegenheit, ihre Selbständigkeit zu erproben und zu erweitern und die Bindung zu anderen Menschen zu festigen.

»Wenn der Vater mit dem Sohne ...«

Selbst der Umstand, dass die Auszeit der Frau für ihren Mann mitunter ein gewisses Quantum an Mehrarbeit bei der Kinderbetreuung und im Haushalt bedeutet, kann oftmals ungeahnte positive Auswirkungen haben. Nicht immer ahnen Vater und Kinder im Voraus, wie viel Spaß ihnen die gemeinsam verbrachte Zeit einbringen, wie viel Nähe und Zuneigung dabei entstehen kann. Zumindest beim ersten Mal sind manche Väter, wie das vorangegangene Kapitel gezeigt hat, ein wenig skeptisch, ob sie alle Aufgaben auch wirklich meistern werden, ohne dass irgendwann das Chaos ausbricht. Zu Unrecht, wie sich meist herausstellt. Nicht eine Frau, mit der ich sprach, fand Mann und Kinder nach ihrer Rückkehr verelendet in einer verwüsteten Wohnung vor. Und das liegt nicht an der guten Vorbereitung der Frauen! Ich bin überzeugt, dass die positiven Erfahrungen, die viele Familien mit Auszeiten machen, zumindest teilweise darauf zurückzuführen sind, dass Väter und Kinder die Chance nutzen, die der befristete Ausstieg der Partnerin beziehungsweise Mutter ihrer Beziehung eröffnet. Nicht umsonst berichten viele Frauen von Vorhaben oder Ritualen, die Vater und Kind(er) immer dann praktizieren, wenn sie auf sich gestellt sind. Da werden Mahlzeiten in Restaurants verlagert, andere »kochen« sich mit Vorliebe Pizza oder leben über mehrere Wochen ihre Vorliebe für Nudeln aus. Wieder andere zimmern gemeinsam ein Gartenhaus, gehen Zelten oder machen Tagesausflüge. Solange die notwendigen Dinge erledigt werden, die Kinder weiter zur Schule oder in den Kindergarten gehen und wichtige Termine eingehalten werden, ist es gar nicht erforderlich, dass zu Hause alles genauso weiterläuft, als wären Sie nicht fort. Es ist nichts dagegen einzuwenden, wenn auch Ihr Mann und die Kinder die Zeit Ihrer Abwesenheit zu etwas Besonderem machen – vorausgesetzt natürlich, Sie müssen am Ende nicht für die Folgen gerade stehen und beispielsweise die in vier Wochen angefallene Wäsche erledigen. Doch das ist in der Regel nicht der Fall. Zum Glück führen die Auszeiten von Frauen häufiger zu Situationen, wie die Erzieherin Swenja sie beschreibt:

> Mein Partner und mein Sohn haben eine sehr schöne Vater-Sohn-Beziehung, wovon beide profitieren. Beide wissen, was Hausarbeit bedeutet und legen auch Hand an.

Was kann es Besseres geben, als dass Mann und Kinder zusammen Spaß haben, ein vertrauteres Verhältnis entwickeln und dabei noch ihre häuslichen Fähigkeiten verfeinern?

Kinder werden entlastet

Wenn Frauen Auszeiten nehmen, um in ihrem Leben und speziell in ihrer Beziehung etwas zu verändern, hat das für die Familie deutlich spürbare Konsequenzen. Daher warten die meisten Frauen mit einem einschneidenden Schritt, bis die Kinder erwachsen sind.
Ehe Amelie und Isabelle sich räumlich von ihren Partnern entfernten und auf diese Weise ihre Beziehungsprobleme lösten, ging in beiden Fällen eine mehr oder weniger lange Leidenszeit voraus, die natürlich auch die Kinder belastete. Die durch die Auszeit erreichte Verbesserung der Beziehung bedeutete daher auch für die Söhne der beiden eine spürbare emotionale Entlastung.

> Ich denke, ihm wurde auch ein Stück Verantwortung für seine Mutter genommen. Wir hatten ein sehr enges Band. Er war zwar schon ausgezogen, aber ich weiß nicht, wie es in ihm ausgesehen hat. Er hätte, wenn es mir immer schlecht gegangen wäre, wahrscheinlich auch darunter gelitten, und so konnte er sich frei fühlen.
> *Amelie, 57, Lehrerin, 1 Ki.*

Auch wenn solche Fälle eher selten sind, belegen sie ebenso wie alle anderen geschilderten Auswirkungen, dass Auszeiten sich in jedem Fall bezahlt machen. Nicht nur für die Frau, die sie nimmt, sondern auch für ihre Familie und für ihre Partnerschaft.

Keine Auswirkungen auf die Familie

Folgenlos bleiben Auszeiten für Mann und Kinder dann, wenn eine Frau, beispielsweise während eines Sabbatjahres, zu Hause bleibt und ihre eigenen Vorhaben so organisiert, dass sie ihre häuslichen Aufgaben uneingeschränkt weiter erfüllt oder diese gar noch erweitert, da sie »so viel freie Zeit hat«.

> Auszeiten bleiben natürlich auch dann folgenlos, wenn eine Frau fortfährt und ihre Kinder gar nicht mitbekommen, dass die Mutter sich eine Auszeit nimmt, während sie sich bei einer Tante oder den Großeltern aufhalten.

Ein solches Vorgehen wird einer Familie sicher nicht schaden. Wichtiger aber ist, dass es ihr auch nichts nützen kann! Ich habe auf den zurückliegenden Seiten versucht, Ihnen aufzuzeigen, dass Auszeiten sich nicht nur auf *Ihr* Leben, sondern auch auf das Ihrer Familie in vielerlei Hinsicht positiv auswirken können. Die einzige Voraussetzung dafür ist, dass Sie offen zu Ihren Auszeiten stehen und nicht versuchen, sie zu vertuschen. Das mag nicht immer leicht sein. Der gesellschaftliche Druck auf Frauen ist immer noch groß und das Erwartungskorsett eng. Aber Sie können es schaffen und Sie werden feststellen, dass es Ihnen mit jedem Mal leichter fällt. Das Ergebnis ist einen Anfang alle Mal wert.

Resümee

Lassen Sie andere ruhig neidisch sein und versuchen, Ihr schlechtes Gewissen auf Hochtouren zu bringen – erfahrene Auszeit-Frauen wissen es besser: Auch Kind und Kegel profitieren in vielerlei Hinsicht von den Auszeiten einer Frau. Besonders erfreulich daran ist, dass Auszeiten dafür weder besonders lang sein, noch in exotische Regionen führen müssen.
Gute Laune, Vitalität und Zufriedenheit sind die am häufigsten beschriebenen Mitbringsel für die Familie, die, wie viele Frauen berichten, von diesen Effekten lange profitieren kann.
Überraschend viele Frauen sind sich bewusst, dass sie mit ihren Solo-Aktivitäten ihren Kindern ein gutes Vorbild sind. Gerade Mädchen neigen sehr dazu, sich mit der Mutter zu identifizieren. Auf diese Weise können sie erfahren, wie erfüllend und befriedigend es ist, eigene Wünsche und Bedürfnisse wahrzunehmen und zu erfüllen. Söhne haben mitunter den Drang, die Aktivitäten der Mutter aus respektvoller Ferne zu betrachten, was die Vorbildwirkung der Mutter keinesfalls schmälert. Schließlich prägt sie zu einem nicht geringen Teil sein künftiges Frauenbild.
Viele Mütter stellen fest, dass sie mit ihrem Engagement für eine bestimmte Sache in der Achtung ihrer Kinder steigen, auch wenn dieses Engagement bewirkt, dass sie die Familie hin und wieder sich selbst überlassen. Kinder fühlen sich durch die Auszeiten der Mutter weder bedroht noch allein gelassen. Sie haben darüber hinaus ebenfalls Gelegenheit, selbständiger zu werden.
Sichtbar positive Folgen hat es auch, wenn Väter während der Auszeit ihrer Partnerin mehr Zeit mit den Kindern verbringen. Vielen wird der Umgang miteinander vertrauter und ent-

spannter. Vater und Kinder können eigene Rituale entwickeln und müssen anfallende Probleme (miteinander) lösen, was Nähe und Verständnis entstehen lässt.

Auszeiten, die einschneidende Veränderungen zur Folge haben, etwa weil die Frau aufgrund von Partnerschaftsproblemen eine räumliche Trennung herbeiführt, können Kinder, auch wenn sie schon erwachsen sind, emotional erheblich entlasten. Kinder neigen dazu, sich für die Probleme der Eltern verantwortlich zu fühlen. Gelingt es den Eltern – beispielsweise durch die Auszeit der Frau –, ihre Probleme in den Griff zu bekommen, werden Kinder von ihren Schuldgefühlen befreit und emotional entlastet.

Ohne Auswirkungen auf die Kinder bleiben Auszeiten nur dann, wenn sie dem Nachwuchs verborgen bleiben oder eine Frau ihre Unternehmungen um die Bedürfnisse der Familie herum organisiert. Doch diese Mühe lohnt sich nicht. Eine Familie kann von den Auszeiten der Frau in so vieler Hinsicht profitieren, dass es schade wäre, ihr diese positiven Effekte vorzuenthalten.

12. Ausblick

> If you always do
> What you always did,
> You will always get
> What you always got!
> *Abraham Lincoln*

Lust auf mehr oder: Ein Mal ist kein Mal!

Wie wichtig Auszeiten für das Leben von Frauen sind, spiegelt sich unter anderem darin, dass so gut wie alle, mit denen ich sprach, sich auch zukünftig in gleicher oder veränderter Form Auszeiten nehmen werden. Nur ganz vereinzelt setzen sie andere Schwerpunkte, etwa weil sie noch sehr kleine Kinder haben und sich eine Trennung in naher Zukunft nicht vorstellen können.

Die meisten Frauen sind fest entschlossen, sich auch weiterhin ähnliche Auszeiten zu gönnen wie bisher, zumindest solange ihre Kinder noch im schulpflichtigen Alter sind und der zeitliche oder finanzielle Bewegungsspielraum eingeschränkt bleibt. So planen beruflich engagierte Frauen weiterhin überwiegend berufliche Auszeiten; andere haben bereits den nächsten Urlaub, Kurztrip oder eine Städtereise im Visier und die Sportlerinnen brüten über den nächsten Fahrten, Exkursionen und Bergbesteigungen. Ziele gibt es schließlich genug!

> Das Ganze ist doch so spannend. Es gibt noch so viele 4000er in den Alpen und so viele schöne Länder, das reizt mich natürlich. Und wenn man so etwas angefangen hat, dann hat man auch Lust weiterzumachen. Schließlich gibt es auch noch dieses Land und jenes Land…
> *Beate, 41, Hausfrau, 3 Ki.*

Verändert werden Auszeiten, wenn ein bestimmtes Vorhaben zum Abschluss gebracht wurde und Raum für neue Ideen entstanden ist. So hat die Theologin Carla in der Abgeschiedenheit eines Klosters ihre Doktorarbeit beendet und wünscht sich nun Auszeiten, in denen sie privaten Interessen nachgehen kann.

> Jetzt, wo meine Dissertation abgeschlossen ist, würde ich gern hin und wieder zu meiner persönlichen Freiheit eine Auszeit haben. Bislang gestehen wir uns dies nur an seltenen Wochenenden zu … Wir fühlen uns beide der Familie sehr verpflichtet und mit zwei so kleinen Kindern ist es einfach schwer. So träumen wir von einem Wochenendhaus, in das sich jeder von uns ab und zu für ein paar Tage zurückziehen kann.

Bei anderen Frauen verändern sich die Interessen aus Altersgründen oder sie planen bereits für die Zeit, in der sie keine Auszeiten mehr nehmen werden, die mit ihrem jetzigen Beruf in unmittelbarem Zusammenhang stehen. Daher sehen sie sich frühzeitig nach neuen Interessengebieten um.

Man kann nicht ewig singen. Der Körper macht irgendwann nicht mehr mit, die Stimme ist nicht mehr so geschmeidig, das kommt für mich vielleicht in fünf bis zehn Jahren. Dann hätte ich gerne nochmal ein Betätigungsfeld im politischen Bereich. Das werde ich mir auch erarbeiten, dass ich dann vielleicht in Gremien oder in der Hochschulleitung involviert bin oder so etwas. Das wäre nochmal ein neues Thema für mich.
Mechthild Georg, 49, Konzert- und Opernsängerin, 2 Ki.

Auch dann, wenn sich zurückliegende Auszeiten nicht als ideale Form herausgestellt haben, werden die Weichen für die Zukunft neu gestellt. So wurde der dreiundvierzigjährigen Lehrerin Angela im Laufe ihres Sabbatjahres klar, dass die optimale Form von Auszeit für sie kein zusammenhängendes unterrichtsfreies Jahr ist, sondern die Verlagerung von mehr Freizeit in ihr Alltagsleben. Sie zog daher noch während der Auszeit die Konsequenzen:

Ich glaube nicht, dass [ein Sabbatjahr] die ideale Form für mich ist. Ich möchte regelmäßig weniger arbeiten. Auch wenn es jetzt etwas wird im künstlerischen Bereich, ich neue Betätigungsfelder finde oder auch nur weitermache mit dem, was ich immer gemacht habe, möchte ich das in meinen Alltag integriert haben. Deshalb habe ich nach dem Sabbatjahr halbe Stundenzahl beantragt. Ich möchte grundsätzlich weniger arbeiten und mehr Zeit haben, statt mit dem Gefühl zurückzukehren, ich gehe wieder voll in die Schule und ackere, ackere, ackere, bis wieder ein Sabbatjahr kommt.

Ob in gleicher oder veränderter Form, es scheint, als würde keine Frau, die einmal auf den Geschmack gekommen ist, auf Auszeiten mehr verzichten wollen. Im Gegenteil. So gut wie alle äußern den Wunsch, ihre Auszeiten, so bald es ihnen möglich ist, zeitlich auszudehnen. Das gilt auch für den Fall, dass die Belastungen des Alltags weniger werden, wenn zum Beispiel die Kinder aus dem Haus sind oder die beruflichen Anforderungen nachlassen.

> Das behalte ich bei. Das habe ich jetzt erreicht und es ist wahrscheinlicher, dass daraus einmal zwei Wochen werden, wenn die Kinder aus dem Haus sind. Ich habe ja so viele Ferien. Auch wenn in drei Jahren mein Mann zu Hause bleibt, erhalte ich mir das trotzdem. Er wird ja auch nicht nur Daumen drehen und hat noch einiges vor. Er hat seine Hobbys, die mich weniger interessieren, und das ist dann der Ausgleich. (…) Ich bin ganz froh, dass sich das so entwickelt hat. Ganz am Anfang der Ehe waren wir ja fast böse aufeinander, wenn der andere unter der Woche abends allein wegging, weil man so verliebt war und am anderen hing. Das kann man nach über zwanzig Jahren nicht immer noch so machen.
> *Margret, 53, Lehrerin, 2 Ki.*

Sich immer wieder auf die eigenen Interessen zu besinnen und Abstand zu gewinnen erscheint immer mehr Frauen auch dann unverzichtbar, wenn es nicht mehr die täglichen Anforderungen sind, die den Wunsch nach einer Auszeit wecken. Sie wollen von den positiven Auswirkungen einer Auszeit auch dann weiter profitieren, wenn sie nicht mehr ständig »unter Strom« stehen. Außerdem sind Auszeiten für viele so selbstverständlich geworden, dass es für sie außer Frage steht, je damit aufzuhören. Warum sollten sie auch? »Aber sie schien mit ihrem Familienleben abgeschlossen zu haben und neue Wege zu gehen, jetzt, wo ihr Leben sich neigte«, heißt es in Bertolt Brechts Kurzgeschichte »Die unwürdige Greisin«. Die alte Dame tummelte sich mit Vorliebe in Gasthäusern und Kinos und hatte einen Heidenspaß dabei. Warum sollten nicht auch Sie anstreben, einmal eine »unwürdige Greisin« zu werden, die durch die Welt reist, die Universität besucht und Dinge tut, die Sie schon immer tun wollten, ohne je die Zeit oder das Geld dafür gehabt zu haben? Wenn Sie jetzt anfangen, sich in gelegentlichen Alleingängen zu üben, wird es später kein Problem für Sie sein, sich auf Neues einzulassen, ohne dafür auf andere angewiesen zu sein.

Etwas Neues braucht die Frau

Auszeiten steigern das Selbstbewusstsein einer Frau und befähigen sie, ihre eigenen Wünsche und Ziele besser wahrzunehmen. Zusammengenommen ergeben diese Veränderungen eine weitere positive »Nebenwirkung«, die sehr beflügelnd wirken kann. Auszeit-Frauen entwickeln nämlich eine größere Zuversicht, ihre Wünsche und Bedürfnisse auch in Zukunft umsetzen zu können, und trauen sich immer öfter, neue Pläne für Auszeiten, aber auch für Veränderungen im Alltagsleben zu schmieden und umzusetzen.
Es ist bemerkenswert, wie viele Frauen in ihren Auszeiten **kulturelle und künstlerische Interessen** entwickeln, die sie sowohl in späteren Auszeiten als auch im Alltag umsetzen möchten.

Was ich auch noch gerne machen möchte – und das werde ich auch, das habe ich mit meinem Mann bereits besprochen –, ist ein Kurs in Malerei beziehungsweise Aquarellmalerei. Das strebe ich als Nächstes an.
Maria, 42, Außendienstmitarbeiterin, 1 Ki.

Nicht nur die aus einer Auszeit mitgebrachte gute Laune ist ansteckend, auch Auszeiten selbst ziehen weitere Aktivitäten nach sich!
Bisweilen gewinnen Frauen durch ihre positiven Vorerfahrungen den Mut, sich lange **unterdrückte Träume einzugestehen** und endlich wahr zu machen. Es ist, als gebe ihnen das hinzugewonnene Selbstvertrauen die Möglichkeit, ihr Leben durch eine andere Brille zu betrachten, sodass es manchen mit einem Mal nicht mehr unmöglich erscheint, bereits aufgegebene Ziele doch noch zu erreichen. Wie heißt es so schön: Alte Liebe rostet nicht!

Ich würde gerne noch einmal zur Uni gehen. Dazu hätte ich große Lust. Psychologie-Altenstudium, in dieser Richtung gibt es verschiedene Sachen, die mir gefallen. Ich hätte gern früher schon Psychologie studiert, aber das zu äußern war mir [im Elternhaus] unmöglich.
Amelie, 57, Lehrerin, 1 Ki.

Die gemachten Erfahrungen und das gestiegene Selbstvertrauen von Auszeit-Frauen erklären beispielsweise auch, warum schon Mütter mit kleinen Kindern von aufregenden **Fernreisen** träumen. So möchte die neununddreißigjährige Lehrerin Sylvia, deren jüngstes Kind gerade ein Jahr alt ist, später ein weiteres Sabbatjahr nehmen und zwei bis drei Monate lang allein durch Lateinamerika reisen. Die sprachliche Qualifikation dazu hat sie während ihres ersten Sabbatjahres erworben. Und die Hausfrau Beate möchte in zwei Jahren in die Mongolei reisen, um Land und Leute kennen zu lernen, und ist bereits auf der Suche nach entsprechenden Reiseanbietern. Die in früheren Auszeiten gewonnenen Erfahrungen geben Frauen nicht nur den Mut, weitere Pläne zu schmieden, sondern auch eine realistische Einschätzung davon, was ihnen wann und unter welchen Umständen möglich sein wird. Auf diese Weise können sie Anfangshürden überwinden, vor denen unerfahrene Frauen leicht verzagen.

Eine ganze Reihe von Frauen kehrt mit dem festen Vorsatz aus der Auszeit zurück, künftig mehr Sport zu treiben beziehungsweise bestimmte Sportarten aufzunehmen oder sich mehr freie Zeit zu gönnen. Sie mögen einwenden, dass es kaum jemandem an guten Vorsätzen fehle; die Frage sei doch, ob diese Vorsätze auch eingelöst werden. Damit haben Sie sicher Recht. Doch die Erfolgsquote unter Auszeit-Frauen kann sich sehen lassen. Der weitaus größere Teil von ihnen setzt die guten Absichten im Alltag erfolgreich um.

> Ich denke, [Auszeiten] müssen auch im Alltag so zur Selbstverständlichkeit werden, dass sie gar nicht weiter thematisiert und voll akzeptiert werden. Und das, glaube ich, geht nur, wenn man es regelmäßig macht, wie meine Stunde Auszeit am Mittag. Das ist gar kein Thema, damit haben auch meine Kinder keine Schwierigkeiten. Für sie ist das so und es war schon immer so und wird es auch für die nächsten Jahre bleiben.
> *Ute, 38, Hausfrau, 3 Ki.*

Die Wahrscheinlichkeit, dass eine Frau, der es gelingt, sich hin und wieder Auszeiten zu nehmen, auch ihre Freizeitambitionen umsetzt, ist auf jeden Fall höher als bei Frauen, die bisher keines von beidem versucht haben. Übung macht auch hier die Meisterin!

Zukunft als Paar

Fast alle Frauen möchten ihre Auszeiten ausdehnen und die eigenen Freiräume vergrößern, wenn die Kinder flügge sind und die beruflichen Anforderungen nachlassen oder wegfallen. In diesem Wunsch herrscht große Übereinstimmung, unabhängig davon, welche Art von Auszeiten den Einzelnen vorschwebt. Nur wenige sehen keinen Veränderungsbedarf im Hinblick auf ihren persönlichen Freiraum, der nachvollziehbarerweise bei Frauen mit kleinen Kindern am größten ist.

Wie also stellen sich Auszeit-Frauen ihre Zukunft vor? Wollen sie einen Großteil des Jahres durch die Welt jetten, um hin und wieder beim Gatten vorbeizuschauen, sollten sie zufällig in der Gegend sein? Mitnichten.

Auch wenn mehr Frauen mit dem Stand ihrer Partnerschaft zufrieden sind als mit der Dimension ihres persönlichen Freiraums, wünscht sich die Mehrzahl von ihnen für die Zukunft auch mehr Zeit für die Partnerschaft und für gemeinsame Unternehmungen. »Je kleiner die Kinder, desto weniger Zeit hat man für Zweisamkeit«, beschreibt die Journalistin Britt ein weit verbreitetes Beziehungsdilemma. Kein Wunder, dass mehr als die Hälfte der von mir befragten Frauen sich neben

größeren persönlichen Spielräumen auch mehr Zeit für Zweisamkeit wünschen.
So planen einige Frauen, später einen Teil ihrer Solo-Auszeiten (häufig betrifft dies bisher allein unternommene Reisen) in gemeinsame Fahrten mit dem Partner umzuwandeln. Natürlich wollen sie damit nicht gänzlich auf ihre Auszeiten verzichten. Sie hoffen lediglich – neben ihren bisherigen Soloaktivitäten – mehr mit dem Partner zusammen unternehmen zu können.

> Wenn es finanziell möglich ist, werde ich wahrscheinlich viel reisen. Weil ich sehr neugierig bin und vieles noch sehen möchte, was ich noch nicht gesehen habe. Das sind für mich die attraktivsten Auszeiten. Und dazu möchte ich später eigentlich auch meinen Mann mitnehmen, denn mit ihm kann man phantastisch reisen. Er ist ein wunderbarer Reisebegleiter, weil er einen tollen Orientierungssinn hat und sehr erfinderisch ist. Das würde ich am liebsten machen. Das ist auch eine Auszeit, allerdings mit ihm.
> *Mechthild Georg, 49, Konzert- und Opernsängerin, 2 Ki.*

In ihrem Wunsch nach mehr Zeit für die Beziehung sehen sich die meisten Frauen in völliger Übereinstimmung mit ihrem Partner, dessen Prioritäten sie ähnlich einstufen. Mehr Zeit für sich selbst, mehr Zeit für die Partnerschaft und für gemeinsame Unternehmungen werden auch bei den Männern als die dringendsten Bedürfnisse angesehen. Allen voran gelten diese Bedürfnisse natürlich für Paare mit kleinen Kindern, bei denen chronischer Zeitmangel ganz oben auf der Mängelliste steht.

Ich denke, bei ihm ist es ganz ähnlich wie bei mir, zum einen wünscht er sich mehr Zeit für die Partnerschaft, dass wir wieder mehr zusammen machen, und dann auch mehr Zeit für sich selbst.
Britt, 39, Journalistin, 1 Ki.

Wenn die Zukunftspläne des Partners allzu sehr ins Kraut schießen und die Auszeiten der Frau dabei außer Sicht zu geraten drohen, stellen sich Frauen schon einmal darauf ein, die Notbremse ziehen zu müssen. Ein weiterer Beweis dafür, wie hoch sie die Bedeutung ihrer Auszeiten einschätzen und wie gut sie gelernt haben, auf die eigenen Bedürfnisse zu achten. Ein gutes Beispiel dafür ist Carola, deren Mann schon heute Zukunftspläne für ihr künftiges gemeinsames Globetrotter-Dasein schmiedet.

Er träumt jetzt schon davon, dass wir mit unserem VW-Bus oder mit einem komfortableren Wohnmobil auf der halben Welt unterwegs sind. Ich mache da schon mit, aber ich habe mit Sicherheit ab und zu keine Zeit, denn ich muss ja auch meine Hobbys pflegen. Ich muss bergsteigen und Zither und Harfe spielen, die kann ich im Wohnmobil schließlich nicht jedes Mal mitnehmen, und die Nähmaschine und den Computer noch dazu. Das geht einfach nicht.
Carola, 53, Hauswirtschaftslehrerin, 2 Ki.

Es hat nicht den Anschein, als trügen Auszeiten dazu bei, Partner einander zu entfremden oder den Wunsch zu stärken, sich ganz und gar eigenständig zu machen. Vielmehr scheint das Gegenteil der Fall zu sein. Auszeiten fördern nicht den Separatismus, sondern die Bindung innerhalb der Paarbeziehung.

Genau deshalb pflegen so gut wie alle Frauen neben ihren Auszeiten auch gemeinsame Unternehmungen mit dem Partner. Auszeiten können und sollen die Paarbeziehung nicht ersetzen. Doch sie können einer Beziehung viele positive Impulse liefern und die Wertschätzung der Partner füreinander erhöhen.

Besonders wichtige Erfahrungen

Ich habe im Laufe meiner Arbeit erfahren, wie hoch für viele Frauen die Hemmschwelle ist, sich eine Auszeit zu nehmen oder auch nur darüber nachzudenken. Dabei muss eine Frau mit ihrem Leben gar nicht unzufrieden sein, um den Wunsch nach einer Auszeit zu verspüren. In Beziehungen, in denen es erforderlich ist, können Auszeiten Veränderungen einleiten. Von den meisten Frauen werden sie jedoch weder aus Kritik am eigenen Leben initiiert, noch von den Partnern als solche empfunden. Auszeiten geben uns die Gelegenheit, durchzuatmen und uns zu besinnen, etwas Neues auszuprobieren oder uns ganz auf eine Sache zu konzentrieren. Um Auszeiten wirklich genießen zu können, brauchen wir jedoch den Hintergrund unseres Alltags. Denn wer sich nie mit Alltagsproblemen auseinander zu setzen hat, ob in der Familie, im Beruf oder in der Partnerschaft, kann auch die Andersartigkeit und die Abwechslung einer Auszeit nicht ermessen. Daher sind Auszeiten eine wunderbare Ergänzung, aber kein Ersatz für unser bisheriges Leben.

Frauen zu finden, die Erfahrung mit größeren Auszeiten haben, war keine leichte Aufgabe. Nicht alle von denen, die Auszeiten nehmen, würden sie als solche bezeichnen oder sind sich des speziellen Charakters ihrer Unternehmungen bewusst, sodass sie sich von meinen Inseraten, Anfragen und der Mundpropaganda vielleicht nicht angesprochen fühlten. Grundsätzlich aber ist es immer noch so, dass erschreckend wenig Frauen Auszeiten nehmen. Bei meiner Suche nach Interviewpartnerinnen bekam ich zwar viel Post, aber häufiger als aus »Ja, ich komme gerade von einer dreiwöchigen Thailandrundreise zurück und wurde von meiner Familie begeistert empfangen« bestanden die Nachrichten aus Stoßseufzern wie den folgenden:

> »Liebe Bettina,
> ich würde schrecklich gern und hab' noch nie!«

Oder:

> »Bei Ihrer Anfrage habe ich das erste Mal überhaupt darüber nachgedacht, ob ich solche persönlichen Freiräume habe.«

Beziehungsweise:

> »Ich hatte zwar noch nie eine Auszeit, aber die Frage hat mich auf den Gedanken gebracht.«

Wenn es Ihnen ebenso geht oder Sie sich noch nie länger als für ein Wochenende von Ihrer Familie entfernt haben, sind Sie also in guter Gesellschaft. Doch dabei sollte es nicht bleiben. Die meisten Gründe haben Sie inzwischen kennen gelernt. Diejenigen, die die meisten meiner Interviewpartnerinnen motivieren, hin und wieder eine kreative Pause einzulegen, und die Sie sich unbedingt an den Spiegel klemmen sollten, sind:

- Was einer Frau gut tut, kommt auch ihrer Beziehung und den Kindern zugute. Umgekehrt gilt natürlich das Gleiche: Wenn eine Frau auf eine Auszeit verzichtet, obwohl sie dringend nötig wäre, wirken sich ihre Frustration und ihre Erschöpfung auch auf die Beziehung und die Familie aus.
- Wer einmal eine Auszeit gemacht hat, will es wieder und länger tun, denn Auszeiten sind ansteckend, sie machen Lust auf mehr.
- Wenn man einmal damit angefangen hat, wird es mit jedem Mal leichter. Für die Frau selbst liegt beim zweiten Mal die Latte schon deutlich niedriger, die Schuldgefühle lassen nach (oder verschwinden ganz) und das Umfeld ist inzwischen »Schlimmes gewöhnt«.
- Alle Frauen können von Auszeiten profitieren, unabhängig davon, in welchen Familien- und Beziehungsstrukturen sie leben.
- Auszeiten kosten Geld und die meisten Frauen müssen dafür sparen und / oder auf die Familienkasse zurückgreifen. Doch ein Streitpunkt ist die Finanzierung so gut wie nie.
- Männer wollen ebenfalls mehr Zeit für sich. Deshalb bedeutet gelegentliches Murren und Knurren nicht, dass ihre Partnerin auf eine Auszeit verzichten soll. Es braucht schon eine gehörige Portion Edelmut, um kein bisschen neidisch zu sein, wenn die Partnerin davonfährt.
- Beziehungen klappen dann, wenn alle zufrieden sind. Eigentlich eine Binsenweisheit, die aber in Bezug auf Auszei-

ten nicht oft genug wiederholt werden kann (siehe den ersten Punkt).

In einem Zeitungsinterview äußerte die Sozialwissenschaftlerin Mechthild Jansen den Wunsch, »Frauen sollten sich mental umorientieren und mehr ihrem eigenen Willen folgen. Sie lassen sich immer viel zu viel aufhalsen. Wenige Frauen erlauben sich, ihren Sinnen zu frönen und auch mal etwas weniger zu tun und ihrer eigenen Lebensfreude nachzugehen. Wenn wir das schaffen, dann haben wir Freiheit und Unabhängigkeit gewonnen – und wir tragen zur Entzauberung von alten Mythen bei. Wenn Frauen genussvoller und unverschämter leben würden, würde dies einen Machtzuwachs und neue geistige Lufthoheit bedeuten.«[29] Indem Sie sich regelmäßig Auszeiten nehmen, tun Sie genau das. Zeigen Sie sich und der Welt, was Sie sich wert sind. Warten Sie nicht darauf, dass man Ihnen etwas zugesteht, sondern nehmen Sie Ihr Leben selbst in die Hand. Bitten Sie nicht, sondern nehmen Sie sich das, was Sie brauchen: Zeit für sich selbst und Ihre Interessen (wie immer sie aussehen mögen). Zeit, um die »Seele baumeln« zu lassen!

Anmerkungen

1 Arnim von, Elisabeth: Verzauberter April. S. 17 f. Die Originalausgabe erschien 1922 unter dem Titel: The Enchanted April.
2 Jarvis, Cheryl: Urlaub von der Ehe.
3 Bernard, Jessie: The Future of Marriage. S. 39.
4 Faludi, Susan: Backlash. S. 73.
5 Ebda.
6 Heyn, Dalma: Die Heiratsfalle. S. 112–113.
7 Jellouschek, Hans: Die Kunst als Paar zu leben. S. 52–53.
8 Jarvis, Cheryl: Urlaub von der Ehe. S. 12.
9 »Die Situation der Mütter hat sich verschlechtert«, in: Frankfurter Rundschau vom 19. April 2002.
10 Hilgers, Micha: Leidenschaft, Lust und Liebe. S. 23.
11 Bundeszentrale für politische Bildung: »Frauen in Deutschland«, Informationen 254, Jahrgang 1998.
12 Ebda.
13 Bundesministerium für Familie, Senioren, Frauen und Jugend: Bericht zur gesundheitlichen Lage von Frauen in Deutschland, 1998.
14 Ebda. S. 60.
15 Ebda. S. 69.
16 Nave-Herz, Rosemarie: Familie heute.
17 Wallerstein, Judith und Sandra Blakeslee: Glückliche Ehen. S. 11.
18 Ebda. S. 12.
19 Maushart, Susan: Warum Frauen gerne heiraten …
20 Jellouschek, Hans: Die Kunst als Paar zu leben. S. 51 ff.
21 Definition nach »Duden – Das große Wörterbuch der deutschen Sprache«. Mannheim 2000.
22 Hilgers, Micha: Leidenschaft, Lust und Liebe. S. 34.
23 Rubenstein, Carin: Wenn Mütter zu sehr lieben. S. 181.
24 Ebda. S. 185 f.

25 Jarvis, Cheryl: Urlaub von der Ehe. S. 75 f.
26 Zitiert nach Luisa Francia: Der untere Himmel. S. 111.
27 Jarvis, Cheryl: Urlaub von der Ehe. S. 73 f.
28 Ebda. S. 46.
29 »Raus aus der Ecke namens Frauenpolitik«. Interview mit Mechthild Jansen, in: Frankfurter Rundschau, 8. März 2001.

Quellen

Arnim von, Elizabeth: Verzauberter April. Übers. von Adelheid Dormagen. Frankfurt a. M. 1992.

Bernard, Jessie: The Future of Marriage. New York 1973.

Bundesministerium für Familie, Senioren, Frauen und Jugend: Bericht zur gesundheitlichen Lage von Frauen in Deutschland, 1998.

Bundeszentrale für politische Bildung: Informationen zur politischen Bildung, »Frauen in Deutschland«, Heft Nr. 254, Jahrgang 1998.

Collath, Jürgen; Borchert, Henning; Brandt, Andreas; Titze, Inge: Effektivität, Bedarf und Inanspruchnahme von medizinischen und psychosozialen Versorgungseinrichtungen für Frauen und Mütter mit Kindern. Der Beitrag von Mütterkuren zur Frauengesundheit. Hrsg. vom Bundesministerium für Familie, Senioren, Frauen und Jugend. 1997.

Faludi, Susan: Backlash. Die Männer schlagen zurück. Übers. von Sabine Hübner. Reinbek bei Hamburg 1993.

Francia, Luisa: Der untere Himmel. Frauen in eisigen Höhen. München 1999.

Heyn, Dalma: Die Heiratsfalle. Wie Frauen zu Ehefrauen werden. Übers. von Thomas Bertram. München 2000.

Gottman, John M.: Die 7 Geheimnisse der glücklichen Ehe. München 1999.

Hilgers, Micha: Leidenschaft, Lust und Liebe. Psychoanalytische Ausflüge zu Minne und Missklang. Göttingen 2001.

Jarvis, Cheryl: Urlaub von der Ehe. Wie man glücklich verheiratet bleibt und trotzdem eigene Träume wahr macht. Übers. von Christine Strüh. Bern, München, Wien 2001.

Jellouschek, Hans: Die Kunst als Paar zu leben. Stuttgart 1992.

Maushart, Susan: Warum Frauen gerne heiraten und sich noch lieber scheiden lassen. Übers. von Frank Auerboh. München 2002.

Nave-Herz, Rosemarie: Familie heute: Wandel der Familienstrukturen und Folgen für die Erziehung. Darmstadt 1994.

Rubenstein, Carin: Wenn Mütter zu sehr lieben. Kinder erziehen, ohne sich selbst aufzugeben. Frankfurt a. M. 1999.
Wallerstein, Judith; Blakeslee, Sandra: Gute Ehen. Wie und warum die Liebe bleibt. Übers. von Sonja Hauser. München 1998.

Leseempfehlungen

Auszeit-Lesefutter

Elizabeth von Arnim: Verzauberter April. Übers. von Adelheid Dormagen. Frankfurt a. M. 1992.
Ein wunderbarer Roman über eine italienische Auszeit in den zwanziger Jahren

Auszeit vom Beruf

Dietmar Marburger: Aussteigen! – Kreative Denkpausen und Auszeiten planen. Regensburg, Düsseldorf 2001.
Anke Richter: Aussteigen auf Zeit. Das Sabbatical Handbuch. Köln 2002.

Ehe und Partnerschaft

Dalma Heyn: Die Heiratsfalle. Wie Frauen zu Ehefrauen werden. Übers. von Thomas Bertram. München 2000.
Judith Wallerstein, Sandra Blakeslee: Gute Ehen. Wie und warum die Liebe bleibt. Übers. von Sonja Hauser. München 1998.
Frank Naumann: Die 10 Geheimnisse ewiger Liebe. Frankfurt a. M. 2003.
Micha Hilgers: Leidenschaft, Lust und Liebe. Psychoanalytische Ausflüge zu Minne und Missklang. Göttingen 2001.

Frauen, Beruf und Familie

Carin Rubenstein: Wenn Mütter zu sehr lieben. Kinder erziehen, ohne sich selbst aufzugeben. Frankfurt a. M. 1999.
Münch, Bettina: Ich will alles. Glücklich mit Kind, Job und Partner. Frankfurt a. M. 2000.

Bettina Münch

Ich will alles

Glücklich mit Kind, Job und Partner

Band 15212

In einer Beziehung zu leben und dank eigener Hände Arbeit finanziell unabhängig zu sein ist für viele Frauen kein Thema mehr. Doch was ist, wenn der Kinderwunsch sich rührt? Wie gelingt es, alles unter einen Hut zu bringen? Und dabei selbst glücklich und zufrieden zu sein? Hier ist das Buch für Frauen, die alles wollen ...

Fischer Taschenbuch Verlag

Marita Thiel

Erfolgsstorys

Deutsche Topmanagerinnen machen's vor

288 Seiten. Gebunden

Sie sind ganz unterschiedliche Charaktere mit individuellen Lebensplänen und sind in den verschiedensten Bereichen tätig. Sie arbeiten als erfolgreiche Filmproduzentinnen mit eigener Produktionsfirma, sitzen in Geschäftsleitungen, Aufsichtsräten und Vorständen, sind Chefärztinnen, Chefredakteurinnen oder Polizeipräsidentinnen und haben doch eine große Gemeinsamkeit: Sie haben Karriere gemacht und sich weder von Hindernissen noch Rückschlägen oder gar männlichen Konkurrenten aufhalten lassen. Nun berichten sie von ihrem Weg nach oben und bieten einen einzigartigen Blick hinter die Kulissen so mancher Chefetage.

Krüger Verlag